The Course of Media Ethics

新闻传播专业“十二五”规划教材

传媒伦理学教程

张 傅 主编

中国传媒大学出版社

前 言

传媒伦理学是应用伦理学家族的新成员，是伦理学理论和道德规范体系在传媒业实际道德生活中的应用。

传播学与伦理学虽分属不同学科，但两者皆与人的生活密切相关。传播活动因人类而出现，为满足人类的需求而发展；伦理关系是人与人之间的重要关系，为人者必有伦理之约。因此，人类如何选择媒介，驾驭媒介，使媒介能更好地推动人类的向善愿望和追求的实现，如何很好地将两者结合起来，就成了重要而有意义的话题。

传媒的快捷性、交互性、广泛性、公正性、批判性，传媒工作者受职业影响所具有的高尚性、权威性，等等，均使传媒成为公众对正义与公平的依托和希望。但在现实生活中，传媒的双刃性、不确定性、隐匿性和经济性，又无时无刻不在冲击着社会的向善和公平。正如拉扎斯菲尔德等人所言："大众传媒是一种既可以为善服务也可以为恶服务的强大工具"。我们确实看到，一方面，传媒为大众提供着大量的、迅速的、主动的信息，为人类生活带来了极大的便利和全新的享受；另一方面，也存在着大量真实的、人类迫切需要的信息被阻拦在人们的视野之外，而一些不应在公众中传播的信息却充耳塞目。

选择什么样的信息进行传播，如何使信息的传播内容和方式不对社会伦理道德造成伤害并能不断地增进社会向善，已成为一个无法回避的问题。可见，传媒伦理十分重要。

讨论传媒伦理问题，首先要破解“传媒”这个词。传媒，就是传播各种信息的媒体，即信息传播过程中从传播者到接受者之间携带和传递信息的一切形式的物质工具。所谓传媒伦理，作为职业道德，是媒介从业人员在特定的媒介关系中形成的有关媒介活动的行为规范，是调节各种媒介关系，规范媒介从业人员媒介行为的手段。简言之，传媒伦理学就是应用伦理学的原则和规范，针对传媒机构和传媒工作者，围绕信息传播活动所产生的善恶行为而展开的研究。

从传播学领域看，本书仅涉及“大众传媒”这一领域，旨在对借助媒体进行的大众传播与社会伦理之间的关系进行梳理和研究，拟从精神和应用两个层面研究大众传媒伦理问题，通过对这两个层面若干层次问题的多维度讨论，初步搭建起传媒伦理学的理论框架。

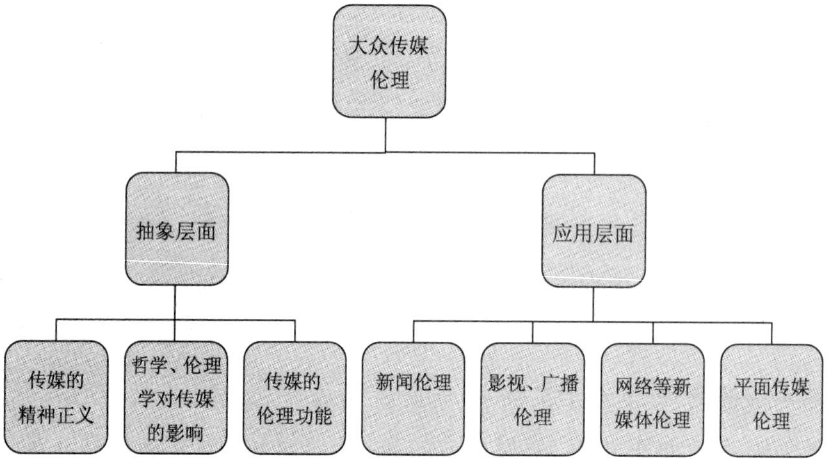

图 0—1

科学技术的进步，不仅带来了人们的物质生活水平的提高，而且人们的精神生活需求也在日益增长，生产更多更好的精神产品成为当今中国的一个重要任务，传媒业在其中承担着重要的责任。进入 21 世纪，如雨后春笋般地涌现出的各类媒体已经构成我国精神产品生产的大军，这支年轻的队伍如何规范自己的职业行为，如何遵循社会主义核心价值体系的要求，履行好本职工作，生产出适合当代中国人的精神产品，是一个紧迫并值得认真研究的问题，传媒伦理学就肩负着这一研究重任。

我们相信，大多数的传媒从业人员对自己的职业都怀有神圣的向往和强烈的责任感，他们也非常希望通过手中的媒介打造出适合国人的又多又好的精神产品，并为此做出了巨大的努力。回首中国百年传媒历史，无论是报刊文章还是影视作品都推出过一批批对国人、国家产生了重大影响的成果，塑造了一系列民族楷模，是中华民族精神文明宝库中的瑰宝；特别是一代代传媒工作者，以自己的敬业、爱岗的工作精神为时代的楷模、民族的精英鼓与呼，充实着国人的道德宝库。正是从这个意义上说，传媒业有着深厚的伦理底蕴，传媒对社会道德、精神文明建设具有重要影响。国际上有三种职业十分受大众关注，即新闻工作者、教育工作者和医务工作者，记者节、教师节、护士节已成为人类净化灵魂、升华价值的重要载体，这三类职业对人类的职业道德建议起着引领作用。

但是，近年来出现的“假记者”事件、“纸馅包子”事件、“封口门”事件、“假广告”事件、“艳照门”事件等，引起了强烈的社会反响，也一再说明传媒业的职业道德建设迫在眉睫。是何种原因导致了这一系列的“假”？诚然，这些现象的出现和社会发展中的政治、经济、文化因素有着密切关系，同时，我们也特别注意到这样一种情形，众多媒体从业人员中普遍存在一种职业困惑，这些困惑也是导致上述事件形成的重要原因：

困惑之一，如何处理传媒的职业理想和本岗位的收视率、点击率、码洋之间的关系；

困惑之二，如何处理作为传媒从业人员的角色和作为自然人的角色之间的冲突；

困惑之三，如何处理多种现代传播手段所引发的价值观和传统传播手段所引发的价值观之间的矛盾；

困惑之四，如何在传媒实践中正确地解读公正、人道、良心、正义、歧视、隐私等道德价值。

可见，在传媒伦理学这个新的分支学科中，也同样存在学者曹刚归纳的三类道德观难题，即：交叉性道德难题，规范性道德难题，放任性道德难题。表现最为突出的是规范性道德难题，规范缺失、规范冲突、角色冲突的现象在传媒业界频发，解读这些困惑无疑是本书想做的事情[①]。我们希望通过一系列的重新审视和思考，引导传媒人走出传媒业道德实践中的困惑和彷徨，建立起传媒业伦理道德的“帐篷”，使年轻的传媒从业人员能在这样的“帐篷”中成长并走向成熟。

应用伦理学关注的是人类群体的道德决策，解决的是具有重大利害关系的社会问题，表现在深度上，它涉及的是人类的根本利益，广度上，它涉及的是全局利益，需要调动社会群体不同成员的智慧，来应对这些道德难题，通过协调和讨论，以求得共识。如何解读传媒业的道德难题，推出合适的道德行为规范，是一件有难度的事。学者曹刚提出的演绎道德推理、类比道德推理、辩证道德推理为我们的研究提供了很好的思路。特别是类比推理的方法，更是适合应用伦理学研究的一种好方法，因为应用伦理学所遇到的道德问题，几乎都是规范与事实均不清楚的道德问题。正如康德所言：“每当理智缺乏可靠道德的思路时，类比这个方法往往能指引我们前进。”[②]

在解读传媒业职业道德规范时，我们特别注意到了以往伦理解读的片面性和局限性，非此即彼的思维模式和上下高度一致的道德规范，使得很多问题得不到真正的伦理解读和道德支持，这不能不被认为是造成目前道德缺失的重要原因之一。真正的应用伦理研究应该是如毛泽东所言“实事求是”，如罗尔斯所言伦理论证不大可能成为一种“道德几何学”，我们最好把道德看作是一种许多考虑点的相互支持，其所有因素都契合为一个融合的见解。只有如此，我们才能在科学的道德推理过程中消解大量非对抗性的道德冲突，诉诸价值共识，从而使更多的人成为我们的道德朋友。德国著名哲学家胡比希提出解决价值冲突的七条原则是：个性化处理、地区化处理、平行转移、追本溯源、禁止战略、推迟决策、妥协。这些睿智的观念都是本书研究时的重要参考。

应用伦理学是适应人性的新发展而产生的伦理学新形态，这一点在传

---

① 参见曹刚：《道德难题与程序正义》，北京大学出版社 2011 年版。

② 〔德〕康德：《宇宙发展史概论》，商务印书馆 1980 年版，第 147 页。

媒伦理学中表现得尤为明显。在信息高速公路上,一个个虚拟的社会出现了,成千上万的网民以似己非己的形式出现在虚拟社会中,他们在这里以不同于世俗社会的方式沟通,创造了属于网络的语言,人性特点在虚拟社会中开始改变,人们的交往方式和信息的传播方式也由于传媒时代的到来发生着变化。在以往的时代里,话语传播权在少数人手中,而今天,人人都可以是信息传播者。做不了电影大片,我们可以在酷6上展示自己的视频作品;做不了主流明星,我们可以做草根明星;你有央视春晚,我有网络春晚;你靠才艺出镜,我征婚也能让全民关注,等等,人类社会在最近二三十年间,发生了很大的变化,仅仅网络传媒的发展就带来了这样多的未知。诚然,这一切给人类带来了快乐享受,但同时也带来了一大堆的道德难题,我们需要新的规范来告诉我们如何生活在网络传媒时代,特别是那些风口浪尖上的传媒人更需要进行这样的思考和求索。

正如魏英敏先生所言,真实、善良、美好是新闻媒体的生命之所在,是新闻媒体永恒不变的追求,杜绝假恶丑、鞭挞假恶丑则是它永远不可忽视、不可忘记的任务,传媒伦理学研究的使命就在于此。

本书是由中国传媒大学教师组成的团队共同撰写的,目的非常明确,就是为我们即将踏入传媒业的学子们提供一些关于职业道德规范的思考。为此,本书避免了关于哲学和伦理学理论的冗长讨论,直接进入他们行将面对的传媒业的道德困惑。我们试图通过回首百年传媒发展的中外历史,以正反两方面的鲜活事例,在伦理学理论指导下给出传媒视域下的公平、正义、人道等行为规范的解读,引导传媒人去体会这个时代的传媒道德规范,去加强传媒职业道德修养,这就是我们的初衷。本书编写的具体分工是:张傅教授担任本书主编,负责大纲撰写和通校,并撰写第三章,张萍副教授撰写第一章,赵波博士撰写第二章,姚旭副教授和刘东建副教授撰写第四章,任素琴教授撰写第五章,阴军莉博士撰写第六章,张晓峰教授和刘东建副教授均提供了相关资料。

在本书编撰的三年间,我国著名伦理学家,中国伦理学会前副会长、北京大学哲学系教授魏英敏先生两次通览全书,多次参与讨论,提出了许多宝贵的修改意见,在此,我们特别要向魏英敏先生表达深深的谢意。本书责编蔡开松主任，在历时一年的该书编校过程中，为本书的规范和精准提出了很多宝贵的意见，正是他的“严苛”，才使本书能以现在这样比较令人满意的样式表现在读者前面，感谢蔡开松主任，感谢中国传媒大学出版社。

尽管我们为此书的编撰付出了辛勤的劳动，历时三年几易其稿，希望尽可能全面准确地诠释传媒伦理学理论，但是，由于我们在交叉学科的理论功底和相关实践方面均有不足，该书一定存在不够准确、不尽全面的问题，我们真诚地希望学界业界批评指正。

目 录

第一章　传媒与伦理

- **本章要点：**

1. 传媒伦理学的产生和发展概况
2. 我国传媒伦理的特点
3. 传媒伦理学的任务和学习方法

大众传媒伴随技术和手段的发展已经深入人们生活的方方面面，深刻影响着人们的生活认知、态度和体验。那么什么是传媒？简单地说，传媒就是传播媒体或媒介，即信息的传播载体及其内容。

伦理即“人伦之理”，“人伦”是人与人之间相处的“辈分、次序”的意思。伦理学是研究人们的道德生活的学问。为什么要有道德？或者说，道德有没有明确的根据或基础？美国学者雅克·蒂洛在总结和分析了西方伦理学界的一系列不同的观点后肯定地说：“道德的产生是由于人的共同需要，由于认识到为了使一切人的生活都尽可能地充满友谊、爱、幸福、自由、和平、创造性和安定，人们必须确立和遵循一定的道德原则，以合作和有意义的方式生活在一起具有重大价值”①。从传统意义上说，道德就是依据一定的是非、善恶原则和规范来处理人与人之间、个人与社会团体之间的关系的行为规范的总和。可以说，道德是人们判断是非善恶的基本原则，关注的是社会成员个体的自愿行为而非强制行为。道德是个体向善的精神力量。伦理学是对人类社会道德生活进行系统思考和研究的学科，它试图从理论层面建立一种指导人类行为的总体法则体系，使人们在不同的境遇中都有正确的行为选择。

---

① 〔美〕雅克·蒂洛、基思·克拉斯曼：《伦理学与生活》，程立显、刘建等译，世界图书出版公司2008年版。

改革开放以来,随着世界知识与科技的迅猛发展和我国社会生活的深刻变化,伦理学被广泛地应用到不同的学科领域:如医学伦理、经济伦理、政治伦理、生态伦理、科技伦理、两性关系伦理、媒体伦理、网络伦理、动物伦理及国际伦理等。本书编写的目的就是试图对传媒领域中出现的紧迫的道德问题,提出某种有说服力的解答。

传媒伦理是应用伦理学的一般原则与规范,系统地研究大众传媒领域中传媒组织及从业人员的职业道德和行为规范的学科。从理论上讲,无论处于何种具体的社会环境,道德都是作为社会控制的基本力量,并且是以一种影响深远的控制方式而存在的。与国外发达国家相比,我国大众传媒的发展和系统理论研究的历史比较短,在社会生活的急剧变化中传媒业难免出现一些混乱,但是,借助伦理学的基本原则及规范对从业人员进行指导和教育,必然影响传媒业人员的价值判断与认知,最终影响到他们的行为选择,从而使传媒业和社会生活健康发展。

第一节　传媒伦理学概说

传媒伦理学是伴随着传媒业的发展而发展的。传媒业发展变化的情况和原因,应当从当时的政治、经济、文化和科技发展以及社会变革的大环境中去寻找。

一、传媒伦理的界定

大众传媒,是一个随着技术的进步不断发展的领域:由印刷时代到电子媒体时代和数字时代;同时又是一个比较宽泛的领域:学者们从不同的角度进行不同的种类划分。(1)根据媒体信息载体划分:纸质媒体时代的图书、报纸、杂志,电子时代的电影、录音、广播、电视,数字时代的网络、手机及各种媒介的融合。(2)根据媒体信息的内容划分:媒体技术和产业,辅助的广告、公共关系,与传媒业发展共存的媒体法规与媒体伦理等[①]。每一领域在自身发展中又形成自己的基本理论和实践。

作为一门新兴学科,目前国内对传媒伦理的一些基本概念尚无定论。

---

① 乔治·罗德曼:《认识媒体》,邓建国译,世界图书出版公司 2010 年版。

1. 名称

除了称为“传媒伦理(学)”之外,还有“媒体伦理”、“媒介伦理”、“新闻伦理”等叫法。而且多数情况下,同一学者也会在同一著作中出现几种不同的叫法。从词义上看,媒体、传媒、媒介都是英文“Media”一词的汉译。“媒体”一词是音译,后二者是意译。所以,从英文词义上看,三者是可以互用的。以 Media Ethics 命名的美国著作,在中国已有以上三种译法。它们之间用哪一个,只是一个约定的问题。而“新闻伦理”则与前者在词义上有较大出入,它主要研究新闻传播的伦理问题①。

2. 定义和研究对象

有学者认为,传媒伦理主要是指在调整媒体本身及其机构和从业者在为受众提供信息的行为时所涉及的伦理、道理的应然状态②。也有人认为,所谓传媒伦理就是指在媒体生活共同体中所蕴含和活跃着的社会成员的道德意识、道德活动、道德品格及其所遵循的道德准则的总和,它包括传媒信息中所渗透和体现的道德价值,人们处理传媒生活中各种社会关系所遵循的道德准则,以及传媒工作者的道德品格和职业道德素养,这些也就构成了传媒伦理学的研究对象③。有学者进而认为,传媒伦理首先是对人们的媒介行为中善恶选择的系统性探究,它系统地研究道德善的媒体当如何履职、媒体是否符合它的应当以及媒介从业人员在其媒介行为中对善与恶、正当与不正当的认识与抉择等问题;其次,与人们实际生活相关的是,传媒伦理也试图界定那些构成价值与生活规范的,被作为个体、群体或文化共同体的人们所共同认可的原则性的内容。有学者指出:媒介道德脱胎于社会道德,社会道德是具体的、历史的,不同社会、同一社会的不同时期会出现不尽相同甚至截然相反的道德问题和相应的道德规范,作为社会对媒介活动要求的伦理道德在不同社会亦表现出不同的形态④。美国的罗伯特·拉罗斯教授⑤等认为,伦理是关于职业传播者在他们的行为可能对他人产生消极影响的情况下,应该如何行动的指导方针或者道德的规则。自我调控属于监视与控制媒体表现的传播业规范和准则。他认为,传播媒介中主要的伦理问题围绕着准确性或真实、公平与处置责任,以及

---

① 胡海军:《媒体伦理研究述评》,《重庆交通大学学报(社会科学版)》2008 年第 6 期。

② 胡海军:《媒体伦理研究述评》,《重庆交通大学学报(社会科学版)》2008 年第 6 期。

③ 李健:《传媒伦理论纲》,《西安政治学院学报》2007 年第 2 期。

④ 张殿元:《中国传媒伦理道德问题的历史考察》,《当代传播》2007 年第 2 期。

⑤ 〔美〕约瑟夫·斯特劳巴哈、罗伯特·拉罗斯:《今日媒介:信息时代的传播媒介》,熊澄宇等译,清华大学出版社 2001 年版。

媒体主体的隐私。美国的斯坦利. J. 巴伦教授认为，传媒伦理即媒介产业道德规范，他说："在我们的讨论中，道德规范特指媒介专业人员在两个或更多竞争性道德规范中做出抉择并对合理思想进行实际应用"①。

总之，传媒伦理作为一种职业道德，是媒介从业人员在特定的媒介关系中形成的有关媒介活动的行为规范，是调节各种媒介关系，规范媒介从业人员媒介行为的一种手段。传媒伦理学是应用伦理学的是非、善恶的原则与规范，研究大众传媒领域中传媒组织及从业人员的最基本的职业道德和行为规范的学科。它试图研究和解决大众传媒领域面临的问题，从而形成一般的基本理论和实践规范，使大众传媒领域健康地发展。

3.研究范围

传媒伦理的研究范围应当从传媒自身所处的环境中寻找。从伦理学的角度划分，有基础理论伦理学和应用伦理学的区分。有学者认为，应该把传媒伦理学定义为应用伦理学的范围，并列举了一系列应用伦理学著作，如黄瑚的《新闻伦理学》(2001)、李伦的《鼠标下的德性》(2002)、黄富峰的《大众传媒伦理研究》(2009)，等等②。美国学者斯坦利. J. 巴伦认为，由于媒介的威力及其经营处于营利目的与服务目的的经常冲突的本质，媒介需要一定的控制。来自外界的正式控制包括法律和法规，说明了什么可以做和什么不可以做、什么内容可以使用和什么内容不可以使用等；而外界的非正式控制则来自于压力团体、消费者和广告主。媒介内部的控制即传媒伦理规范③。

美国学者乔治·罗德曼认为，媒体道德规范有三个不同的来源：第一个来源是专业领域。包括新闻记者必须在时限的压力下很快地做出判断，广告经理必须卖出产品，而娱乐大亨需要关心怎样让观众有哭有笑而不是帮助他们成为更好的人；第二个来源是哲学领域。这个领域的思想家们有时间来考察历史和理论，研究知识的各个主体，并仔细地做出区分。哲学家们是通过几个世纪的写作、出版和讨论，才形成了有关道德的概念，传媒伦理的研究中参考了这些观点；第三个来源是围绕着这些原则而产生的争议④。

参考一些学者的观点，我们认为，传媒伦理学属于应用伦理学的一个分支，它

---

① 〔美〕斯坦利·J. 巴伦：《大众传播概论——媒介认知与文化》，刘鸿英译，中国人民大学出版社 2005 年版。
② 王小锡：《新中国伦理学 60 年学术进路》，伦理学在线网。
③ 〔美〕斯坦利·J. 巴伦：《大众传播概论——媒介认知与文化》，刘鸿英译，中国人民大学出版社 2005 年版。
④ 〔美〕乔治·罗德曼：《认识媒体》，邓建国译，世界图书出版公司 2010 年版。

的研究范围应该包括传媒伦理的基本理论、传媒实践冲突协调机制和职业规范要求。即:(1)传媒伦理的起源、形成和发展的历史及其规律;(2)传媒伦理的一般原则与职业规范;(3)传媒伦理与传媒实践中利益冲突的协调;(4)传媒行为的道德选择与道德评价;(5)中外传媒伦理的比较和互动。

二、传媒伦理学研究的基本任务

现代社会中,大众传媒对人们的生活方式影响越来越大,由此引发了一系列亟待解决的媒体伦理道德问题,因而传媒伦理研究就理所当然地成为了极富理论价值和实践意义的研究课题。

美国学者斯坦利·J.巴伦认为,一般来说,道德规范有三个级别:(1)道德规范反映了一种文化中关于对与错的观念,因此它存在于各级的文化实施行为中。元伦理学是基本的文化价值。但是,作为对自我认知有价值的元伦理学只提供了人们在日常生活中做出道德规范决定的最广泛的基础,是为道德原因的始发点进行界定。(2)标准化道德或多或少是统一化了的理论、规则和道德原则或道德行为。各界媒介产业的道德法规或良好操作标准是标准化道德的范例,它为人们提供了一个真实世界的工作框架,人们在其中可以对选择性行为做出衡量。(3)媒介专业人员必须在非常特殊的情况下应用一般法规和普通条例。这就是应用伦理学,它的应用毫无例外地会涉及平衡利益冲突的问题[①]。

根据美国学者斯坦利.J.巴伦的道德规范三个级别的划分标准,我们认为传媒伦理学的研究任务也应该具有以下三个层次。

1.建立反映中国文化价值的中国传媒伦理的核心价值理论

伦理学的核心理论是基本的文化价值,提供了人们在日常生活中做出道德规范决定的最广泛的基础。美国学者乔治·罗德曼认为,发达的西方国家的传媒伦理核心理论是建立在西方哲学思想基础上的。目前影响传媒道德的主要的哲学理论是:(1)康德的绝对命令——基本的道德准则是寻找那些无一例外可以应用于任何相似情况的法则;(2)罗尔斯的无知之幕——道德行为只有在每个人不论他们处于怎样的社会地位或经济阶层都得到公平对待的情况下才有可能发生;(3)亚里士多德的中庸之道;(4)密尔的功利原则——中庸之道和普遍原则只有在能够为最大

① 〔美〕斯坦利.J.巴伦:《大众传播概论——媒介认知与文化》,刘鸿英译,中国人民大学出版社2005年版。

多数人创造最大利益的条件下才有用;(5)马基雅维利的结果决定手段的观点[①]。以上的西方核心价值提供了西方传媒业普遍的行为准则和具体情境下的行为选择。

从传媒伦理的基础理论研究来看,国内尚未形成自己的系统化的、核心的、传媒伦理理论。目前我国的传媒研究大多是以美国等西方国家的理论和概念为基础的。由于中国的传统核心价值——“维护整体利益”与西方“维护个体权利”有着根本的区别,在社会实践层面上官本位意识严重,所以在文化层面的行为选择中,传媒业的个体的行为表现就出现了东西方的差异,因此对一个具体情境下的行为选择,有着不同的评价。而评价不同会引导出更多的行为选择的不同。“如何尽可能的产生中国大众期望的行为”成为我们今天面临的重要课题。借鉴美国的传媒伦理理论研究,应该说,这只是知识来源的一个方面。重要的是我们要把视角放开,结合中国的传媒实践,根据中国哲学思想中影响深远的文化传统,去开展自己的传媒伦理理论研究。但是,由于中国的近现代历史发展的曲折性,传统文化的主流——儒学传承经历了裂变、毁灭和重新发现及其与西方不同思想的融合过程,建立与中国自己源远流长的哲学思想紧密相连的传媒理论及其传媒伦理思想理论就成为相当困难的事情。

在此,笔者认为,反映中国文化价值的传媒伦理的核心价值理论,赖以建立的传统哲学思想基础是:(1)儒学传统——“居庙堂之高则忧其民,处江湖之远则忧其君”的仁者爱人和中庸之道,积极入世的态度和民为邦本思想;(2)道家传统——天人合一,道法自然思想;(3)马克思主义的无产阶级世界观、民主思想。

2. 建立传媒业的职业道德行为规范体系

传媒业具有广泛的领域和多样化的职业要求,建立一套基础性和标准化的道德规范体系,能够为人们提供行为选择框架和底线要求,人们在其中可以对一般的选择性行为做出衡量。目前我国传媒业比较系统的道德规范研究是新闻伦理、广告伦理研究等,电影和电视领域存在的争议比较多,信息业的发展正在产生信息伦理。所以,建立各类媒介产业的职业道德规范,对于传媒业健康发展是必需的——传媒业的相关人员的各种活动及其行为,必须符合社会公众认可的行为规范,同时符合传媒作为社会公器的要求。

---

① 见〔美〕乔治·罗德曼:《认识媒体》,邓建国译,世界图书出版公司2010年版。此理论作为基本文化价值在不同的学者间存在争议。——笔者注。

3.建立传媒从业人员面临的普遍争议、冲突的协调机制

传媒从业人员在具体的工作环境中会面临和涉及平衡利益冲突的问题(或者说忠诚于谁的问题)。因为所有传媒业的相关人员的工作都处于复杂的社会环境中,都有自己的利益甚至牟利动机,涉及个人与他人、个人与社会、个人与团体的利益关系问题。美国媒介伦理学家路易斯·戴列出了经常发生冲突的六种个人或者团体利益:(1)道德代理人(即以道德规范做出决定的人)个人良心的利益:媒介专业工作人员对所做出的决定必须要在良心上过得去;(2)行为对象的利益:一个特殊的人或团体容易成为媒介工作者行为影响的对象;(3)财政赞助者的利益:某人为广播电(视)台的广播或报纸杂志的出版支付费用;(4)机构的利益:媒介专业工作者具有的公司忠诚感,对他们为之工作的组织的自豪感;(5)职业的利益:媒介工作者为达到同行的期盼而工作,他们对自己所从事职业的尊重;(6)社会的利益:媒介工作者和所有人一样,也具有社会责任感。因为他们的工作能产生巨大影响,他们也许比其他职业从业者负有更大的责任。在大众传播中,这些利益冲突的表现有几种方式,最常见的有真实和诚实、隐私、保密、个人利益冲突、利润和社会责任以及从冒犯内容中寻求庇护①。在具体的情境中,如何平衡各种利益冲突,应该有基本的平衡机制的选择。但是,伦理研究应当遵循的原则,正如美国学者斯图亚特·蕾切尔斯所言:道德判断必须基于充足的理由(不能够仅仅凭借主观愿望——笔者);道德要求公平地考虑每一个个体的利益②。

4.建立传媒伦理学理论体系

在传媒业快速发展的今天,需要规范和解决的问题必然不少。学者们从不同的视角进行了归纳:美国学者克利福德·克里斯蒂安(Clifford G. Christians)教授在清华大学主办的"媒介伦理与法治"理论与实践高端论坛的主题演讲中,从理论与方法相结合的角度阐述了正义、真实、非暴力、人的尊严、道德理论和工具主义等媒体伦理的6个重要议题。联合国教科文组织的 Mogens Schmidt 也发表了主题演讲,他从《世界人权宣言》第19条切题,阐释了新闻报道的真实、忠实于公民利

---

① 〔美〕斯坦利·J·巴伦:《大众传播概论——媒介认知与文化》,刘鸿英译,中国人民大学出版社2005年版。

② 〔美〕詹姆斯·蕾切尔斯、斯图亚特·蕾切尔斯:《道德的理由》第5版,杨宗元译,中国人民大学出版社2009年版。

益、保持独立性等要素[1]。

我国学者的研究虽然起步比较晚,但也有近30年,他们普遍认为目前我国的传媒伦理研究还不够成熟,还需要解决一些急迫的问题,总结如下。

第一,传媒伦理的研究必须解决其原则与规范的知识合法性与现实合理性问题。这里有两层意思须加以澄清:一是传媒伦理的研究不能仅仅停留在道德规范的诉求层面。传媒道德问题的解决固然需要规范的参与,但仅此是不可能解决所有问题的;二是在进行传媒道德规范的考察时,必须解决其可操作性。规范的无力也使得"传媒伦理的研究常常遵循这样的模式——最后退到以法律作为唯一可靠的指导",克利福德·克里斯蒂安对西方传媒伦理的这种分析,用于我国当前的传媒伦理研究也很恰当。

第二,从媒体伦理的基础理论研究来看,国内还没有自己的核心理论。因此,我们应该根据中国哲学思想传统,建立自己的传媒理论研究。传媒伦理的研究应当具备相当的"元哲学"、"元伦理学"的深度。另外,就目前来看,传媒伦理学还需要一种价值判断的方法,这一价值判断方法的缺失,使得传媒伦理在论证其原则与规范的合理性时举步维艰。

第三,应有更多的学者参与到整合性的传媒伦理研究中来。当前,关于传媒伦理的研究确有不少,但更多的是分散在不同的学科里,如新闻伦理、广告伦理、网络伦理等;传媒业界实践和伦理学的基本理论研究尚未有效整合。传媒技术的快速发展及媒介技术的融合,使人们还来不及适应,大多数人仅仅是快速跟进,人员的媒介素养问题刚刚引起社会的重视,人们普遍对传媒的特性不熟悉和不了解。

第四,传媒伦理的研究还应避免道德中心主义的误区。单靠传媒伦理学就可以解决传媒领域中所有道德问题的想法显然是一种乌托邦式的幻想。在进一步加强传媒伦理研究的同时,传媒立法以及其他的文化反应机制也应得到相应的重视。

第五,我们需注意的是,信息作为传播的内容,其生产与传播、使用的安全与监控也同样是一个涉及伦理道德的问题,信息伦理将是传媒伦理研究中新的热点[2]。

---

① 参见陈昌凤:《媒介伦理学大师 Clifford G. Christians 等来清华演讲》,《新闻学界》2010年8月24日。此次论坛由中国新闻史学会外国新闻传播史研究委员会主办,联合国教科文组织和牛津大学媒介政策与法研究中心合办。

② 郑根成:《我国传媒伦理研究综述》,《哲学动态》2003年第7期;胡海军:《媒体伦理研究述评》,《重庆交通大学学报(社会科学版)》2008年第6期。

三、传媒伦理学是一门新兴的交叉学科

1.学科特点

传媒伦理学是一门新兴的交叉学科。作为交叉性学科的传媒伦理学的特点如下[①]。

(1)传媒伦理学具有伦理学和传播学的双重特点

作为一门新学科，传媒伦理学是伦理学的一般原理、原则在传播学领域的具体体现。传媒伦理学所要解决的是传媒工作者的职业道德问题，关系传媒工作的全局。正如美国新闻学者约翰·赫尔顿在《美国新闻道德问题种种》一书中所说："在新闻领域里，没有哪个问题比本书所探讨的问题更重要，更难以捉摸，更带有普遍性。事实上，如果新闻工作一旦丧失道德价值，它即刻便会变成一种对社会无用的东西，就会失去任何存在的理由。"[②]

传媒伦理学又通过传播学拓展了伦理学的应用领域。通过传媒的影响，社会的传统文化和价值再次经历检验和革新，更突出文化和价值的民族特点及其大众性、现代性。面对世界文化的发展和冲突，我们应该从我们所处的文化根基和思维方式、各国的文化思想和传播理论、一些来自其他学科的知识中寻求帮助，来发展我国的传媒伦理。

(2)传媒伦理学是一门研究传媒规范的科学

传媒伦理学不仅仅包括新闻伦理、网络伦理、广告伦理等具体的传媒实践领域的理论研究，也整合所有的传媒领域中共性的理论和实践研究。传媒伦理学不仅体现一种新的理论模式，而且还代表一种新的道德实践的权衡机制和行为程序。它规范传媒业的从业人员根据社会的需要和职业发展的要求调整自己的行为，在不同的境遇中能够做出正确的行为选择。

(3)传媒伦理学是一门年轻的方兴未艾的学科

虽然从亚里士多德讲授道德品性的学问(后期整理为《尼科马克伦理学》)起，伦理学已有2000多年的历史，但传播学却比较年轻。从世界范围来看，新闻学研究始于17世纪末的德国，直到20世纪40年代，传播学这门概括传媒业发展的学问才有较大的发展，而系统的传媒伦理的研究就更晚了。但这是一门方兴未

---

① 参考蓝鸿文:《新闻伦理学简明教程》，中国人民大学出版社2001年版。

② 约翰·赫尔顿:《美国新闻道德问题种种》，中国新闻出版社1987年版。

艾的学科，伴随着信息在人们生活中作用的增长，它必将从不够成熟走向成熟。

2.发展趋势

从发展趋势看，大众传媒日益占据大众文化生活的核心位置，对人们精神的形成和变化产生着至关重要的影响。

当前，传媒对人们的影响越来越大，中国互联网络信息中心(CNNIC)发布的《中国互联网络发展状况统计报告(2013年1月)》指出：截至2012年12月底，中国网民规模达到5.64亿，互联网普及率达到42.1%，同时中国手机网民规模达到4.2亿，占整体网民的74.5%。目前广播、电视人口综合覆盖率分别达到97.1%和97.8%[①]。据国家工业和信息化部2012年发布的报告显示，截止到2011年3月底，中国手机用户已达8.89亿[②]。

以上数字说明，传媒文化已把现代人团团围住，传媒的影响力日渐深远，接受传媒文化已成为现代人的处世习惯和生活方式。有学者解释道：所谓影响力(Influence)，是指“文化活动者以一种所喜爱的方式左右他人行为的能力”。其实，更本质地看，影响力是一种控制能力，这种控制能力表现为影响力的发出者对于影响力的收受者在其认知、倾向、意见、态度和信仰以及外表行为等方面合目的性的控制作用。传媒影响力是通过信息传播过程实现的，其影响力的发生势必建立在收受者关注、接触的基础上，因此，传媒影响力从内涵上看，是由“吸引注意(媒介及媒介内容的接触)”+“引起合目的的变化(认知、情感、意志行为等的受动性改变)”两大基本的部分构成的。传媒影响力的本质，就是它作为资讯传播渠道对受众的社会认知、社会判断、社会决策及相关的社会行为打上的属于自己的那种“渠道烙印”[③]。目前社会生活的信息主要是传媒呈现出来的信息，人们的判断就建立在被呈现出的信息基础上。传媒应该呈现什么信息就成为伦理学关注的重要问题。

传媒伦理研究是随大众传媒实践的产生而产生的。在印刷时代的图书出版时期，由于受经济发展程度和教育水平的影响，传媒在现实社会生活中的影响比较小，系统的传媒伦理研究比较少。伴随报纸杂志及广播、电视的出现，传媒的影响力开始改变，大众传媒伦理研究开始系统化，主要集中在具体传媒形式的分门别类的伦理研究中，如出版伦理、新闻伦理、编辑道德、记者道德、广告伦理等，还没有将

---

① 中国经济网，国家统计局发布2012年国民经济和社会发展统计公报全文，http://www.ce.cn/xw2x/qns2190xw/2013021221t20130222_24134296_3.shtml

② 《我国手机用户数量11亿创新高》，《北京晨报》2012年12月28日。

③ 喻国明：《传媒影响力》，南方日报出版社2003年版，第4页。

其整合成统一的大众传媒伦理。随着计算机的出现和网络的发展，当今大众传媒已成为人们的一种重要生存方式，传媒的影响力日渐深远，大众传媒的伦理研究就成为一种必需，它不仅要将各种具体的传媒形式的伦理研究统一起来，还要在统一的基础上，上升到更高的理论层次，发展具有自身特色的理论体系。从大众传媒伦理的作用上看，不仅应用于大众传媒实践本身，还对社会整体道德的发展产生重要影响。

第二节　传媒伦理学的产生及其功能

一、传媒伦理学的产生和发展

1.传媒伦理学的产生

学者们普遍认为，传媒伦理学是伴随着传媒业的发展而发展的。今天的传媒业从图书、报纸、杂志、广告、通讯社，扩展到广播、电视、电影、公共关系、互联网、手机等大众传播的所有门类和领域，传媒伦理学也从新闻伦理、新闻法治、新闻教育和研究扩展到包括新闻伦理、网络伦理、信息伦理等大众传媒相关的理论和研究。

许多人认为，今天媒体触犯道德的现象比以前广泛得多，然而，如果认真地考察历史，可能就会改变观点。实际上，媒体的历史充斥着各种丑闻、争议和对道德标准的不同解释[①]。美国的学者们从历史的角度对美国的传媒伦理问题进行了系统的阐述。

传播效果的系统研究最早出现在20世纪20年代的美国，主要是针对第一次世界大战宣传的研究。在一战中，宣传（为宣扬某种信条或事业而广泛传播的信息）泛滥，交战双方都取得了很好的效果，故此人们担心媒体的力量已经足够强大，以至于能用人们所没有意识到的方式来对无辜的人进行洗脑[②]。传媒效果研究自此开始起步。随着学者们对传媒领域整体的深入研究，传媒伦理的探索也开始进入人们的视野（之前存在着新闻伦理和广告伦理等具体存在的传媒形式的伦理研究的探索）。中国学者分析指出：西方现代新闻伦理观念的形成有三个来源：(1)在西方普适价值的基础上形成的新闻道德的核心价值，即新闻自由、报道真相、社会

---

① 〔美〕乔治·罗德曼：《认识媒体》，邓建国译，世界图书出版公司2010年版。

② 同上。

正义、毋伤害与媒介效益。美国学者基本上是从新闻伦理如何成为问题的角度论述了美国伦理规范产生的过程，指出，正是因为对“新闻伦理如何成为问题”的思考，作为一个专门学术领域的新闻伦理研究一开始就与建立伦理规范、以伦理规范约束新闻从业者为主要特征的新闻专业主义实践走到了一起。(2)对于更多的新闻伦理研究者来说，“新闻伦理如何成为问题”的答案直接来自其对新闻媒介现实状况的深切忧虑。(3)另一种方式的思考，是在关于新闻与民主、自由与责任等议题展开的媒介批评与社会批判中表现出来的。这些研究依据民主参与的社会功能要求，思考新闻在报道事实与公共辩论等领域的责任担当①。

美国是当今全球传媒业最发达的国家，从报刊到广播电视到新媒体，从新闻媒介到广告业到公共关系机构，从报刊漫画到电视娱乐到电影，从传媒实践到传媒理论和教育，美国传媒伦理学的研究涉及了传媒的所有领域。

传媒伦理学方面比较有影响的书籍有：《美国新闻史——大众传播媒介解释史》②，从报纸、杂志、广告、通讯社、广播、电视、新闻伦理、新闻法治、新闻研究和新闻教育扩展到电影、图书、公共关系、互联网等大众传播的所有门类和领域。重点论述了新闻事业的发展与美国人民的政治、经济和社会潮流的关系，广泛考察了报纸、无线电、电视等现代大众传播媒介在日益复杂的现代社会生活中的作用；《媒体伦理学——案例与道德论据》(第5版)③，作者在“序”中指出：“这个修订本旨在通过案例研究和评论把伦理学与媒体实践结合起来”，因为媒体的日常运作与伦理学严肃的思考之间有鸿沟需要弥合。本书提出了伦理思考的理论基础和媒体应用的五个伦理学准则，并且应用案例分析来指导媒体的实践；《媒介伦理学：问题与案例》(第4版)④，着眼于伦理学在21世纪信息社会各种媒介中的应用，通过文本、案例、图片来向读者展示如何更好地、更合乎伦理道德地完成工作；《媒介研究的进路：经典文献读本》⑤，为了解媒介和大众传播研究的不同理论和方法提供了丰富的资料；《大众传播概论：媒介认知与文化》(第3版)⑥，介绍了大众传播的概念及媒

① 单波、王金礼：《西方新闻伦理观念论纲》，《中国传媒报告》2009年第2期。

② 〔美〕迈克尔·埃默里、埃德温·埃默里：《美国新闻史——大众传播媒介解释史》，展江、殷文主译，新华出版社2001年版。

③ 〔美〕克利福德·G. 克里斯蒂安、马克·法克勒、金·B. 罗特佐尔、凯西·布里顿·麦基：《媒体伦理学——案例与道德论据》，蔡文美等译，华夏出版社2000年版。

④ 〔美〕菲利普·帕特森、李·威尔金斯等：《媒介伦理学：问题与案例》，中国人民大学出版社2006年版。

⑤ 〔英〕奥利弗·博伊德·巴雷特、克里斯·纽博尔德：《媒介研究的进路：经典文献读本》，汪凯、刘晓红译，新华出版社2004年版。

⑥ 〔美〕斯坦利·J. 巴伦：《大众传播概论：媒介认知与文化》，中国人民大学出版社2005年版。

介产业的相关知识，从传统的书籍、报纸、杂志到电影、电视、广播、互联网等，深入探讨其起源与发展趋势，并提出了信息时代的大众媒介文化对人们产生的影响；《认识媒体》[①]，介绍了大众传播的概念及媒介产业的相关知识，每一章都以独特的基本架构"历史、行业、争议"展开，分别介绍了图书、报纸、杂志等印刷媒介，电影、唱片、广播、电视、互联网等电子媒介及公关、广告的历史、行业状况以及面对的争议。

2. 传媒伦理学的发展

从传媒的现状看，美国学者近些年收获颇丰，最重要的收获是从理论上解决了传媒与政府的关系、传媒与受众的关系，以及传媒效果研究等方面的基本问题[②]。

(1)媒体和政府的关系

美国政府对媒体采取一定的管制措施，但是媒体仍扮演着政府行为监察者的角色。美国的媒体被看作是第四权力，其功能是对行政、立法和司法部门的行为进行监督和报告。媒体认为自身应该确保公民了解他们选举出来的各部门官员的所作所为。在这个过程中，人们希望媒体与政府维持一种敌对关系，即新闻界与当权者应服务于不同的目标。亚历山大·汉密尔顿认为，仔细审查政府提议的每一项法律是新闻机构的职责，如果人们发现某个法律存在漏洞，"我们必须看到，错误和有害的不仅是这一项法律，而让这个法律的制定者留在我们自由和经选举产生的政府中同样是有害的，因此应该撤销其职权。"[③]

(2)传媒与受众的关系

第一，受众是信息意义的最终裁定者。在传媒体系中媒体的受众对传媒所表达的信息有决定权，他们同样也决定着某一特定的传媒产品，甚至媒体本身是否能生存。

第二，受众有经济影响力。所有的媒体产品，从图书到网站都不得不依靠受众的喜好来生存。

第三，有组织的受众成员能让情况改观。那些十分关心媒体内容的观众如果结合成一个个消费者群体，他们就能发挥很大的作用。

---

① 〔美〕乔治·罗德曼：《认识媒体》，邓建国译，世界图书出版公司 2010 年版。
② 〔美〕乔治·罗德曼：《认识媒体》，邓建国译，世界图书出版公司 2010 年版。
③ 〔美〕乔治·罗德曼：《认识媒体》，邓建国译，世界图书出版公司 2010 年版。

(3)媒介效果研究

传媒理论发展的动力和核心就是媒介效果研究，即传媒如何影响社会，以及如何影响社会中的个体。借助这些研究来解释不同的媒体及其内容对社会有何影响，也能够使读者对媒体影响的复杂性有更深入的了解。

第一，早期传媒效果研究取得的成果。

1929 年开展的佩恩基金研究是针对电影对儿童行为的影响展开的。许多专家和普通人都担心，爱看电影的儿童可能会通过一种被称为模仿的现象产生反社会的习惯。通过内容分析和试验，研究发现绝大多数电影所展现的内容都与犯罪、性以及爱情相关。试验表明，浪漫或性爱场景对儿童没有太大的影响，因为他们还不懂；对成年人的影响也不大，因为成年人觉得这些都是假的；但是这些场景对青少年却有很明显的作用。实际上，这些研究人员指出，性爱场景对“16 岁左右的年轻人产生了巨大的冲击”。

对电视暴力内容所产生的影响的研究，在 20 世纪 60 年代达到了高潮。公众对媒体展示的暴力内容与现实生活中的暴力活动之间的关系愈加关注。一名研究者对媒体暴力的影响做了如下总结：不是每一个观看大量暴力电视或经常玩暴力游戏的孩子，长大以后都会变成喜欢暴力的人，不过就像每一支烟都会增加你日后患肺癌的危险那样，每次观看暴力节目也会增加一个儿童日后比其他孩子更严重的暴力倾向的机会。

当前的研究：媒介研究者们实际上已经发展了针对上百种不同领域的研究，这些研究许多针对的都是媒体不断繁荣所带来的影响。比如，有些研究就认为，现代传媒更多地鼓励了社会分化而非社会融合；另一些研究考察的是媒体对社会生活的影响：随着看电视和使用互联网时间的增加，人们正在切断与自己所属团体的联系，并正在失去自己社区中的政治生活；其他研究者则考察媒体如何改变了童年的概念，迫使儿童在较早的阶段接触到成年人的信息。

第二，社会科学和文化视角下的传媒效果。

基于社会科学和文化视角的传媒理论是从以试验和内容分析为主的研究中发展出来的。在这中间有数百条理论，最著名的理论包括社会学习、个体差异、培养、议程设置、使用与满足、文化研究等理论。

社会学习理论 也称模仿理论，1963 年艾伯特·班杜拉的实验研究认为，人们通过观察他人以及媒体所展现的内容来学习如何行事。社会模仿被认为是社会化过程中的一个很重要的部分，在这个过程中儿童学习社会的期望、规范和价值观。社会学习理论认为对媒体中呈现的女性、少数族裔和种族的刻板印象对社会成员的影响是负面的。

个体差异理论　个体差异理论考察的是拥有不同特征的媒体受众如何以不同的方式受到大众传媒的影响。有些类型的使用者比其他人更容易受到某种类别媒体信息的影响。例如，教育水平较高的观众比教育水平较低的观众，对包含逻辑的内容更容易接受。其他个体的差异包括年龄、性别、地理区域、智力水平、不同社会阶层、家庭暴力的严重程度以及一系列其他人口统计学变量。

培养理论　是宾夕法尼亚大学的乔治·格布纳和他的同事们提出的理论。根据这个理论，媒体塑造了人们对这个世界的看法。培养理论预测说，随着时间的推移，媒体将在用户中"培养"出一种特别的世界观。培养理论显示，电视带给长期观众的一个基本的影响就是，让他们觉得世界比现实中的更为危险、更不可信任以及更为暴力。最近的研究显示，暴力电子游戏也有类似的影响。

议程设置理论　是在20世纪70年代由麦克斯韦尔·麦考姆斯等学者们提出来的。在研究媒体报道政治活动的过程中，研究者们发现，媒体的主要影响是议程设置，即它告诉人们的不是应该如何思考，而是应该思考什么。换句话说，就是媒体对某个事情的关注程度，将影响公众对那个问题的重视程度。重要的一点是，一旦某个问题得到了公众的关注，那么它就有可能影响到政府的政策。许多理论家都不赞成议程设置这种方法。

使用与满足理论　是基于媒体消费者如何积极选择和运用媒体来满足他们的各自需要的理论。该理论的研究者不断地发现人们利用媒体的新方式。其中最常见的有监视（保持对这个世界的最新了解）、转移（通过娱乐手段逃避现实世界的压力）、对话流行（保持最新的讨论话题）和社会整合（用从媒体那里获得的知识来与他人联系）。

文化研究理论　即媒体也可能对整个文化产生长期的重要影响。媒体在改变整个社会过程中所扮演的角色很难准确衡量，文化研究考察的是媒体在某些领域，如阶级、族群和性别中，反映和构成社会广泛、深入的价值观所扮演的角色。

从整体上看，不同的传媒理论表明，媒体的使用和影响方式是多种多样，同时也是非常复杂的，试图用一句话来概括媒介效果是欠考虑的。正是这种复杂性使人们对媒介效果的观点产生了争议①。

二、我国传媒伦理学的产生和发展

我国传媒伦理研究是在改革开放后伴随社会生活的变化和传媒业的大发展而产生和发展的。社会生活的巨大变化，使人们的社会生活适应度和基本的伦理价值观发生改变；大众传播活动的迅猛发展加剧了人们社会生活的多元取向和价值观的混乱状况，引发了一系列伦理道德方面的问题。人们普遍认为，大众传媒的社会功能不仅没有在社会巨变中发挥出来，还加剧了传统道德规范的失范程度，从而使得社会道德重建变得艰难。如何规范传媒业，使其健康发展，就成为传媒伦理学的重要内容。

学者们普遍认为，我国传媒伦理学的研究起步比较晚，直到 20 世纪 70 年代末 80 年代初，较为系统的传媒伦理研究才开始出现。在这之前，已经有学者开始探讨与传媒相关的伦理道德问题了，只是这些探讨散见于新闻学、传播研究、心理学、社会学、历史学等学科领域中。较早时期出现的是伴随报纸的实践产生的新闻伦理的理论与实践研究。改革开放以来，随着我国传媒业和传播学研究的深入开展，较为系统的传媒伦理研究开始出现；此后，广告伦理、网络伦理、信息伦理的研究相继展开。学者们主要围绕传媒伦理的基本理论、实践中的问题与冲突，以及提高传媒伦理建设水平的措施等问题进行研究和探讨。较之经济伦理、医学伦理、环境伦理等其他分支伦理学的研究，传媒伦理学的研究依然处于起步阶段，还存在诸多的研究空白②。

进入新世纪，伴随我国传媒业的快速发展、对国外传播学和传媒伦理学著作及文章的翻译及其研究，我国学者研究传媒伦理的论文和著作也比较多了。主要研究著作有：陈超南著：《彩色的天平——传媒伦理新探》，湖北教育出版社 2000 年版；中国社会科学院应用伦理研究中心、宁夏伦理学会编：《中国应用伦理学——当代媒体伦理研究专辑 2005—2006》，宁夏人民出版社 2006 年版；陈力丹著《我国传媒的职业道德与职业规范》，清华大学出版社 2006 年版；郑根成著：《媒介：载道——传媒伦理研究》，中央编译出版社 2009 年版；甘绍平著：《应用伦理学前沿问

① 〔美〕乔治·罗德曼：《认识媒体》，邓建国译，世界图书出版公司 2010 年版；斯坦利·J.巴伦：《大众传播概论：媒介认知与文化》，中国人民大学出版社 2005 年版。

② 郑根成：《我国传媒伦理研究综述》，《哲学动态》2003 年第 7 期。

题研究》，江西人民出版社 2002 年版；黄富峰著：《大众传媒伦理研究》，中国社会科学出版社 2009 年版；郎劲松、初广志著：《传媒伦理学导论》，浙江大学出版社 2007 年版；陈汝东著：《传播伦理学》，北京大学出版社 2006 年版；陈绚著：《大众传播伦理案例教程》，中国人民大学出版社 2010 年版，等等。

有影响的传媒伦理综述研究的论文有：李健：《传媒伦理论纲》，《西安政治学院学报》2007 年第 2 期；郑根成：《我国传媒伦理研究综述》《哲学动态》2003 年第 7 期；胡海军：《媒体伦理研究述评》，《重庆交通大学学报》（社会科学版）2008 年第 8 期；李鹏涛：《改革开放以来我国媒介伦理的研究及其反思》，《伦理学研究》2007 年第 5 期；张殿元：《中国传媒伦理道德问题的历史考察》，《当代传播》2007 年第 2 期；罗彬：《2008 年我国大众传播伦理研究概述》，《新闻爱好者》（下半月）2009 年第 2 期，等等。

三、我国传媒伦理关注的道德问题

1. 传媒伦理关注的道德问题随着时代的不同而不同

从世界传媒发展史看，大众传媒出现后经历了专制社会和民主社会两个阶段，民主社会的大众传媒又经历了传媒政治化、传媒商业化、传媒垄断化三个时期。在不同社会发展阶段和同一社会发展阶段的不同时期，传媒的伦理道德问题亦不相同。在专制社会里，伦理道德问题主要指媒介在非强制状态下由自然欲望产生的传播行为导致的道德失范；在民主社会的传媒政治化时期，媒介的伦理道德问题是不同政治集团通过自己控制的媒介恶意攻击对方；传媒商业化时期，媒介的伦理道德问题的主要根源是传媒的商业化运作。实际运营中的经济利益第一的思想产生了诸多的伦理道德问题，其中最为典型的就是有偿新闻，此外黄色新闻、虚假新闻、诽谤新闻亦随处可见，传媒业成为世人关注的道德热点问题。传媒垄断化时期，竞争的加剧使传媒业进入集中重组期，但是媒介的过分集中，对言论自由构成了真正的威胁。随着大财团对政府控制的日益加深，传媒业有丧失独立性、再次沦为工具的危险。互联网出现后，传媒因较少受特定地区政治、经济、文化的影响，自由化程度比较高，人们的道德观念、道德标准发生了很大的变化，传媒行为的道德评价也和以前大不相同[①]。

---

① 张殿元：《中国传媒伦理道德问题的历史考察》，《当代传播》2007 年第 2 期。

所以说，媒介道德脱胎于社会道德，社会道德是具体的、历史的，不同社会、同一社会的不同时期会出现不尽相同甚至截然相反的道德问题和相应的道德规范，作为社会对媒介活动要求的伦理道德在不同社会亦表现出不同的形态。

2. 目前我国传媒伦理关注的主要问题

随着传媒影响力的扩大，在传媒文化之中隐藏着的伦理道德问题也日益显现。事实上，这种道德失范现象在大众传播媒介领域已经普遍化且日趋严重，并影响到社会的稳定与发展。关于目前我国传媒伦理面临的道德问题，几乎所有的传媒研究学者都有涉及。总结学者们的思想，大致观点如下。

(1)媒体公信力下降问题

我国媒介最核心的定位是它的“喉舌”功能，传媒形象的好坏直接影响到政府的形象。伴随传媒的市场化改革取向和竞争机制的建立，收视率和广告成为传媒业的指挥棒，为迎合不同价值取向和兴趣的受众群体，虽然出现一些专业化的媒体，但是大众传媒却采用内容过度娱乐化，充斥犯罪、暴力和性场景的节目来吸引大众的眼球，呈现媚俗、低俗和粗俗的镜像。经济的盈利目标和服务社会的公益目标的冲突，导致传媒公信力的下降，一方面导致受众把政治议题当成娱乐内容来对待，另一方面也影响了受众在新闻媒体公共领域发表意见的信心，这些都将造成舆论引导的成本提高。虚假新闻、有偿新闻、新闻炒作、虚假广告、媒体低俗化倾向、媒体腐败等一系列媒体道德失范现象的产生，是媒体公信力逐渐丧失的集中表现。而道德失范的深层原因，目前一般认为有政治因素、经济因素、法律因素、社会文化因素、信息自身因素、个人因素等。从经济方面的因素来看，国内主要把它归于媒体市场化，认为媒体市场化改革导致媒体的经济利益与社会责任之间的冲突。尤其是部分媒体成为一些利益集团或既得利益群体的喉舌，是一个十分令人担忧的现象，它不仅损害媒体的公信力，更严重的是，当一个媒体发出的声音不能代表社会的整体利益时，它就已经蜕变为社会的毒瘤。

(2)媒体的价值取向问题

媒体从业者在具体的工作环境中总会遇到矛盾冲突，诸如传媒的经济利益与社会大众的公益需要和知情权的矛盾、产业利益与社会利益的矛盾、媒体报道真相与新闻当事人隐私权的矛盾、摆拍和隐性采访是否相宜，等等，这些无疑都存在一个价值判断和行为选择的问题。为了追求利润最大化，媒体总是试图找到一个最小化的社会责任底线，在社会公众容忍度上做最大扩张。目前我国传媒的功能定位对传媒人员的价值取向起重大作用，尤其是出现社会与政府的冲突、利益集团与大众的冲突时，媒体的行为对社会的制度建设意义重大。

(3)社会责任的缺失问题

市场化改革后，由于利益关系，媒体过分强调以受众、市场为主体，迎合非理性欲望，忽略了对社会的责任感；为了新闻竞争，夸大其词、新闻广告大行其道；出于经济利益的需要，媒体越来越“嫌贫爱富”，形成了“倒金字塔”现象，富人、名人、有权势的人成为了媒体报道的中心；广告发达，在引领社会奢侈品消费方面“屡建奇功”，我们还没有进入发达社会，反而提前进入消费社会，欲望充斥着社会的每一个角落，奢靡之风盛行。传媒在高尚道德的塑造方面、在社会主流价值观的引领和弘扬方面、在传统文化的传承方面的作用不明显。

(4)媒体内容问题

为争取收视率，媒体反映社会生活的主题过度娱乐化，严肃的历史题材被戏说，扭曲了历史价值观和传统文化观。内容表现中比较有争议的是犯罪、性场景、暴力内容，学者们大多认为，这是传媒世俗化、庸俗化的表现，人们对大众传播媒介的道德批评相当一部分集中于此。虽然美国学者的相关研究已经得出结论：大众对媒体产品的意义解读受到其年龄、性别、种族、个人特质以及文化背景等多种因素的影响，但是对于成长中的青少年的影响毕竟是一个值得社会普遍关注的问题。况且一个社会中经常出现犯罪的娱乐化和缺乏后果承担、两性关系不明确或者缺乏责任感、以暴力而非法律为解决问题的行为常态时，它们的累积效果是能够腐蚀社会的基本价值和行为取向的。

(5)舆论监督的问题

被西方称为“第四种权力”的媒体，在我国首先是党的喉舌，同时也反映民众的呼声，也具有舆论监督的功能。但是如何进行监督？目前存在的问题比较严重。由于现实社会中存在着社会、政府、利益集团、个人等的利益冲突，当问题出现时，媒体的表现不尽如人意：回避甚至是掩盖重大新闻，导致正常的舆论监督缺位，这是监督缺失；隐性采访做到了舆论监督，但又缺少伦理依据和法理支持。以我国核心价值建立的舆论监督，具体的伦理依据目前仍付阙如。

3.传媒伦理问题存在的原因分析

有学者从政治、经济、文化三个维度对传媒伦理问题存在的社会根源进行分析。

(1)政治根源

由于传媒的特点和影响力,社会的统治集团都把它用来作为宣传的工具和统治的手段。政治对传媒控制的目的在于促进和维护社会思想的统一性,使其充当维护政治统治合法化的工具。但是由于社会处于分化和多元化的格局,传媒代表和表达谁的利益和愿望就成为有争议的问题。

(2)经济根源

在市场经济条件下,传媒的经济功能日益凸显,传媒作为经济实体正在走产业化、资本化之路,资本的逻辑为传媒价值体系的削弱提供了可能,盈利目的和社会服务目标处于相互冲突中。

(3)文化根源

传媒的技术快速发展、传播手段和方式的隐蔽性以及对异族文化的新奇,尤其是对财富的梦想与追求,使它们部分丧失了对本族文化价值的追求与向往。

综上所述,传媒的伦理问题之所以存在,是因为不同利益集团背后的利益驱动使然。政治利益集团是为了维护一定的社会秩序,经济利益集团是为了获得经济利润的最大化,而文化利益集团最终还是为了求得政治或经济利益①。

四、传媒的伦理功能②

伴随大众传媒业的发展,传媒的影响力日益深远。传媒的社会功能问题就成为传媒理论研究的重要问题。

一般认为,拉斯韦尔和赖特是最早认真考虑大众传播媒介在社会中的功能和角色的学者。拉斯韦尔认为,大众传播媒介有三个显著功能:监视周围环境、联系社会各部分以适应周围环境、一代代传承社会文化。赖特又补充了第四种功能:娱乐。除了这些功能之外,媒介还可能产生功能障碍,或称负面功能,而这样的结果是社会及其成员不愿看到的。

如何发挥传媒的正面功能,而避免产生负面功能,就是传媒的伦理功能。

1.监视功能,监视周围环境,向大众提供并告知新闻

传递信息是大众传媒的基本功能。通过“新闻”不断向社会及时报道应知、遇

---

① 参见李明、张伟:《浅论传媒伦理问题存在的社会根源》,《淮海工学院学报(社会科学版)》第 3 卷第 4 期,2005 年 12 月。

② 此部分主要参考〔美〕沃纳·赛佛林、小詹姆斯·坦卡德:《传播理论:起源、方法与应用》(第 5 版),郭镇之主译,中国传媒大学出版社 2006 年版。

知而未知事情。

首先，传媒要提供与经济、公众和社会生活密切相关的重要新闻。人区别于动物的重要特征是目的性和计划性，人们的生活要拥有基本的信息来规划未来。媒体提供此类信息时，要求是真实、客观、公正的报道，它应成为社会与公众的耳目喉舌，自觉维护人民及社会公共利益；其次是预警性新闻——告知自然界及其社会中即将或正在发生的危险、威胁，以提供可能的应对措施。告知此类信息时，当然不能够过度强调危险和威胁，否则会造成大众的恐慌。最后是通过人物、事件的报道，宣扬社会主流的价值规范。传媒不仅报道事件，而且还应成为一个公共讨论的载体与传递者，使人们对事件的关注走向纵深。大众传媒通过报道典型的人物、事件，使大众体会或了解社会所赞同或认可的规范、信仰和价值，并借其强势影响引导大众接受这一套“定义”或“解释”的约束和指引，采取社会文化所共同认可的行为。当然，传媒在信息的选择、解释和评论中，应避免话语霸权的出现，影响自由、民主和文化多元的氛围。

2.联系功能，对周围环境信息的选择、批评和解释

传媒的联系功能通常是用来指导人们应当如何对周围发生的事件做出反应。首先是强化社会规范——通过对偏差行为的曝光来帮助全社会达成共识。当前我国正处在社会不断变革过程中，各种利益关系的急剧调整和变化，引发了各种各样的矛盾冲突。城乡之间、地区之间的矛盾，国家、集体和个人之间的矛盾，各种不同的利益群体的矛盾，资源不均、分配不公引发的矛盾，干部作风、行业不正之风引发的矛盾，等等。统计分析表明，利益格局变动本身尚不足以导致冲突行为的发生，由利益变动导致的不公正感和生活满意度下降才是导致冲突行为产生的直接根源。媒体在协调多方利益、平衡各种利益关系、理性解决社会矛盾的过程中应当积极、主动、及时、有效地引导社会舆论，通过提供各种科学知识来化解社会矛盾，消解社会冲突，平衡社会心理，维护社会的和谐与稳定。社会转型中不可避免地需要一种新的道德规范与价值系统的引导、规范和支撑，而重塑社会的道德规范与价值体系，只有在深入而广泛的信息沟通基础上才有可能[①]；其次，传媒通过选择和宣传对社会有突出贡献的个人及其事迹，授予其社会地位及威望，来引导大众的行为，强化社会的规范；通过经常反映并管理舆论及其表达，维护社会持久的、基本的

① 郑根成、潘会贤：《论传媒伦理的必要性》，《湖南大众传媒职业技术学院学报》第 8 卷第 6 期，2008 年 11 月。

价值观,阻止可能对社会稳定产生的威胁;最后,制约政府,保护人民。媒介应当反映大众的呼声和要求,如果媒介坚持灌输成见或者培养众口一词,阻碍了社会变革和创新,减少了批评,以牺牲少数人发表意见的机会而强化多数人的观点,保护甚至扩张了那些需要控制的权力,就会阻碍社会的进步。随着改革的深入,经济的发展,出现了广告客户等少数人操控部分媒介的情况,部分媒介在意见表达上也越来越受广告客户等少数人的操控,这违背了媒介作为社会公器的初衷,也不符合民主社会的要求。同时,媒介应当对政府行为进行监督。作为社会公器,大众传媒应当发挥社会监督作用,并接受公众的指导与监督。马克思称传媒为"社会的捍卫者",其实质也是把进行社会监督看成是大众传媒应当承担的社会责任。人们普遍认为,当且仅当大众传媒承担起社会监督的责任时,社会与公众的利益才不会受到侵害,社会才能良性运行。

3. 教育功能,即传承社会文化功能

就是将信息、价值观和规范一代代地在社会成员中传递下去。通过这种方式,首先,使社会在扩展共同经验的基础上更加紧密地凝聚起来,即在充分满足公众知情权的同时,还应成为主流价值的塑造者与引导者,并成为促进社会宽容、理解、融合和发展的积极动力。其次,减少社会无序性。媒介的非个人化特性,通过提供给个人一个使其认同的社会而减少了个人对社会的疏离感和漂泊不定感。最后,继续社会化过程——使个人在开始正规的学校教育之前以及学校教育结束之后,都能够通过持续的社会化过程而融入社会之中。

4. 娱乐功能,借助娱乐使个人获得休息以保持活力

传媒的娱乐功能旨在给人们面对每天的难题提供喘息的机会和轻松的时间,丰富大众的文化生活。但是不能放大娱乐在传媒中的地位,过度娱乐化会消解文化艺术的个性与深度,侵蚀传统文化价值观。传媒应该自觉抵制低俗不雅的信息,传播积极、健康、有益的公共文化内容,以丰富公众精神生活、培养公众的审美情趣。

第三节　传媒伦理学的意义

一、学习传媒伦理学的意义

改革开放后,我国进入社会转型期,这次社会转型意味着中国传统的社会结构

模式、发展方式、运行体制和机制的整体转换和进化。一般来说，社会转型孕育着三个相互关联的深层次变化：一是深刻的普遍社会重组；二是人们的生存方式和活动方式的根本转型；三是社会规范（包括社会道德规范）、社会评判标准（包括社会道德评价标准）等的重新确认。传媒的处境受到了它所置身的社会制度的规范，但对其形成最大影响的仍然是固有的传媒体制。一方面，传媒受到来自体制内的强大控制，作为政党的宣传工具或者喉舌，传媒不仅无法摆脱意识形态工具的角色，在监督政府行为、追求新闻自由、充当社会公器等方面的进程也显得步履维艰；另一方面，市场经济的确立，各个行业都面临体制的转型，商业化正成为各行业的共同特征，传媒在这样的社会发展洪流中，其商业化趋向也愈加明显。反观中国大众传媒短短 30 年的市场化过程，似乎浓缩了西方传媒近现代几百年的商业化历程。商业化极大地刺激了中国大众传媒发展的同时，也带来了“黄色新闻”时期的一些弊端和困扰；在“做大做强”呼声下，传媒集团化呼声引发了诸如西方传媒垄断时期的一些特征。这样的状况，使媒介这一行业充满了更多的模棱两可的情景和相互冲突的效忠对象，传媒实践必然会面临巨大的伦理挑战，伦理失范在中国转型过程中成为突出的问题①。那么，学习和研究传媒伦理学有什么意义呢？

第一，学习和研究传媒伦理学，是提高广大传媒工作者自身的职业道德素质，加强传媒队伍职业道德建设的需要。传媒人员的职业道德建设如何，关系着媒体是否坚持为人民服务的原则，是否坚持正确的舆论导向，是否坚持以社会效益为第一的原则，是否坚持传媒的客观、真实、公正的原则，是否担负起社会道德责任，意义重大。学习和研究传媒伦理学，对于提高广大传媒从业人员的职业道德素质和修养，会大有益处。从长远来看，广大传媒工作者的职业道德水准提高了，在新世纪担负更多更重要艰巨的任务，才有保证。

第二，学习和研究传媒伦理学，又是身处传媒领域的大学生为走上传媒工作岗位作好伦理道德准备的需要。在各传媒类院校学习的学生，是我们传媒队伍的后备人才，社会对他们寄予厚望。

第三，学习和研究传媒伦理学，还是加速传媒伦理学这门学科建设和发展的需要。传媒伦理学的形成和创立，只是一个新的起点，但客观需要和研究工作滞后的矛盾依然存在，今后还有大量的研究工作要做。只有不断超越自己，又不断追赶世

---

① 陈建明：《媒体失范与媒体伦理的建设》，中国社会科学院应用伦理研究中心、宁夏伦理学会编：《中国应用伦理学——当代媒体伦理研究专辑 2005—2006》，宁夏人民出版社 2006 年版。

界先进水平，才能不断推进学科向前发展。在这方面，从事伦理学和传媒研究的专门人员，负有更多的责任①。

二、学习和研究传媒伦理学的方法

媒体伦理研究方法的理论探索方面，目前著作与论文比较少。相关研究者在研究过程中所采用的研究方法主要有案例分析法和文本分析法②。

1. 案例分析法

案例分析是当前应用最普遍的一种研究方法。案例分析法是指把实际生活中出现的某一方面具有典型特点的媒体伦理问题作为案例，进行伦理价值分析，从中找出媒体伦理发展变化规律的方法。这是一种从具体到抽象、从分析到综合、从特殊到一般的研究方法。这种方法关键在于所选择的案例要有一定的数量、质量和典型性。案例是一个包含了一个或多个真实疑难问题的复杂情境的描述，对案例的研究具体而现实，具有极强的针对性和现实意义。至今为止，业内一些有影响的研究成果都是以案例分析法为主要的分析方法。

2. 文本分析法

简单地说，以一定的文本为对象，从文本的表层深入到文本的深层，从而发现文本所内含的价值原则。这种方法在对西方媒体伦理的研究以及中西媒体伦理的比较研究中尤为重要。当然，文本分析法在对伦理学经典著作的研究中也是必不可少的方法之一。要解决当今媒体伦理的许多伦理价值冲突，经典著作中所包含的价值原则仍有重要的参考意义。

3. 更多的学者参与新方法的创新

在人文社科发达的美国，社会科学的研究方法也突飞猛进。社会研究方法是人们认识社会、了解社会、分析社会问题和社会现象，解释与预测社会发展变化的重要手段。根据美国学者威廉·劳伦斯·纽曼(W. Lawrence Neuman)所著的《社会研究方法:定性和定量的取向》(第5版)③，社会科学的研究方法总体上可以划分

---

① 参考蓝鸿文:《新闻伦理学简明教程》，中国人民大学出版社2001年版。

② 胡海军:《媒体伦理研究述评》，《重庆交通大学学报(社会科学版)》2008年第6期。

③ 〔美〕威廉·劳伦斯·纽曼:《社会研究方法:定性和定量的取向》，郝大海译，中国人民大学出版社2007年版。

为两类:定性研究和定量研究。把两类研究取向应用于传媒领域的不同问题,就可以形成传媒伦理研究的方法。

目前人文社科方面使用得比较广泛的是社会调查方法。

社会调查是一种了解客观事物的感性认识活动,是随着抽样方法和问卷方法的发展而形成的一套结构化的资料收集方法。它常常被称为抽样调查和问卷调查。该方法多使用事先设计好的问卷表格,并按照统计学抽样原则抽取被调查者,资料回收后,现在一般都利用计算机进行统计分析,是目前比较多的学者选择的研究方法。

学者们可以根据自己的特点和优势,选择适用的方法进行研究,创造出新的研究方法类别。

本章回顾:通过本章的学习和思考,我们对传媒伦理学的基本理论和实践有总体的了解;对传媒伦理学的研究对象和任务有基本的理解;对传媒行业面临的问题有宏观的分析和思考。

思考题

1. 传媒伦理学的研究任务是什么?
2. 美国传媒伦理学关注的问题是什么?
3. 我国传媒伦理学的特点是什么?

第二章　传媒伦理学的基本范畴

本章要点：

1. 了解传媒伦理学的基本范畴
2. 分析传媒伦理学基本范畴的一般特点
3. 探讨传媒伦理学基本范畴的具体实现措施

范畴是反映客观现实的基本性质和规律性的最一般的概念，并已内化为人类的思维成果。传媒伦理学的基本范畴是指在传媒伦理体系中具有概括性的道德概念，是对大众传媒所面临的各种关系和道德冲突在伦理概念上的把握，它并不表现为试图创立包揽无遗的价值观，而是在应对大众传媒领域的道德难题时表现出来的主导价值。对传媒主体而言，传媒伦理学的基本范畴可视为传媒主体本能释放的道德良知，是为呈现在传媒主体面前的巨大利益冲动力提供的"道德冲动力"，它是传媒主体在头脑中形成利益与道德的价值互动和价值制衡。这些基本范畴是传媒工作者在长期工作中处理各种关系形成的基本概念，是协调和处理它们相互关系的客观需要，是一种特殊的社会价值形态。

在现有的社会物质生活条件下，应当确立的传媒伦理学的基本范畴主要有：义利范畴、正义范畴、诚信范畴、自由范畴、人道范畴。它们反映了大众传媒道德实践中本质的、主要的、普遍的伦理关系和道德要求。这些伦理范畴贯穿于大众传媒的理论与实践，关注人生的最终目的和意义的实现，引导受众将自己的人生理想与全人类的社会理想相结合。

利用传媒伦理学的基本范畴分析、解决大众传媒发展中的现实道德冲突或道德困惑，提出积极的道德对策则是传媒伦理理论走向应用的一个重要问题。伦理学本身就是一门具有强烈实践性的学科，因此，结合具体道德案例，分析大众传媒现实活动中的道德冲突或道德困惑，概括道德范畴，解决大众传媒现实道德冲突或道德困惑的可能途径，是大众传媒伦理所要面对的重要问题。但是，传媒伦理学绝不意味着把传统伦理学理论简单运用于社会实践，而是建立一种全新的道德权衡机制。同时，人们还可以根据实践的发展对传媒伦理学进行反思，提出新见解，这也是传媒伦理学的基本范畴需要解决的问题。

道德都是具体的、历史的，不同时代、不同民族、不同社会阶层的道德具有共同性、融合性及继承性，且分属于不同的社会制度、群体以及时代，因此各具特点。传媒道德也是一样，资本主义社会有其传媒道德理念，社会主义社会的传媒道德也具有自己的特点，它们的社会道德环境和服务对象都存在差异。当然，无论是资本主义社会的大众传媒，还是社会主义社会的大众传媒，都强调"自由"、"权利"、"责任"、"义务"，但内涵和外延却存在差异。社会制度差异必然催生不同的伦理关系，其中也必然包括传媒伦理关系。强调传媒伦理的制度差异，并不等于否认其存在的共性和普遍性，两者具有共同的人性基础。义利、正义、诚信、自由、人道等伦理范畴一定程度上可以超越种族、国家乃至社会制度。传媒工作者的伦理考量，要依据传媒伦理价值来进行，因为基本的传媒伦理价值就是社会基本道德的要求，与传媒工作追求的真实、公正、自由是内在一致的。

第一节　义利范畴

义利范畴作为传媒伦理学的基本范畴，主要探讨大众传媒权衡义务与权利，勇于承担伦理责任的问题。

一、传媒伦理学语境中的义利范畴

1. 自愿选择：承载道德期望

基督教伦理学认为义务是上帝的命令，康德则认为义务是善良意志的作用，这些观点都忽视了义务的社会性。义务的本质是社会实践的产物，是一定社会利益关系的体现。马克思和恩格斯指出："作为确定的人，现实的人，你就有规定，就有使命，就有任务，至于你是否意识到这一点，那都是无所谓的。这个任务就是由于你的需要及其与现存世界的联系而产生的”[1]。人有各种各样的义务，如法律义务、政治义务、道德义务等。一般而言，义务与权利总是相互关联的。道德中同样有义务和权利，但不存在绝对对应关系，即在一种道德义务行为发生之前，在行为者的动机上，不是为了获取某种权利或报偿。人们在履行义务之后，可能得到舆论的称赞和物质上的报偿，但不能把这种称赞或报偿视为理所当然，而应视为额外的给予，使其成为进一步报答社会和他人的动力[2]。

道德义务是自愿选择的结果，是一种自愿履行的行为，一种道德上的自律，一种内心信念和道德责任。虽然道德义务是自愿选择的结果，但是仍具有他律性评价，即被认为是正当的时候才会得到社会支持。对于大众传媒的主体与受众的相互联系而言，大众传媒主体的权力应受到更多的约束，而受众的权利更多在于维护和争取。近年来，大众传媒的受众关于维护和争取应有权利的意识不断觉醒，这进一步提升了大众传媒受众的主体地位，促进了大众传媒业内在的良性互动和健康发展。

近年来，传播界滥用传媒权力的现象日趋严重，关于社会义务的说法开始兴起，它主张大众传媒要对整个社会承担法律与道德责任，在赋予人们传媒权力的同时，也赋予传媒必须承担的社会义务。因为，对于大众传媒来说，权利的获取与义务的履行是一个统一整体的两个相辅相成的方面。一方面，传媒的义务主要体现在社会效益上。《中国新闻工作者职业道德准则》中就提出要“把社会效益放在第一位，在这个基本前提下，实现经济效益和社会效益的统一”。另一方面，大众传媒强烈的义务意识还体现在要敢于承担监督的义务。媒体强有力的监督就好比是社会的一双尖锐的眼睛，关注社会发展中正面的和负面的一切现象，为社会构筑良好环境做出贡献。

如今，受众对大众传媒展开了一场道德审判运动，这首先说明受众对媒体其实有着殷切的道德期望，他们不仅期望媒体能自觉地在社会道德规范要求的框架内运营，同时也期望媒体在我国当前的社会道德重建过程中承担更多的责任与义务。大众传媒应当宣传、阐明社会目标与美德，并承担维护社会公共利益的责任，尊重和维护大众的权利。受众期望大众传媒能承担起对整个社会美德和目标的相应责任，即在充分满足公众知情权的同时，还应成为主流价值的塑造者与引导者，并成

---

① 《马克思恩格斯全集》第3卷，人民出版社1960年版，第329页。
② 黄富峰：《论大众传媒伦理的范畴》，《当代传播》2006年第3期。

为促进社会宽容、理解、融合和发展的积极动力。人们之所以抱有这种期望，是因为大众传媒在事实上已经成为一种教育工具，而且也许是最强大的教育工具。鉴于此，大众传媒在公共文化方面应承担如下义务：自觉抵制低俗不雅的信息，传播积极、健康、有益的公共文化内容，以丰富公众的精神生活、培养公众的审美情趣。毫无疑问，人们的这种道德期望是合理的[①]。

2. 尊重受众：慎用社会公器

人权理念的确立是传媒伦理学产生与发展的重要历史背景，人权的价值诉求是传媒伦理学的核心。大众传媒是民众根本利益的代言人，民众有权在大众传媒领域表达自己的思想。当然，如果滥用大众传媒的权力，将会给人民利益带来损失，阻碍社会发展。民众有权要求大众传媒的权力以不损害受众的根本利益为限度，大众传媒就要承担起尊重和维护受众权利的社会责任，因为大众传媒的权利是附带社会责任的[②]。著名思想家西奥多·彼德森指出："根据社会责任理论，言论自由是附有义务的道德权利。"[③]可见，在大众传媒的人民性基础上，传媒的义务与权利能够辩证统一起来。

由于在大众传媒领域存在权利与责任的关系问题，大众传媒的义利范畴就有了理论依据。强调权利和责任的统一，是这个理论的核心观点。大众传媒既享有权利，也具有对社会不可推卸的责任和义务。它在行使权利时不能为所欲为，要考虑到行为可能带来的后果，并对后果负责。大众传媒在正当行使权利的同时，也要尊重受众的权利，其行为的合伦理性是通过权利的实现和责任的履行体现出来的。例如，我国记者的采访权和报道权是一种"权利"而非"权力"，并且这种工作权利归根到底是人民赋予的。树立这种职业意识必须谨防商业主义对新闻业的侵蚀，具备基本的职业价值底线；意识到大众传播活动不仅满足传播者的需要，更要满足受众的需要，尤其不能以牺牲受众利益来满足他方需要；认识到传媒人的义务体现为他们是观望者和监督者，因此决不能把记者的"权利"变成"权力"，这样才能真正实现记者的义务、权利与利益的统一。

作为社会公器，大众传媒应当自觉接受公众监督，为实现社会公正做出贡献。大众传播主体在思考和解决大众传媒领域的问题时要从伦理需求出发，确立伦理

---

① 郑根成：《对大众传媒道德审判的伦理反思》，《浙江大学学报(社会科学版)》2009 年第 5 期。

② 李健：《传媒伦理论纲》，《伦理学研究》2007 年第 2 期。

③ 〔美〕韦尔伯·施拉姆等：《报刊的四种理论》，新华出版社 1980 年版，第 84 页。

尺度。事实上，深刻认识大众传媒领域的义利范畴，依赖于责任主体对自己责任的认知和对自己行为的控制。从受众角度来看，大众传媒不仅应报道事实的真相，维护公众的知情权和表达权，还应搭建进行交流和批判的平台。在这个平台上，传媒不仅报道各类事件，而且还应成为进行公共讨论的载体与传递者，让公众在传媒领域表达思想的权利落到实处。大众传媒作为公共讨论的载体，并不意味着它应当发表每个人的观点，事实上这也是不可能的。但是，尊重受众是大众传媒进行客观报道的应有之义。目前，大众传媒领域出现广告客户等少数人操控部分媒介的情况，这违背了大众传媒作为社会公器的初衷。

二、大众传媒领域义利范畴的基本特点

1. 高尚性

大众传媒的伦理责任是大众传播主体自愿承担和履行的责任，它的实现具有道德价值，体现高度的道德责任感和高尚的道德情操，这种高尚性是义利范畴的基本特点。首先，传媒伦理道德依靠人们的情感意志和非强制性的社会规范实现，因此，“伦理责任是一种非制度化的规范”[①]；其次，义利范畴体现的伦理责任主要通过人们的良知和社会舆论来发挥作用，它既有起码的道德要求，也有更高的道德要求，而且伦理责任促使大众传媒扬善抑恶、主持正义；最后，在伦理责任问题上，职业责任只是基础性的，是履行伦理责任的前提和基础，伦理责任相对于职业责任来讲，则主要是出于对职业责任的道德责任感，具有更高层次的道德高尚性。

2. 自律性

大众传媒的伦理责任是大众传媒主体自觉认识到的责任，它以“应当”的形式实现，具有自律性，而其他责任是以“必须”的形式实现，具有他律性。首先，义利范畴体现的伦理责任实质是大众传媒主体自愿履行的责任，依靠那些非强制性的社会规范、人们的内在良心和社会舆论来实现，体现出较高的道德自律性；其次，大众传媒的伦理责任需要大众传媒主体自觉主动地对其行为对象负责，并承担行为的后果，体现了大众传媒责任的主动性和道德自律性；最后，大众传媒伦理责任的实现有赖于责任主体对自己责任的认识和对自己行为的控制，体现高度的道德自律性。

---

① 张贤明：《论政治责任——民主理论的一个视角》，吉林大学出版社 2000 年版，第 10 页。

3.选择性

“道德选择是一种特殊的社会选择，是人在一定的道德意识支配下，根据某种道德标准在不同的价值准则和善恶冲突之间所做的自觉自愿的选择。”①首先，义利范畴体现的传媒伦理责任的道德选择是一种价值取向，当发生价值冲突时往往体现为如何进行价值判断和道德选择。显而易见，其他责任常有明确规定，不言自明。其次，大众传媒伦理责任是建立在理性自觉的基础上的，大众传播主体在权衡义利关系时要把握三个价值层面：一是社会价值，二是文化价值，三是人的价值。因此，大众传媒的伦理责任是大众传媒主体根据某种道德标准，经过道德选择才自觉履行的责任，在不同的道德规范和道德冲突之间经过选择才最终做出决定，体现伦理责任的选择性。最后，大众传媒的伦理责任不是一种外部责任，而是一种内部责任，依赖大众传媒责任主体的道德自觉，体现了较强的选择性。

4.前瞻性

大众传媒领域的义利范畴体现出的大众传媒伦理责任通常要为可预见的结果负责，是一种前瞻性的责任。首先，大众传媒的伦理责任是一种事前责任，自觉的责任，表现为对即将发生事情的责任感，以要做的事情为先导，对尚未发生的事情具有提前负责的态度。其次，它不仅是一种事前责任，而且是可预见未来的责任，它“要求行为者对客观世界及其规律具有正确认识，审时度势做出选择，要求传播者考虑到行为后果的长远影响，并对能影响到的未来承担责任。”②大众传媒伦理责任的前瞻性特点表明，在大众传媒履行其角色义务时，伦理责任的价值指向是更加高远的价值追求。最后，大众传媒领域义利范畴的前瞻性体现为顾及到信息提供的社会后果的“放弃之美德”或“延迟之美德”。它表明大众传媒的行为同人类一切行为一样，都是有所限制的③。

三、适度权衡——承担伦理责任

1.伦理责任是义利范畴的内在要求

大众传媒是否勇于负责，将直接关涉到社会生活的方方面面。通常情况下，责

---

① 罗国杰：《伦理学》，人民出版社 1989 年版，第 344 页。

② 参见王智华：《论大众传媒的伦理责任》，河北师范大学硕士学位论文，2006 年。

③ 甘绍平、余涌：《应用伦理学教程》，中国社会科学出版社 2008 年版，第 326 页。

任有三重涵义：一是使人担当起某种职务和职责，二是分内应做之事，三是未做好分内应做之事所应受到的谴责和制裁。现代汉语偏重于后两种涵义，从第二重涵义看，"份"即角色，说明责任与责任主体的社会角色是相联系的，是各种社会规范要求社会成员负担与自己的社会角色相适应的行为，也表明了社会对责任主体的行为预期；从第三重涵义看，责任是社会对行为不符合社会规范的成员所给予的谴责和制裁，反映社会对其成员不履行或没有履行责任进行的处置。在这两层含义中都包含评价的因素，这种评价体现为社会评价和自我评价。其他社会成员对责任主体的评价即社会评价，责任主体对自己行为的评价即自我评价，社会评价反映了他人或社会对责任主体行为的理解和认识，体现了社会成员相互之间和成员与社会之间的关系；自我评价反映了责任主体对他人、集体、社会赋予自己职责的理解和认识，责任主体只有正确认识到某事是自己应当做的，才能自觉主动地去做①。大众传媒作为信息传播的组织机构，应当担负起与其社会角色相适应的责任，如果不履行责任也将受到谴责和制裁。

在传媒伦理学视野中伦理责任是题中应有之义，它是大众传媒在传播活动中对自己行为所承担的责任。这种责任不是外部责任，而是一种内部责任；不是靠国家强制力来保障实施，而是依靠主体内心的信念、社会舆论促使主体自觉去完成的。同时，大众传媒的伦理责任还意味着传媒从业人员在实施其行为的时候，应当把这种行为同样视为他个人的行为，负有其个人的道德责任。

2.权衡大众传媒的义务与权利

大众传媒的伦理责任要求大众传媒在履行其角色义务时必须考虑到自己行为的可能后果，并在大众传播活动中承担道德义务，简言之，这就是大众传媒对自己行为的是非善恶所应当承担的义务。这种义务是大众传媒以一种伦理的视角去关注媒介问题，依靠传播主体内心的信念、社会舆论进而自觉去实现的责任，同时也是一种伦理需求的思维方式，一种主张传媒既要追求经济效益又要追求社会公正的价值取向。大众传媒的实践主体是人，必然要考虑价值因素的影响。大众传媒伦理责任要求大众传播主体在思考和解决媒介问题时从伦理需求出发，确立伦理尺度，在传播过程中应考虑社会公共利益和理性，营造良好的舆论环境，为社会的协调发展提供资源供给。

---

① 参见王智华:《论大众传媒的伦理责任》,河北师范大学硕士学位论文,2006 年。

众所周知,权利与义务是辩证统一的关系,不存在无权利的义务,也不存在无义务的权利。享有一定的权利,必须尽到相应的义务;尽到一定的义务,才能享有相应的权利。大众传媒作为社会子系统中的一员,既享有不可侵犯的平等自由的权力,也具有对社会共同体乃至全人类不可推卸的义务。它在行使权利时不能为所欲为,而是要考虑到自身行为可能带来的后果并对后果负责。大众传媒是一个特殊的行业,它所生产的是具有大众意义的文化产品,这些产品对于社会舆论的形成、受众个体认知及价值判断和生活方式的构成产生直接或间接的影响,所以它必须在政府、受众和各种社会利益团体及自身之间找准位置,界定自身的义务与权利,否则就不能健康发展。义务是大众传媒的一种客观需要,也是一种主观追求,同时还是一个实践的概念,它与大众传媒的道德相联系,规定了大众传媒"应该做"的内容。大众传媒也只有承担了相应的社会义务和责任,才能作为社会子系统而存在,并享有获取资讯与传播信息的权利。正如著名政治学者哈耶克所言:"责任是自由权利的题中之义,他们之间不可分离,并构成'互补'关系,没有责任的限制,作为一个整体的社会将难以维续,个人权利亦将不复存在。"①

由于在大众传媒体系中存在义务与权利的关系问题,大众传媒伦理责任的建构也就有了理论依据,强调权利与义务的统一是这个理论的核心观点,因为只有将大众传媒的权利和利益纳入自身体系,传播自由才能继续成为一项权利,否则大众传媒就失去了存在的价值。大众传媒在正当行使权利的同时,也要充分尊重受众的权利以及社会的利益,其行为的合伦理性便正是通过权利的实现和责任的履行体现出来的。所以,良性发展的传媒业既对其享有的权利予以确认和保障,也要对其应尽的义务予以必要规范,实现权利与义务的统一。

传播机构要生产优秀的文化产品,借助于自己的媒介优势最大限度地满足人民群众"知"的权利和"知"的需要,提高全社会的文化质量,提高人民的文明素质和文化素质,使大众传媒担负起承载社会公共伦理和文化良知的使命和任务。鉴于传播机构要考虑到自己行为的可能后果,并在大众传播活动中承担道德上的义务与权利,所以大众传播的方针是反映和传播时代信息,追求真理、弘扬正义,维护社会的和谐与人类的文明与进步。

---

① 转引自周叶中、李德龙:《论公民权利保障与限制的对立统一》,《华东政法学院学报》2003年第1期,第28页。

3. 承担大众传媒的伦理责任

在伦理学领域，“责任”包含社会评价和自我评价两层意义，同时责任被赋予了道德的内涵。古罗马政治家西塞罗在一部重要的伦理学著作《论责任》中指出：“道德责任有两种：一种是‘普通责任’，它适用范围很广，人们普遍都负有这种责任，许多人通过其善良的本性和学识的增进都可以达到对它的认识；另一种就是‘义’，它是一种‘完满的、绝对的’责任，只有具有最完满的智慧的人才能达到这种境界。”[①]大众传媒伦理调节的是道德和利益的关系，一方面是经济利益和道德的关系，另一方面是个体利益和社会整体利益的关系。总之，责任要求具有自由意志和道德行为能力的主体，在良心和人类社会法律、舆论的监督下，对其行为对象负责并承担行为后果。

责任召唤和约束着人们的思想和行为，责任是义利范畴的基础，社会中的任何人，只要具有自由意志和行为选择能力，都要承担与其相适应的社会责任，这种责任已经成为当前社会中的主导性和最具普遍性的规范概念。在大众传媒领域，有关人权的价值理念似乎仅仅强调了自由、民主、权利，而忽视了相应的责任。事实上，没有责任的道德精神，在任何一个社会都无法持续存在下去。换言之，责任并不是来自外在的强制，而是来自人们的自我选择，人们的自主意志，以及人们自身相互依存的需求。这一点正是现代社会中的责任优于传统社会中的责任之处，传统社会中的责任依靠传统习俗、宗教信念，甚至是人身依附关系这样一种外在手段获得与维系。在传媒伦理学领域，道德行为的根本任务并不在于实践一种最高的善，而在于阻止一种最大的恶；并不在于实现人类的幸福、完美与公正，而在于保护、拯救面临威胁的受害人。道德的正确性取决于长远的、未来的责任。随着科技的发展，在义利范畴中，除了人与人之间的责任之外，还有对人类的责任，特别是对他人的责任。

大众传媒中的伦理问题，首先就是传播主体的责任问题，它是基于大众传媒对于公众的重要影响力而产生的，是传播主体社会责任的一部分，是传播者与接受者之间的关系问题，它表现为传播内容与传播动机的道德性、公益性。因为，作为大众传播的主体——传播机构和传播者，一旦拥有话语权，就很容易改变人们认识世界和把握世界的方式，在主体与客体之间形成一对多的关系，成为无限的社会信息

---

① 〔古罗马〕西塞罗：《西塞罗三论》，徐奕春译，商务印书馆 1999 年版，第 18 页。

量与有限的信息接受能力之间的引导者。所以，大众传媒应当承担其伦理责任。

第二节　正义范畴

正义范畴作为传媒伦理学的基本范畴，主要探讨大众传媒的正义性和捍卫正义的问题。

一、传媒伦理学语境中的正义范畴

1. 大众传媒正义性的内涵

正义是一个基本的道德范畴，自从人类社会产生以来，人类就没有停止过对正义的追求，正义始终被人们视为人类社会的一种最基本的崇高美德和价值理想。正义所涉及的最根本的问题是利益的调整问题。首先，社会资源的有限性和稀缺性是正义问题提出的原因。在特定社会历史条件下，人能够享用的社会资源（包括物质财富和精神财富）都是有限的，在不能满足所有人的需求的情况下，就必然涉及如何分配的问题，分配的标准、手段、结果都需要道德评价；其次，正义观念所把握的内容仍是人与人之间的关系，是人们之间的相互地位和利益关系的反映，它也是道德关系在人意识中的反映；最后，对分配进行调节和补偿是正义实现的重要手段。掌握分配主导权的社会利益集团或个人，对其利益进行调整，对处于被动地位的集团或个人进行适当补偿，取得利益的相对平衡。正义不仅规定了道德义务，而且规定了道德权利，即不仅告诉人们应该做什么，而且还告诉人们能够做什么，是义务和权利的统一。在传媒伦理学领域，正义是一种个人美德或是对人类的需要和要求的一种公平合理的满足，人们追求正义就是要按照正义的标准去改造和构建社会，使之日趋公平合理。正义原则的基本要求，是以平等的精神来规范人际关系和社会关系，尊重他人的权利，履行规定的义务，在道德情感上表现为强烈的正义感。

大众传媒作为一个重要的社会主体，由于其社会角色和地位的特殊性，它不仅是社会正义的评价者，同时还是社会正义的建构者和传播者。大众传媒作为公众自由表达意见的平台，能够对社会不公正现象进行批判，同时能够对社会正义行为进行褒奖；另一方面，大众传媒作为社会结构的组成部分参与整个社会系统的运作，其行为公正与否对社会正义的影响很大。大众传媒要充分考虑到社会总体的善和社会普遍的善，因为大众传媒以一种潜移默化的形式改变着文化与文明的发展方向，改变着整个社会成员的精神面貌，改变着整个社会的风气、习惯。因此，大众传媒从一开始就承载着道德文明、正义与良知的期待与诉求，从一开始就肩负着维护社会正义的重大责任。正义原则是大众传媒发展的一项基本的价值目标，坚持正义原则就是坚持关怀整体的公正性，使大众传媒不受功利主义和消费主义的左右，不受握有权势的团体的制约，而是要关怀全体、讲求公平。当然，大众传媒最终在何种程度上实现正义与传播主体的政治、经济、文化立场相关。媒体控制者可以根据自身的立场决定哪些内容不能经由媒体进入公众生活，所以，如果大众传媒不履行正义原则，就会逐渐摧毁人类对于大众传媒的信任。

2. 大众传媒的正义诉求

大众传媒的正义是指大众传媒在信息传播中坚守自身的良心，按照其应有的道德规范和原则做到公平无私、正义无恶。大众传媒的正义是其实现良性发展的重要道德范畴之一。在市场经济条件下大众传媒的正义尤显重要，因为稍有不慎，它就有可能沦为少数利益团体的工具。大众传媒的正义首先要求代表社会的公正形象。因为大众传媒具有广泛性、渗透性、示范性等特点，是社会结构中比较活跃的因素，其一言一行都被认为是社会风气的指示器，所以具有广泛的代表作用；其次，大众传媒具有社会监督作用，是社会良心的安全阀，要实现其社会监督功能，自身正义是必不可缺的；最后，大众传媒的正义对其内部各组织之间，有公平竞争之意，对大众传媒受众有平等之意。①

传媒是反映社会公正的重要窗口，是人民群众感受和认识社会正义不可缺少的平台。人民群众对传媒的信任，集中体现着对社会正义的高度期盼。传媒如果失去正义精神，人民群众将会非常失望，社会将失去一个重要的稳定器和活力源，这是相当危险的。传媒正义要求在传媒所传播的信息中应当体现正义精神，在处理与传媒相关的社会关系时应当遵循正义准则，所有的传媒工作者应当具有正义的品格和职业素养。传媒正义合理性、合法性的基础在于传媒的人民性和公共性。② 传媒应是人民群众根本利益的代言人。正如马克思所说："报刊按其使命来说，是社会的捍卫者，……是热情维护自己自由的人民精神的千呼万唤的喉舌"③。

① 黄富峰：《论大众传媒伦理的范畴》，《当代传播》2006 年第 3 期。
② 李健：《传媒伦理论纲》，《伦理学研究》2007 年第 2 期。
③ 《马克思恩格斯论新闻》，新华出版社 1985 年版，第 234 页。

因此，传媒必须做到正义，既要宣传人民群众的社会义务，也要维护人民群众的社会权利；既承认社会成员的差异，也要强调社会成员人格的平等和差异的适当限度；既应当保持社会的合理的秩序，也应当保护人民群众的自由，实实在在地为人民群众服务。还应当指出的是，传媒不仅要代表人民群众的根本利益，而且要成为反映人民群众公共生活的阵地，体现人民群众的普遍利益。正如马克思指出的：报刊“不直接和私人利益以及有关私人利益的需求纠缠在一起。……唯有它才能化私人利益为普遍利益。”[①]可见，传媒的人民性与公共性是不可分割的，是互为前提的。传媒如果只代表私人利益，只对私人生活感兴趣，不维护人民群众的普遍利益，不反映人民群众的公共生活，结果就会违背正义。

二、大众传媒领域正义范畴的基本特点

1.公共性

大众传媒的出发点和落脚点都应该定位于维护公众的利益。维护公众利益是记者和媒体的价值取向，也是选择采访手段和把握新闻事实的标准。在这里需要十分注意区分公众利益与公众兴趣，后者是一种公众的心理需求。要让公众对国家事务、社会变化和与其利益相关的信息进行了解，而不应为迎合公众的好奇心而暴露个人隐私等不宜报道的内容。中国媒介的公共性当然存在，与西方相比，中国媒介的公共性还有很多自己的优势，有鲜明的中国特色，明确这两点是正确认识中国媒介公共性的前提。在分析中国媒介公共性的时候，可以研究、借鉴西方理论中对我们有益的东西，但决不能照搬西方的理论。

西方媒介的公共性理论的立论基础是：发达资本主义国家的主要危机已经从经济危机转向文化危机，因此需要通过改进媒介的公共性以挽救这一危机。显然，这一背景并不符合中国的情况。但是，西方的理论也论述了媒介传播对人的发展、对社会发展的一般意义，特别是在信息对社会越来越重要的情况下传播对人与社会发展的意义。在这方面，可以辩证地借鉴，为我所用。

我国的大众传媒现状使媒介的公共性改革与一般的公共领域改革有很大不同，媒介相比其他组织要受到国家更多的管制。从另一方面看，媒介相比其他组织更多关系到社会的公共利益，因为信息的流动是无边界的，这使社会对媒介的公共

---

① 《马克思恩格斯论新闻》，新华出版社1985年版，第119页。

性提出了更高要求。这两个特性对我国媒介的公共性改革具有决定性的影响，它们使媒介改革变得特别复杂，具有特别大的难度。如何在这两者之间找到最佳契合点，为新闻传播实践服务，是媒介公共性研究最困难也最重要的任务。

2. 公正性

公正既是人们的一种期待一视同仁、得所当得的道德直觉，也是一种对当事人的相互利益予以对等认可与保障的理性约定，是人们在处理传媒伦理冲突的过程中所遵循的基本伦理规范。在著名思想家哈贝马斯看来，作为独立的道德范畴的公正，建立在互利性基础上，互利性是公正的重要特征之一。著名伦理学家罗尔斯也表达了相似看法，在他看来，公正所表示的互利性特点，是社会成员之间的利益交换关系，然后逐渐发展为超功利的道德感情。因此，从利益层面上看，公正是人们协调处理道德与利益关系中所遵循的一个原则。由于道德与利益的关系问题是伦理学的基本问题，所以，在利益追求过程中做到公正，是人的最基本道德要求，也是每个传媒主体所要遵循的最基本道德要求。正是从这个意义上，公正在很大程度上就是指不损害他人或社会利益的行为。在这里，公正成了最起码的道德要求。从社会的层面看，公正体现为人与人之间、人与社会群体之间平等相待所表达的社会道德的一般要求，是以保障在一切生活领域中机会平等为目标的。

大众传媒视域下的公正原则的基本要义是尊重事实、实事求是，这也是大众传媒真实性的必然要求。公正性原则的核心理念是平等和无私、尊重事实、注重平衡、对弱者以同情，通过媒体平衡各种消息来源和对事件的不同解释所显示出来的中立体现出来。虽然公正性是中西方新闻界普遍推崇和追求的原则，但在具体的新闻报道实践中，公正性是不可能完全达到的。公正总是不可避免地被倾向性，即以媒体和记者的立场，影响了公正性原则，使之面临诸多挑战，因而迫切需要传媒从业人员把它作为一项原则去追求、一个目标去接近，或者朝着它去努力。

3. 适度性

传媒的适度原则首先是指负面报道的使用频率不宜过多，宣传要适度，不能炒作过头和产生副作用。其次是指对具体事件采访的适度，记者应紧扣事件的性质、报道的主题，而对那些与主题无关或关系不大的问题以不报道为宜，例如，需要权衡是否侵犯采访对象与公共利益无关的个人隐私或可能干扰到对方的正常生活的那些报道。

适度性原则要求既不能简单地对媒体伦理原则断章取义，也不能在实践中对伦理原则和规范胡乱套用。媒体的伦理原则应该这样实现：在遵循一般性的、普适性的伦理原则的基础上，如强调"人是目的，不是手段"，由此引申出对人的关怀，对生命的尊重等原则，本质上服从"己所不欲，勿施于人"这一伦理逻辑的规范。同时，作为一个专门领域，它也有着充分反映其独特性的伦理要求和伦理规范。媒体工作者的角色复合性决定了他们在伦理选择过程中应该遵循一个角色确认的"字典式排序"，即什么角色才是最主要的"在场者"，以决定道德责任的权重。一般情况下，作为最一般意义上的人这一最基本角色，往往成为道德主体进行道德抉择时需要考虑的最重要角色，由此引出的各种道德责任也相应地有一个排序。

4.平等性

大众传媒及其从业者要做到保持平等，必须做到以下几个方面：首先，尊重人的生命权利，也可以说是尊重人的人格尊严。任何传媒都应珍惜和维护公众身体完整、人格尊严完整的权利，不得伤害其身体或生命以及人格尊严，剥夺其基本的生存资料和精神财产。其次，强调个人权利的平等。如果每个人都得到平等的对待，那么这个社会就被视为公正的社会。最后，伦理学的存在价值和实用功能，不仅具有约束人、规范人的作用，更应具有激励人、发展人的功能。规范人只是发展人的手段，发展人才是传媒伦理学得以存在的根本价值所在。这要求传媒必须尊重每个社会成员的发展愿望和权利。

传媒主体的平等要求参与传播活动的行为主体都能同等看待社会关系。这包括两个层面，其一是传播者之间以及传播者与被传播者之间的平等，其二是传播机构之间的相互平等关系。传统的传媒主体是不平等的。在阶级社会中，统治阶级在经济上处于支配地位，被统治阶级处于被支配地位，统治阶级内部的新闻活动在规模上大大超过被统治阶级，社会新闻活动基本是由统治阶级垄断的。皇帝金口玉言，一言九鼎，普通百姓人微言轻，这就是等级制度下传媒主体不平等的反映。随着社会的发展，信息技术的进步，人们信息活动的增多，人们对传媒主体平等的追求也不断加强，传媒主体的平等已成为人们追求的重要社会价值之一。例如，知情权就是民众了解其政府工作情况及各种信息的权力；隐私权就是指公民个人及日常生活中与社会及公众无关的、不违背法律和公共道德、不愿公开的一种人格权。知情权和隐私权的提出，反映了人们对信息主体平等价值的追求。

要注意的是，传媒主体的平等不是均等。在不考虑收入和地理位置的情况下，保证每个人都能享有综合信息，从道义上来说是合理的，但并不是所有信息都要给予分配。例如,人们不希望自己被那些不必要和不需要的信息侵扰,不希望收到不请自来的毫无用处的电子邮件,不应该让淫秽内容在电脑空间放任自流,从而毒害青少年。每个人都应充分获取有利于自己发展需要的信息,对信息资源的分配应以需要为标准,所以传媒主体的平等不同于均等。传媒主体的平等在一定程度上加强了信息的真实性,因为传受者处于平等地位,信息交流是双向互动的,传媒就不会以自我为中心,这决定报道内容的"确定性"意义。在社会分工越来越细致、人与人之间相互联系越来越频繁的当今社会,人与人之间的发展互为目的和手段,所以只有每个人都发展了,人人才能得到全面发展,而传媒主体的平等,为人的全面发展提供了平等机会。

三、捍卫正义——治理传媒权力

1.明确传媒权力目标的道德价值

传媒权力目标的正义性就是要秉持公正、公平、公开的原则,因为传媒权力的目标是传播社会公众的公共意志,追求社会公共利益的最大合理化。这体现了传媒权力具有某种规范性的价值追求,所以不可避免地要把公平、正义等社会伦理目标纳入自己的视野,公正合理地协调媒体、政府和公众之间的关系,秉持公正、公平、公开的原则。公正就是要坚持真理,主持正义;公平就是要一视同仁,人人平等,不偏袒,不护私;公开就是要堂堂正正,光明磊落,不遮盖,不掩饰。由此可见,传媒权力的正义性,一方面指的是传媒的权力基础,即传媒拥有最大限度的采访权、言论权、编辑权和刊载权,并拥有广泛的舆论监督的权力。另一方面,正义性也是传媒权力伦理责任的渊源,对传媒产生重要制约,它要求传媒活动必须符合社会公共利益。我们之所以说传媒权力是一种公权力,就是因为传媒的存在是基于公众舆论的表达,又在社会公共领域中发挥作用,并且保持着公正、公平、公开的原则,这正是传媒权力的内涵所在。

传媒权力是由社会公众赋予并为社会公众服务的,它实质上是受公众委托使用着"稀有"公共传播资源(例如广播电视使用的电波频率),因而作为公共财产的使用人,传媒权力主体必须对社会和公众承担相应的义务和责任,必须在授权的范围内理性地行使权力,以实现追求传播公正、维护社会公共利益的价值目标,因此,传媒权力主体不能主观随意地滥用权力。传媒权力的追求体现了作为人类传播活动的核心标准的理性原则,这种理性原则构筑了作为社会主体的人的内在精神品格的主体框架,同时表征着人类传播行为的正义取向和利益追求。理性的道德能力超越了权力主体,仅以各自的传播经验来认识权力行使的感性阶段,保障权力的公正性和有限性,并赋予权力主体丰厚的道德蕴涵,形成权力主体行为的道德保障系统,从而保证权力的公共性和行使的规范性,防止权力滥用。如果传媒权力掌控者背离传媒权力行使的理性原则,忽视传媒权力的正义取向和公益追求,则势必导致传媒权力与其本来的价值归宿和目标指向脱离。

所以,应该明确传媒权力目标的根本道德价值就是追求社会公正和社会公共利益。传媒权力行使应是一个理性选择的过程,应通过传媒权力的合理有效的运行,在社会信息传播领域的各个层面实现社会公正,以追求社会公众利益的最大合理化。现代传媒权力的价值评价标准应建立在社会公众理想的正义、秩序和利益的道德价值基础之上,通过决定传媒权力行使的是非与善恶,从而使社会责任思想和原则得到真正实现。因此,要明确传媒权力的理性精神,这种理性精神贯穿于传媒权力追求社会公正和社会公共利益的过程之中。

2.提升传媒权力主体的能力

道德能力是传媒权力主体基于自身职责权限的需要,行使传媒权力时所具备的主观条件,主要体现为道德判断力和道德意志力。道德判断力是传媒权力主体根据客观的媒体伦理标准(如善、正义、公平等)决定如何行使由自己掌控的权力的能力,主要体现为一种评判能力;道德意志力是传媒权力主体在行使传媒权力的过程中克服困难和阻力、控制行为方向的能力,主要体现为一种控制能力。道德判断力和道德意志力使传媒权力主体在其权力行使的实践活动中具有深刻的理性基础,直接关系着传媒权力主体行为的质量和效率。“自由是对必然即规律的认识和依据这种认识对客观世界的能动改造”①。如果传媒权力主体缺乏一种对客观环境和权力运作情况的正确判断和认识,同时又不能抵制来自主客观两方面的困难和阻力,那么自然不能保证传媒权力合理、有效地运行。

如今,部分传媒权力主体的道德能力低下主要表现为不分美丑、不辨善恶。所以,要提升传媒权力主体的道德能力,即强烈的正义感、责任感和气节。道德判断力和道德意志力的获得、延续和提高,主要依靠传媒权力主体对传媒职业道德要求发自内心的体验和认识,形成高尚的道德品质来维系。传媒权力主体的道德品质

① 李秀林:《辩证唯物主义与历史唯物主义》,中国人民大学出版社 1995 年版,第 434 页。

在传媒权力行使的具体过程中主要体现为强烈的正义感、责任感和气节三个方面。正义感是隐藏在传媒权力主体内心深处的道德意识，源于对道德精神和权力行使本身价值的确认；责任感是传媒权力主体基于媒体责任和自身良知、道德感、价值观而产生的对自己所肩负职责和使命的深刻认识；气节是传媒权力主体基于对责任和义务的充分认识，在长期的权力行使实践中自觉培养、凝练而成的坚定性、顽强精神等人格特征。传媒权力主体道德能力的提高和道德品质的培育，一方面有赖于主体自身的道德完满程度，主要体现在基于自身良知、道德感、认同的价值观和信念下进行的主动的行为过程；另一方面则有赖于受众和有关部门对传媒权力主体的干预与监督，这主要体现在加强媒体伦理道德教育，以形成媒体自律的约束机制和强化媒体伦理道德立法等他律的规范机制。

3. 强化传媒权力的道德心理制约

道德心理是社会道德要求在人的心理上的反映和积淀，就其形式而言有道德认知、道德意志、道德信念、道德思维、道德习惯等，就其内容而言体现为义务感、责任感、荣誉感、正义感等。道德心理的内容和形式通过多重整合形成道德运作的潜在机制，制约着人的行为取向乃至整个社会文化的生成与转换。对传媒权力行使产生制约作用的道德心理的形成大致有畏惧感、义务感和羞耻感三个阶段。在畏惧感阶段，媒体从业者是迫于惩罚而采取被动的行为模式，根本无法理解传媒权力行使的意义和价值；在义务感阶段，媒体从业者开始把“强制”当作一种自觉的“应当”而内化为义务感，其行为由自在转为自为，并开始对传媒权力行使的意义和价值进行理解和分析；在羞耻感阶段，媒体从业者自觉自愿地按照有利于社会和他人的利益的方向行动，形成高尚的道德人格，并通过一种自觉、积极的行为来充分体现传媒权力行使的意义和价值。道德心理的形成借助于一种良好的社会文化氛围，是通过客观的道德标准和主观的道德自觉共同发挥作用的结果。如果缺少一种良好的社会文化氛围，而客观的道德标准又不明确，同时主体又放弃追求人格升华和超越的自觉能力，则很难形成道德心理对传媒权力的制约。

如今，部分传媒权力行使的道德心理制约逐渐弱化，主要表现为是非不分、荣辱不辨。强化传媒权力行使的道德心理制约就是要明辨是非。大众传媒在西方社会被称为“第四权力”，社会的三大支柱权力——立法、行政、司法都受它的牵制。它对受众有强大的影响力，不但决定他们对事物的态度，引导他们的消费需求与意识，甚至能改变他们的价值观念与生活方式。从传媒产生之日起，传媒权力逐渐出现收买传媒、操纵传媒，以及传媒从业者的偏见与诱导等情况，都是在牵着大众鼻子使之从“知晓真情”走向被愚弄利用。通过媒体伦理教育，以潜移默化的方式教育传媒权力主体知耻而无奸邪之心，使权力主体具有明确的荣辱观和善恶感，从而保证传媒权力不被滥用，努力实现传媒正义。要做到这一点，需注意加强社会对传媒权力行使活动的干预和监督，促进受众对传媒决策的干预与参与，加强媒体的社会责任意识，创造更多的条件和机会，鼓励受众关注并参与有关重要的传媒权力运作的讨论，从而对重大的传媒决策产生影响和进行民主的干预和监督。同时，要做到这一点，还要特别注重发挥社会舆论的监督作用，使传媒权力主体遵循媒体伦理秩序①。

第三节　诚信范畴

诚信范畴作为传媒伦理的基本范畴，主要探讨大众传媒道德选择的基础和提升公信力的问题。

一、传媒伦理学语境中的诚信

1. 诚信：传媒存在与发展的伦理基础

最艰难的伦理困境往往是在两个或多个“正确的”道德原则的冲突中产生的②。道德原则的选择基于对伦理价值的判断，认识传媒的伦理基础价值之所在，是破解媒介道德困境的前提。在传媒伦理学语境中，“诚信”作为传媒存在与发展的伦理基础有两个维度：一是传媒自身的真实诚意，二是社会文化对媒体的信任。二者综合体现为传媒的“公信力”。

作为文化的“传播者”，传媒自诞生之日起就与诚信相关。文化传播的历史大致可分为三个阶段：口传文化阶段、印刷文化阶段和电子文化阶段。

在口传文化阶段，交流信息是双方在场的直接交流，交流的目的是为了共享信息，以达成预期内的行动。因为信任，大家才能共同认可某种符号体系，作为承载

---

① 燕道成：《传媒权力的异化及其伦理治理》，《浙江传媒学院学报》2007 年第 6 期。

② Louis A. Day, *Ethics in Media*, *Communications*: *Casesand Controversies*, Louisiana State University, Wad—sworth Press. 2000, 3rd ed. p. 2.

信息的媒介;如果没有诚信,交流很难实现。《论语》中记载子张问孔子如何能使自己到处行得通。孔子回答:"言忠信,行笃敬,虽蛮貊之邦行矣。言不忠信,行不笃敬,虽州里行乎哉?"翻译成现在的话就是:"言语欺诈无信,行为刻薄轻浮,就是本乡本土,能行得通吗?"[①]正是体现了诚信的重要作用。

在印刷文化阶段,文化传播不再依赖于某方"在场",它储存在可移动的媒介——纸媒介中,跨越时空限制的交流成为可能,同时动摇了口头传播中以亲缘和传统权威为基础的信任机制,新的信任机制也应运而生,作者、文本内容、出版发行机构等标识成为了诚信的标志。

在电子文化阶段,作者、传播者和受众的时空差距更大,传播活动更加带有批判倾向。其中,飞速发展的互联网比广播电视更容易"以讹传讹",因为网上的信息传播门槛极低,任何一个"网民"都可以是消息的发布者和传播者;而现阶段网络媒体又普遍缺乏传统媒体对新闻真实性严格把关的机制和经济实力,往往盲目追求信息发布速度和"眼球效应"而忽略新闻的真实性,造成了"诚"的缺失。美国《网络新闻》杂志专栏作家米勒这样评价网络媒体:"新媒体很像野蛮的西部——无法无天,什么都敢登。"因此网络媒体的公信力也低于报纸杂志和广播电视,但是,随着网络媒体竞争的激化,存活下来的往往是那些可信度较高的网站,而这些网站也在模仿传统媒体的新闻把关制度,这从侧面证明了诚信在媒体发展中的重要作用。在正常的竞争环境下,只有那些公信力高的媒体才能获得人们长久的关注,从而在"注意力经济"中获得持续的发展。

2. 诚信:传媒道德选择的基础

诚信是传媒安身立命的基础,也是媒体工作者面临伦理困境时可以依凭的基石。一方面,"诚"是新闻工作者必须固守的底线,因为新闻的首要原则是真实,"一切新闻的主要因素是真实……真实就是判别真正新闻的准绳。衡量一个新闻内在的真实性,也就是衡量这个新闻的品质。"[②]然而,在很多情况下,"讲真话"并不是一件容易的事。"康德"往往遭遇"穆勒"——人们通常面临绝对命令原则和功利主义原则之间的选择。此时,真心、诚意是媒体工作者必须要做的修养工夫,而"所谓诚其意者,毋自欺也"(《礼记·大学》)。另一方面,"诚"指向"信",即获得公众的信

---

① 杨伯峻:《论语译注》,中华书局1980年版,第162页。

② 〔美〕卡斯柏·约斯特:《新闻学原理》,中国人民大学新闻系1960年内部批判资料,第44页。

任，保持和提升媒体公信力，“一家媒体的报道是否真实，表现的结果就是是否可信”①。公信力（credibility），源自拉丁语 credere，本义为“去相信”（to believe）。简单说来，公信力就是使人相信的力量。

作为“记录者”，传媒必须尽可能逼真地反映现实世界，这是人们对媒介世界的基本期待，也是媒介世界的根本属性和基本职能。与现实世界符合程度的高低，可以体现出某一媒体传播观念的合理性和新闻传播的水平。马克思曾说“把真实的情况告诉我们的读者”才能赢得读者，读者“相信的只是真正存在的东西”，因为“人民的信任是报纸赖以生存的条件，没有这种条件，报刊就会完全萎靡不振”②。现代人深深依赖传媒的同时也对传媒产生了巨大的不信任感，人们质疑传媒记录的客观性，怀疑传播过程中信息的真实性，担心传媒为了吸引“眼球”流于低俗，为了经济利益成为金钱的附庸③。

事实上，信息社会的传媒就是一个举着“双刃剑”的庞然大物，它既可以传播、创造先进文化，也可以承载不良信息，造成文化的消极、堕落；它既可能是社会的“良心”，也可能信口雌黄。在一直标榜新闻客观公正的美国，一次较权威的民意测验表明，只有 21％的美国人相信记者有较高的道德素质，这个比例与民众对政客的信任度相仿，只略高于二手车销售员的信任率。一位编辑不无痛心地说：“如果你是个记者，你很可能直接被认为是个骗子。”2008 年上半年，CNN 在西藏问题上的不真实报道引起全球华人的愤怒，公信力遭到深刻的质疑。2003 年 5 月 11 日《纽约时报》在头版用 14000 字的篇幅自报家丑，称原该报记者布莱尔杜撰新闻的行为是“对信任的背叛”。“这是我们的耻辱，他彻底破坏了报纸同它的读者之间的信任”，《纽约时报》主席苏兹贝格如是说。《纽约时报》对丑闻的严肃处理显示了公信力对媒体的重要性。可以说，公信力是一种信赖，也是一个品牌。近年来，我国传媒业在飞速发展的同时也暴露了很多问题，正向产业化方向发展的中国传媒业必须认识到，持续、健康运行的媒体企业都需要通过优质的新闻产品及其他内容服务于公众利益，从而达到较高的公信力指数，否则就会被社会所拒绝。“公信力”可以说是媒体经济和媒介伦理的最佳结合点。

---

① 杨保军：《新闻事实论》，新华出版社 2001 年版，第 187 页。
② 《马克思恩格斯全集》第 40 卷，中央编译出版社 1985 年版，第 360 页。
③ 王硕：《文化视域下的传媒及其伦理基础》，《辽宁大学学报》2009 年第 2 期。

二、大众传媒领域诚信范畴的基本特点

1.客观性

大众传媒工作者有责任报道事件真相，描述客观世界的真实发展状态。因此，大众传媒工作者必须从可靠的消息来源获得真实全面的信息，并以客观的态度忠实地反映现实。新闻报道不仅要在信息方面有充足的广度和深度，更需围绕受众关注的话题和有利于社会发展、生产实践的创新发掘，突显其本质。同时，新闻照片和电视新闻应该对事件提供精确的画面，而且不可在不指出事件背景的状况下，渲染任何偶发事件。另外，新闻编辑必须明确区分新闻报道和新闻评论，不可把主观臆想强加于受众，不可模糊甚至歪曲事实真相，给受众传达错误的讯息，误导受众认知。

客观原则作为一种理念和报道方式，在19世纪中期产生了广泛影响。西方传媒要求记者编辑对事实的“客观”叙述，注重记录性，将事实与议论分开，在新闻中不直接发表意见，等等。在此之前，西方传媒主要为政党之争服务，版面上充斥着“言论煽情”和“事实煽情”，充满了主观主义色彩。虽然传播源于主客体之间的相互作用，不可避免渗入人的主观认识，但决不能无限制地扩大人的主观认识。鉴于此，一些媒体提出了客观原则，要求不偏不倚地、无私无畏地提供新闻，避免主观议论，把事实和议论分开。提出这种客观原则，其内在精神就是尽量接近事实真相，做到客观公正，满足人们求真求实的要求，其内核就是对民主和科学精神的不断追求。然而，一直在西方传媒保持着“新闻专业理念”地位的客观原则，在落到实处时，却表现出种种迷惘，尽管他们一直在努力，不断改进报道方式以期逼近或达到客观标准，但直到现在，却始终作为一个问题没有得到真正解决。虽然我国现代传媒业发展的时间还不长，但面对日益丰富的信息，客观原则同样是不容回避的。在现实操作中，许多有悖于客观原则的报道时有发生，因此，认识传媒客观性原则的真正含义，就显得十分重要和迫切。

客观原则指客观必须服从三个条件，即，它以一系列逐渐接近而又不能完成的反映为前提；导向客体的近似性不是纯粹的叠加性质，而必须从主观固有的观念中解放出来；把握客观性不是去把握客体的状态，而是凭借解释进行描述。对传媒而言，逼近客观就是要不断去除蔽障、去伪存真、去粗取精，把握本质，它表现为主体对客体认识的不断深化，是一个充满感性和理性的过程，是借助语言进行描述和追

求客观真实的过程。尽管如此，我们仍要求传媒坚持客观原则，这并不是要求传媒恪守纯粹客观和泛自然主义，而是基于人的主观认识去达到与客观相一致的一种理性原则。虽然这仅是人们的一种美好愿望，但因为是人们的一种理性要求，便会一定程度上制约主观主义的泛滥，为人与人之间平等的精神交往寻求拓展空间。

坚持客观原则对传媒工作者提出了如下要求：一是要求传媒工作者胸怀客观的价值理念，加强自身的修养，学一点哲学，避免因为主体自身的思想修养问题出现主观偏离客观的状况，甚至主观主义。二是要求传媒工作者强化主观认识的能力，避免因为主体的认识能力不足形成的认识偏离纯粹客观、以致不能认识到事物本质的状况。

2. 真实性

真实性具体来说就是讲真话原则，即要求传媒内容真实、准确、可靠。这个原则可分为三个层次：具体事实必须真实，对具体事实的概括必须真实，报道的事实要在类和量上符合整体实际。从信息传播者角度看，这是作为传媒人的一种最基本的职业道德和职业素养，更是一种义务和道德底线，是媒体工作者的第一伦理精神；作为受众来说，具有被告知真相的权利；作为社会来说，传媒的真实，一方面可以作为对受众普及诚信教育的重要途径，同时，不真实的报道也会加剧社会问题，危害社会稳定。所以，在新闻工作中应当秉承求真务实的伦理原则，客观真实地报道所发生的事件。倘若媒体不具备尊重事实这一原则和精神，以至编造杜撰、片面取材、夸大报道或刻意隐瞒事实，那么他就会失去受众的信赖和支持，危及自身的生存和发展，对社会起到负面作用。

真实性是大众传播所追求的首要伦理原则。真实性原则就是大众传播者在实事求是的道德动机的指导下传播真实内容，达到真实效果。没有这一原则，大众传媒就不可能在现实世界中站稳脚跟，大众传播活动就不可能获得成功。真实是新闻的生命，是新闻的本质要求，坚持新闻真实是传媒的首要职责，也是传媒从业人员职业道德的基本要求。对于我国社会主义新闻事业来讲，真实原则是一项不可动摇的基本原则，适用于所有以事实为依据的传媒产品或传媒活动。真实是客观事实信息的准确可靠与主观认识正确性的统一，客观事实是新闻的本源，新闻是对客观事实的真实反映。其中，这种“反映”的内容包括两点：一是新闻事件本身，二是新闻事件所涉及的背景，如史料、有关人物、数字等。新闻报道是新闻工作者把新闻信息从信息海洋里打捞出来、经过思维加工的结果，这种思维加工或多或少已经渗透着作者对新闻事件的主观认识。在新闻传播工作的实践中，由于客观世界的无限性、多样性和复杂性，新闻工作者必须做到全面、完整、深刻、精确地反映客观世界的真相，不仅做到新闻事件的具体事实的真实，而且要从事实的相互联系以及事实的总和中把握事实，即从新闻的背景事实中把握事实，努力做到整体的真实。做到这些，也就等于做到了主观认识的真实、新闻的真实，反映在传媒产品或传媒活动上，也就做到了传媒产品或传媒活动的真实。

传媒内容真实是传媒形成和持续存在的原因。因为，传媒的重要职能是传播客观存在的事实，以及人们对它种种评价的客观情况。人们通过媒介想了解的，主要是外界发生了什么变化，以及相关的人们对这种变化持怎样的看法。因此，新闻业作为信息行为，是通过提供信息服务，满足社会对信息的需求来维持生存而获得回报的。没有受众的新闻报道无法产生社会影响。“人民的信任是报刊赖以生存的条件，没有这种条件，报刊就会萎靡不振。”① 如果传媒报道虚假新闻，提供的是虚假信息，就会失去人们对它的信任，媒体失去了公信力，失去了受众，也就失去了竞争力。大众传媒必须向公众展现现实真相的图景，从而服务于社会公益，满足公众知情需求。一般而言，图景的清晰度越高，就越能满足公众知情的需求，同时也就越有可能对在图景中被显示的当事人或与当事人相关者造成伤害（如有关丑闻、灾难的报道）。如果把图景的清晰度调低一些，对社会公众的知情需求的满足自然会带来某些损失，但对于当事人而言则会避免造成极大冲击。这就是媒体活动中社会公益与个人隐私之间的冲突，而关键就在于如何对之进行利弊权衡②。因此，真实是传媒的生命，传媒如果歪曲、夸大、捏造新闻报道，就会对社会产生危害。由于传媒提供给受众的是精神产品，对社会的危害也就主要体现在精神污染和思想侵害方面，对社会造成的有形或无形的消极作用，不仅范围广，而且短时间内难以消除。

3. 人民性

传媒诚信是传媒伦理的一条基本准则。它包括三层含义：其一，所有的传媒信息应当真实可靠，任何传媒都不应传播虚假信息；其二，在处理传媒生活各种社会关系的过程中应当真诚守信，传媒应当对所有的相关人负责；其三，传媒工作者应当具有诚信的品格和职业素养，做老实人，说老实话，办老实事，不畏艰险，敢于坚

---

① 《马克思恩格斯全集》第1卷，人民出版社1995年版，第234页。

② 甘绍平、余涌：《应用伦理学教程》，中国社会科学出版社2008年版，第325页。

持真理。传媒诚信是传媒伦理的底线，如果丢失这一底线，传媒的生命便终结了。可以设想，受众怎么会相信一个说假话的传媒或传媒工作者呢？然而，传媒坚持这一伦理底线也是很不容易的，因为在很多情况下需要传媒工作者具有敢于坚持真理的大无畏精神和自我牺牲精神。在这一过程中，传媒工作者往往展现出悲壮崇高的伦理气质。

传媒诚信的深刻依据在于传媒的人民性和真实性。传媒要全心全意为人民服务，就必须真实地反映人民的生活、思想、追求、苦乐和希望，而这也正是人民的权利所在。正如马克思所说的："事实始终是人民的思想、恐惧和希望的具体表现，是真实的叙述。人民看到自己的这种本质在它的报刊的本质中反映出来。如果它看不到这一点，它就会认为报刊是某种无关紧要和不值一看的东西。因为人民不让自己受骗。"[①]离开了基于信息真实的对人民的诚实守信，传媒便成为无源之水和无本之木。马克思尖锐地指出："人们相信的只是真正存在的东西。"[②]传媒只要真正代表人民的根本利益，站在人民大众一边，维护传媒的真实性，人民就会给传媒以巨大的支持力量，使传媒永葆活力。"新闻工作搞来搞去还是个真实问题，有了这一条，就有信用了。有信用，报纸就有人看了。"[③]可见，传媒要生存，要发展，就必须取得人民的信赖，由人民来进行选择。为此，传媒就必须代表人民群众的根本利益讲真话，办实事，对人民群众诚实守信。

4. 正当性

传媒对话的正当性一般是指传媒主体不能把受众当作是可以说服的对象，而是平等交谈的对象。在传播过程中，传媒主体不是单向度地把己方的意见强加于受众，而是通过传播媒介打造一个与受众互动和交换信息的平台，与受众就某一主题进行平等的意见交换。只有这样，传媒才能避免工具理性的泛滥，而注重其价值理性的实现。在传播领域中对传媒对话的正当性蕴含在传播媒介与舆论的互动关系的研究中，哈贝马斯就曾对新闻共识的形成条件进行了分析。从传播的视角来看，一群人在某个问题上达成一致意见，是一种数量最大化的舆论，在这个意义上，哈贝马斯论证的是外界影响与舆论之间的关系问题。如果将外界影响限定为传播媒介，那么他强调的是公众通过与媒介的合作和理解达到意见一致，强调媒介与公

---

① 《马克思恩格斯论新闻》，新华出版社 1985 年版，第 105 页。

② 《马克思恩格斯论新闻》，新华出版社 1985 年版，第 122、112 页。

③ 陆定一：《新闻必须完全真实》，《新闻战线》1982 年第 12 期。

众之间的真正互动，只有这样形成舆论的途径才是合理的。

通常情况下，人们过多强调传媒主体向受众和社会所传达的信息内容，而不注重其内容的有效性。如果传媒主体所传达给受众的信息是有效的，那么，受众所反馈的信息和因此而形成的强大舆论也应该是有效的；反之亦然。传媒主体传达有效信息给受众，是传媒本身所具有的最基本功能。但是，保证传媒主体传达有效信息要做到两点，即保证传媒内容的真实性和传媒对话的正当性。传媒内容真实也就是新闻真实，新闻真实指的是在新闻报道中的每一个具体事实必须合乎客观实际，即表现在新闻报道中的时间、地点、人物、事情、原因和经过都经得起核对。有学者曾提出：客观最重要的几种意涵是正确、平衡、公正与不含偏见的报道。也就是说，在新闻报道中要尊重事实，尊重真理，把事实和意见分开，要用普遍联系的观点去看待事实，避免用主观意见去扭曲事实真相，避免新闻的主观性，使新闻的各个要素和新闻中引用的各种资料都准确无误、真实可靠。

三、提升公信力——建设诚信机制

1. 发挥传媒在诚信文化建设中的作用

要考察我国传媒的诚信问题，必须将其置于中国的文化环境中，注重其相应的文化意识。因为，对每一个现实的中国人而言，传统文化已经融入到意识和言行之中，成为我们思维、行为自然而然的一部分，我们要完全摆脱传统文化，就如同要拔着自己的头发离开地球一样是不可能的。

以儒家伦理为主流的中国传统伦理思想极其强调“诚”和“信”的伦理价值，在《论语》中，“信”作为动词出现了 12 次，作为名词出现了 24 次，孔子认为守信是国君和执政者统治社会国家的重要道德规范，同时也是人际交往的基本准则。“诚”是宋明理学的重要范畴，朱熹释“诚”为“真实无妄”①，二程提出“学者不可以不诚，不诚无以为善，不诚无以为君子”②。中国古代的诚信思想资源十分丰富。而在传媒领域内，诚信常常受到利益、人情、行政命令等因素的干扰，无法真正实现。

传媒应在诚信文化建设中发挥文化记录者、传播者和创造者的三重作用。事实上大致存在“低信任度文化”和“高信任度文化”两种类型。在低信任度文化中，人群的信任半径只限于熟人或血亲，对陌生人则持怀疑、猜忌的态度，因而，亲缘之

---

① 朱熹：《四书章句集注》，中华书局 1983 年版，第 31 页。

② 程颢、程颐：《遗书》卷二五，中华书局 1981 年版，第 326 页。

外的社会生活通常不发达，人们被局限在各自自然属性所确认的、并被要求终身归属的狭小群体内。在高信任度文化中，人们的信任主要基于对公共生活规则的理性确认以及广泛参与各种中介组织的经验，信任的范围可以扩大到初次见面的陌生人，进而可以在宏观社会层面建立起各种发达的系统信任，信任被平均化和普遍化。显然，高信任度文化与现代社会契合度更高。传媒作为文化的记录者，要以信实的笔触记录中国从熟人社会向陌生人社会转化的过程，呈现社会现实；作为传播者，要有理有据，忌以讹传讹；作为再创者，要发挥舆论监督作用，揭露欺诈丑行，推进以诚实守信为荣的先进文化。

2. 形成以公信力为传媒行业指标的竞争机制

文化可分为物质文化、精神文化和制度文化，优良的制度对于先进文化的塑造起着巨大作用。要规范“无冕之王”的行为，既要让民众根据关注度和认可度投票，也要让媒体之间充分竞争、互相监督，让假新闻的创造者和传播者名誉扫地、无处藏身。公信力即是传媒得以常青的生命力之所在。在市场的良性竞争中，重视公信力的媒体终将脱颖而出。当然，衡量媒体公信力的标准是很复杂的，其中比较公认的指标包括信息真实程度、受商业利益驱动的程度、对社会利益的关注度和贡献度、受众的信赖度和忠诚度等。在媒体行业中，建立以公信力为中心衡量指标的广泛竞争机制已迫在眉睫。

3. 建立传媒从业人员的信任机制

在媒体内部，应建立从业人员的信任机制，重视把关人的角色。传媒人之间的“信任”有其特殊性。同样以报社为例，编辑和记者间的信赖是建立在一定的制约机制基础上的，负责任的媒体通常采用“采编分离”制度，即要求记者只负责采访写作，稿子必须经过编辑这一关才能发表，因此编辑也被称作新闻传播的“把关人”。需要“把关”并非不信任记者，而是采取的协调制约机制。因为那些虚假新闻制作成本低，而且往往更容易吸引眼球，如果为了扩大发行量和影响力，忽略了“把关”，或者编辑自身片面追求独家报道以及耸人听闻的细节，而有关审查机制又不健全，就会造成假新闻的泛滥，损害坚持职业道德的记者的利益，也损害报纸的公信力和自身声誉。另外，因为传媒属于文化产业，输出的是文化产品，主编和下属除了人际信任外，还必须在媒体定位、理念等方面达成共识，在思想层面达到信任，才有助于报社的成功运作。总之，传媒要将其所属的传统文化之精华与传媒发展的规律结合起来，在现实中创造有生命力的诚信文化，从而推进大众传播事业的全面健康发展①。

第四节　自由范畴

自由范畴作为传媒伦理学的基本范畴，主要探讨作为权利和理念的传媒自由的内涵和实质的问题。

一、传媒伦理学语境中的自由

1. 传媒自由：作为一种权利

传媒自由既是一种权利，又是一种理念。因为，从政治的角度看，自由是指公民在法律或法规的范围内随意言行而不受限制的权利；从哲学的角度看，自由是指作为主体的人对必然的认识和对客观世界的改造，是在客观规律所允许的范围内自愿而无强制的行动。自由是人之所以为人的本质特征之一。因而，每个人作为人类共同体中平等的一员，都是自己的道德生活的作者，拥有独立进行价值判断的权利，所有的公民都应拥有自主规划其自身生活的同等机会。当人们将自己作为道德个体来理解时，便从直觉上设定，自身的行为与判断是他人无可替代的。尊重主体的意志自由是传媒伦理学有关道德冲突的一切讨论的前提、基础与出发点。

传媒自由作为一种权利，是指公民具有在宪法和法律规定的范围内，通过各种形式的媒体表达自己的意见和思想的权利。在早期，传媒自由等同于新闻自由，而新闻自由等同于出版自由。早期的传媒人士（主要是新闻从业人员）对出版自由的追求，源于对封建专制主义的反抗，这种抗争到了17世纪与其他行业的人士对自由理念的坚守共同促进了自由主义理论的诞生。

第一次明确提出新闻自由口号的是英国政论家约翰·弥尔顿。他在《论出版自由》中强烈反对封建书刊检查制度，认为那些"能够决定书籍应不应当进入这个世界"的审判者的"所谓判断都只不过是他们自己狭隘的胃口"。同时他极力倡导言论自由，认为人根据良心作自由的讨论，才是"一切自由之中最重要的自由"②。

① 王硕：《文化视域下的传媒及其伦理基础》，《辽宁大学学报》2009年第2期。

② 〔英〕约翰·弥尔顿：《论出版自由》，吴之椿译，商务印书馆1959年版，第28—30页。

马克思在莱茵报时期也曾批评普鲁士的书报检查令。在《评普鲁士最近的书报检查令》中，马克思非常重视公共舆论、出版自由和言论自由，并且认为它们可以提供真理和理性。

目前，言论自由已被多国宪法或法律确认为公民的不可侵犯的权利。美国1791年宪法修正案第一条中就规定，国会不得通过任何剥夺言论自由或出版自由的法律。我国宪法第35条明确规定："中华人民共和国公民有言论、出版、集会、结社、游行、示威的自由"。总之，公民有权利按照自己的意志对社会生活和国家政治活动中的善恶、真伪做出评价，任何组织和个人不得以任何形式剥夺公民的这种权利。在美国等西方国家，传媒被设计成对立法、司法和行政进行监督的第四种权力，传媒可以自由地对国家的政策、政府要员甚至总统进行批评、指责，传媒自由被看作是监督、制约政府的手段。众所周知，《独立宣言》的起草人，美国第三任总统杰斐逊在任职期间也曾被报界所激怒，但他还是说："如果由我来决定，我们是要一个没有报纸的政府还是没有政府的报纸，我将毫不犹豫地选择后者。"因为"民意是我们政府的基础。所以我们先于一切的目标是维护这一权利。"①在民主的社会里，传媒自由被看成是检验自由制度的一面镜子。而且，随着现代媒体的多样化，传媒自由不只是新闻自由，它应涵括出版自由、言论自由、采访自由、通讯自由、评价自由以及传播权、公民知情权等丰富内容，它是公民言论和出版自由权在传媒领域的延伸。

2.传媒自由：作为一种理念

传媒自由理念本身就预设了其价值合理性及道德责任。但是，随着市场经济大潮的冲击，当前的传媒自由已经背离了自由的真实含义，忘记了自己的道德责任。因此，传媒伦理问题不可避免地成为了学界与社会关注的热门话题。传媒伦理学从某种意义上说，是研究如何运用普遍道德原则和道德规范去解决传媒领域中存在的道德问题，并在此基础上形成传媒职业道德的学问。随着对自由理念的高扬以及传媒自由的确立，在传播的全球化条件下，传媒对人类生活的作用和影响都是空前的。但是，随着传媒的市场化，传媒自由的理念逐渐被曲解，传媒似乎忘记了自由主义最初的思想精髓，抛弃了内在于自由之中的道德责任。因此，我们有必要重申传媒自由的伦理向度。

---

① 〔美〕彼得森：《杰斐逊文集》（下），刘祚昌、邓红风译，三联书店1993年版，第1325页。

传媒自由作为一种理念，是指传媒的行为是自愿的而不受强制的行动，即是传媒从业者不受威胁或其他形式的强制，出于自愿选择而做出的行动。传媒自由从本质上讲是人的自由，而追求自由的生存状态一直是人类的理想。

自有人类以来，便有了对自由的追求。因此，不同时代的哲学家从各种角度探寻了人对自由的追求。虽然系统成熟的自由主义理论产生于近代西欧，但其思想渊源可追溯到古希腊。古希腊哲学家认为自由是通过理性力量获得的，这种理性力量使人发现和选择善的生活，从而超越自身肉体生存的价值而接近神性，以进入自由的境界。这样一种理性的自由观念为近代的笛卡尔、康德直至黑格尔所继承和发扬。他们通过对理性本身的认识论考察，试图用理性把握客观世界，从而摆脱各种束缚以达到自由。现代存在主义哲学家则从现象入手探讨人的自由，他们认为以前的哲学家虽然通过对理性的强调突出了人的主体性、能动性，但却忽视了人的感性存在，忽视了人的非理性的生命体验。他们认为，人的生存就是在个体的非理性的生命体验中不断追求自由，自由是构成人的本质的自然存在。

马克思则从实践的角度论述了人在本质上是追求自由的存在。马克思认为，人是一种包含理性在内的感性活动的存在，即实践的存在，实践是人特有的存在方式。自由就是基于实践而实现的主体能动性。人作为自觉的能动的社会主体，通过实践不断地超越自然生命的限制，不断地从各种束缚下获得解放，不断地达到越来越自由的目的和理想，从而体现人类的本质，实现人的全面的、自由的发展。

可见，人在本质上是追求自由的存在。那么，与人类有着天然地、不可分割地联系的传媒就应体现人的真正存在和价值，应以人的全面发展为旨归。因此，传媒自由的实质不仅体现为一种权利，而且体现为一种对人本真生存状态的诉求的理念①。然而，大众传媒“道德导师”的传统自我定位与“信息平台”的现代价值取向之间经常发生冲突。媒体舆论的作用具有相当明显的优势，能够引起大众相应的道德判断，从而形成强大的舆论压力。在传统观念中，大众传媒从业者无形中扮演着道德的持有者与灌输者的角色。依照媒体的道德地位的现代认知，媒体并不属于道德上优越的阶层，而是公民利益与意愿的服务者。公民健康的道德判断的形成从根本上说取决于媒体提供信息的自由流通，这种理念有助于培养公民的道德判断力，从而实现自主的道德选择，这是大众传媒在信息时代不可推卸的职责②。

---

① 陈寿灿、秦越存:《传媒自由的伦理向度》,《人文杂志》2006年第4期。

② 甘绍平、余涌:《应用伦理学教程》,中国社会科学出版社2008年版,第326—327页。

二、大众传媒领域自由范畴的基本特点

1.传媒从业者的自由性

从某种意义上说，传媒伦理学是一门以传媒从业者的职业道德作为研究对象的学科。具体来说，传媒伦理包括两个方面，一是传媒制度伦理；二是传媒从业者伦理。也就是说，作为一种规范的传媒伦理具有两个向度，一个是源自人们内心的道德法则，即自律的个人德性的向度；一个是受制于公共生活的行业规范，即他律的传媒制度伦理的向度。因此，传媒伦理建设也应该围绕这两个向度展开。

传媒领域的道德失范与传媒的市场化运作有关。在我国实行市场经济后，传媒业是“事业单位，企业化经营”，传媒市场化运作后的经济创收者与舆论引导者双重身份的冲突导致出现了传媒的伦理道德问题，其根源是社会公共利益与某些集团或个人的经济利益的冲突。自由的实质决定了“人是目的”，决定了生产一切产品尤其是精神产品的最本质目的是满足人们“应然”的需要，市场化只是实现这一目的的手段。但是，传媒市场化运作把传媒产品简单地等同于一般商品，不仅忽视了其作为精神产品的特殊性，还完全颠倒了目的和手段的关系，使原本用来满足人们精神需要的传媒产品的生产变成了实现经济目的的手段，这样一来，在私人经济利益和社会公共利益发生冲突的时候，传媒更容易舍弃后者而选择前者。因此，要解决好传媒领域的道德问题，必须给传媒一个正确的社会定位，即传媒是为社会大众服务的，是社会大众的公器。

既然传媒是为大众服务的，就会具有大众赋予的权力，而权力既可公用，也可私用，为了防止公权私用，传媒从业人员必须具有较高的道德修养和良好的个人品性。具备一定的个人品性是恪守职业道德的基础。一个自私、贪婪、没有正义感的人，就会随时利用手中的特权谋取私利，就不可能是一个好的代表社会良知的传媒从业者，具备良好的道德品格应是一个传媒工作者最起码的入门资格。不容回避的是，我们并不缺乏品格高尚的传媒从业者，只是当他们面对不间断的经济利益诱惑时，一些意志不坚定的人，就可能放弃原有的道德理念而被击败。尤其是当某种违反职业道德的行为成为一个行业的游戏潜规则时，除非意志非常坚定，一般的人是很难洁身自好的。

2.传媒制度的自由性

仅有传媒从业者的个体自律是不够的，还必须有健全的行业制度。传媒业不

仅要具有明确的社会角色定位，还需在此基础上制定清楚的行业规范。这些行业规范是传媒工作者必须具备的职业操守，是从事这个职业的人必须秉持的行业公德。但是，这里所说的行业制度规范是制度伦理，不是法律。法律是每个公民必须遵守的，任何一个国家的公民一旦违反所在地的法律就会被采取强制措施，如被剥夺自由甚至生命。而行业规范只对行业从业人员具有规范作用，非此行业的公民可以不遵守此规范，而且对本行业人员的规范不同于法律对公民的约束，它不会对从业人员采取限制人身自由等强制措施。但是，健全的行业制度必须包括严格的保证实施的奖惩条例和保证这些条例实施的执行机构，否则就算不上是一种制度规范，也起不到规范的作用。只是目前有关这方面的内容在传媒业的行业规范里还没有明确的规定，这也是当前传媒领域道德问题严重的原因之一。因此，对传媒伦理建设问题的探讨就成了当务之急。

目前传媒伦理的理论指向问题就是，传媒伦理究竟是个人德性的（即私人道德），还是公共德性（即行业制度道德）。

有学者认为，鉴于中西方不同的传媒政治经济背景，西方的传媒伦理规范应主要是行业规范，因为西方传媒以“第四种权力”立身，传媒从业人员只是对传媒业主负责，传媒的道德失衡往往表现在媒介行为、组织行为，传媒伦理道德规范也主要是针对新闻业而言的。而中国的媒体，尤其是新闻媒体的道德失衡现象只是传媒从业人员的个人行为，因而，我国的传媒伦理规范应主要是从业人员个人的行为操守①。

大多数学者认为，传媒制度伦理很重要，因为制度更根本。当然，许多学者除强调行业制度规范外，也在个人道德教育和修养方面有所着墨。

还有学者认为，传媒伦理从总体上讲是一种自律伦理，传媒的行业制度规范也是行业自律。这种认识值得商榷。但是，行业自律离不开健全的行业他律精神及其正当合理的实施，因此，我们认为，行业自律的实质仍是一种他律的制度伦理。

总之，无论传媒伦理的哪一向度都不足以单独支撑传媒伦理大厦，单独强调某一向度都不能解决传媒领域中的道德问题。传媒伦理应是私德与公德的统一。换句话说，要解决传媒业的道德问题，既需要传媒从业者的自律，也需要完善的行业制度他律来规范。这样，自由的传媒才不会打着自由的旗号做违背真正的自由理念的事情。

---

① 潘青山:《中西新闻伦理道德比较》,《声屏世界》2003 年第 10 期。

三、认清传媒自由，完善传媒法规

1.理解大众传媒的自由限度

自由是人主体性的表现，是人自主的选择和活动，是对必然规律的认识和支配。人认识了道德的本质和规律，并按道德的规律去行动，就获得了道德的自由。对社会主体而言，道德自由有两大层次，一是内在的自由，二是外在的自由。所谓内在的自由，指的是人的道德意志自由，道德意志是主体在实施道德行为时，通过自觉地确定目的，支配行为，克服困难而表现出的实践精神，具有自主性、自觉性和自律性等特点。“意志自由表现了人的能动性、主动性，它使人们在多种可能性中可以根据自己的需要、信念和理想进行选择”①。意志自由使人们获得了独立的地位和人格，使人们能够按照自己的意愿，通过自己选择的生活方式和行为方式来造就自己的德行和价值。所以在这种自主选择中，就必然包含着对“责任”的考虑，因为认可“自由”就意味着确认个体可以对自身的行为负责并承担后果，因此对于责任感的要求本身就包含于全面正确地理解自由的过程之中。一般来讲，“凡是承认选择自由的理论也都承认人应该为这种选择负责。”②因为，“只有自由才能使选择者负有责任，也只有责任才能说明选择者是自由的。”③

自由是人类最基本的道德价值，是主体所具有的自主、自决、自律的能力，它是人类的一种价值追求。传媒自由也是一种价值追求，具有道德的正当性和价值的合理性，只有自由的传媒才可以保障报道过程不受社会其他力量的钳制，才能形成对社会的有效监督，所以传媒自由是一项基本的道德原则。然而，这并不意味着自由的传媒就无须承担社会责任，自由有存在的前提，就是公民在享受传播自由的权力时，有义务和责任不妨碍他人的自由，否则滥用自由只会给他人和社会带来危害，并最终导致自由的沦丧。自由与责任是不可分割的对等概念。传播主体在自由选择了某种行为之后，必然也自由选择了某种责任，自由选择之后，必然有责任的后果，因此，选择自由意味着选择相应的责任。自由是大众传媒履行社会责任的前提，意味着大众传媒可以根据自己的价值目标选择自己的行为，并为行为的后果负责。大众传媒在行使自由权力的同时，必然要将“责任”考虑其中，所以，传媒对于责任感的要求本身就包含于全面正确地理解“自由”之中。真正的大众传媒必然

---

①　罗国杰：《伦理学》，人民出版社1989年版，第354页。

②③　同上，第360页。

是自由的传媒,真正的自由也必然是权利与责任的统一。我们追求真正的传媒自由,也就意味着传媒要担负起相应的社会责任,在传播过程中杜绝不负责任的虚假新闻和随心所欲的失实报道,保证真实、有价值的思想和信息能够发表和传播。

在现实条件下,自由是有限度的,是在一定条件下才能实现的。所以,道德意志自由与道德责任感是不可分的。正是因为主体的道德意志是自由的,所以由此形成的好坏的结果都应由主体负责。大众传媒自由是大众传媒道德行为选择的内在意志自由与外在社会自由的有机结合,它是大众传播主体性的重要表现。大众传媒的道德意志自由表现为大众传媒主体内在的辨别是非善恶的能力,是其道德上的自主、自决和自律。大众传媒的社会自由则表现为社会为大众传媒发展提供的可供选择的对象多少和空间范围的大小,体现出社会的支持度和容忍度。大众传媒的自由是社会进步的一个重要特征,但大众传媒的自由不是无限的,其自由要在其权力的范围之内,是在尽应尽的道德义务和应负的道德责任状况下的自由,并且其自由度与其应尽的责任和享有的权利成正比,并随着社会的不断进步而扩大。

媒体自由与社会责任是传媒伦理的两个重要支点和道德准则。"自由"向来都不是抽象的概念和原则,它只有在社会现实中才能变成行动的原则,因此,现实社会中的"自由",不是脱离社会规制的肆意妄为,而是一种对社会"规则"的主动把握。诚如法国 1789 年的《权利宣言》对自由的规定:所谓自由是指有权做一切不损及他人之事而言,所以,各人行使自然的权利,只在保证社会其他分子亦能享受同样权利的范围内。所以,自由,并不像这个名称本来的含义可能显示的那样是指摆脱了一切限制,而是指使一切公正的限制最有效适用于自由社会的全体成员。可见,在普遍意义上,自由是与一定的合理限制和规定相联系的。

对于媒体而言,对发生的客观事实进行真实报道及其对社会问题进行公正评论,应该说,既是其天然权力也是其应有的使命和责任。不言而喻,媒体有追求自身经济利益和言论自由的权利,但也负有为公众"福利"和"安全"服务的社会责任,具有社会"公器"性。换言之,媒体在各类新闻的选择性报道或评论中,其选择的内容、报道的角度本身,必然形成一种正确的舆论导向、积极向上的健康信息、传播科学知识等社会责任。离开了正确的新闻价值取向,传媒自由的"力"就会被异化,变为引致人们堕落和危害社会稳定的"发声器"。因为,一旦有悖社会正义和基本道德的不良言论或有害信息肆意散发,公众不但无法获知真实的信息,而且也无法对事物做出正确的价值判断,必然导致社会价值标准的混乱,必然危害社会的安定。所以,任何国家在提倡新闻媒体自由的同时,无不以维护公共利益的社会责任的伦理要求为限度。

2.提高大众传媒自由的法律保障

在法治国家里，法律是最基本的道德底线。大众传媒自由的法律保障指的是法治国家中体现着伦理精神的一整套法律制度，而不是指某种或某些具体的法律条文。法律体系或法律整体是道德理念的外化、延伸、凝聚与固化，并不意味着任何一个具体的法律条文也定有这样的属性。由于存在着某些具体的法律条文与道德要求发生冲突的情形，大众传媒自由的法律保障就是必需的。法律起到审视哪些具体法律条文与自由不相吻合。我国近年来对新闻工作者虽陆续出台了一些规定，如广电总局颁布的《中国广播电视编辑记者职业道德准则》和《中国广播电视播音员主持人职业道德准则》等，但由于缺乏相应的新闻法规体系的支撑，致使这些职业道德准则仍靠教育和思想觉悟进行维系。违规者受罚风险系数的低下，无形中就导致了机会主义的盛行。

在我国的社会转型期，许多媒体的所有制性质处在改制过程中。目前对媒体谋利行为方面的法律制度和相关管理制度的缺位或错位为媒体的利益寻租提供了空间。在媒体的内部管理中，存在着媒体的编辑部门与广告、发行部门的混岗现象，表现为编辑部门的主导权受到经济利益的左右，出现编辑部门的编辑内容或策划要服从发行部门纯粹市场化要求的现象。从理论上讲，新闻的编辑与发行在满足大众健康文化需要的层面上，应该是一致的，但大众文化本身则有健康与庸俗、先进与落后之分，因此，新闻媒体反映大众的积极和高雅的文化、批评腐朽和落后的文化、引导健康文化消费的职责定位，时常又要遭遇发行部门一切由市场说了算的尴尬，即发行部门为单纯追求发行量的攀升、完成单位制定的经济指标或仿效本行业的其他媒体吸引眼球的做法，则会更加强调“大众的低俗需要”，并在市场需要主导下要求新闻的“轰动效应”，甚至要求编辑部门为了达到“轰动效应”不惜违背新闻的真实性原则而制造各种新闻。这种在管理制度上给予发行部门较大的决策权以及推行的分摊征订任务、允许记者拉广告提成等做法，为新闻价值与商业价值的置换提供了可行空间。

在普遍缺乏法规制度的外在制衡和行业自律的内在约束的情形下，媒体出现了大量不正当竞争的获利现象，一些媒体和从业人员把媒体做成了“唯利传媒”。如不顾媒体的公信力，为拉广告而放松对广告内容真实性的审查和把关，传播虚假广告；因利益的连带关系报道失去公正性、客观性的有偿新闻；缺乏社会责任感和职业敬业精神，不认真核实消息来源而导致的虚假不实报道等。制度的缺位和惩治的缺威，使这些缺乏社会责任心的媒体，往往因未受到法律的、行政的、经济的处罚而肆意妄为，并在很大程度上打击了遵规守德的正当的传媒行为。总之，要使媒体成为现实社会中一种自由、负责的主体力量，要大力推进法治进程，真正落实宪法所赋予公民的各项基本权利，使传媒工作者的行为有法可依、有章可循。然而，上述设想目前只有理论的可能性，而无实现的可能性。我们能做的只能是完善媒体的内部治理，提倡媒体自律，提高媒体从业人员的道德感和责任心，使媒体能真正担负起自身应有的社会职责。

传媒法制是对传媒道德底线的维护。当前，由于媒体职业道德规范大部分都只对媒体从业者进行精神上的“软约束”，对他们的行为更多的是一种倡导力和影响，很大程度上有赖于个体的觉悟程度来发挥作用，随意性很大。因此，当道德主体自身的意志约束尚不成熟、外在的道德要求又无法转化为内心的道德规范时，这种“软约束”就显得非常乏力。因此，出台一部传媒法规，对传媒机构的性质、功能、权益的全面规范，把对传媒从业者行为的制约提升到法律层面，有利于传媒行业的健康有序的竞争和发展。

3. 警惕传媒自由的工具价值

传媒语境中的自由本来是业内人士坚守的理念，是一种道德正当性。在西方，这种道德正当性本身就体现为理性精神、民主追求和责任理念。传媒自由是一种价值追求，没有自由，大众传媒也就没有真正发展。然而今天，自由已超过了它本来的含义，人们所推崇的不再是自由的价值合理性，而是自由的工具性价值。于是大众传媒迷失了自我，对自由的滥用愈演愈烈，突破了自由的限度，严重违背了理性精神和民主追求。通过滥用自由，大众传媒以不合格的传播技法和不正确的价值观念传播信息，使“自由的传媒”不再是道德价值的表征，而是话语霸权的代号，从而忘记了大众传媒要对它所传播的内容和可能产生的社会效果负责的承诺。

传媒自由思想的形成是和人的本质相吻合的，因而，传媒自由本身就具有价值合理性，并且预设了其道德责任。传媒道德责任的突显是对自由主义理念的确证，因为这种价值合理性与道德责任是内在于自由的理念之中的。自由主义者所阐述的自由行动指的是个人不受强制的、自愿选择的行动。一个人的行动如果是选择的结果，那么就意味着行动者具有理性和责任能力，进而，人才能对自己行为的后果承担道德责任。可见，传媒自由是传媒履行道德责任的必要前提。因此，传媒自由理念本身就预设了其价值合理性及道德责任。也正因为如此，我们看到，西方哲学家在对人的自由进行论述时都有一个基本假定，即人是理性的动物。弥尔顿在为出版自由进行辩护时的一个基本预设也是如此。他指出，人具有理性，并能够运用自己的理性去辨别是非和善恶，思想的自由交换是人们追求至善的必然要求，因此，思想与观点的自由市场便成了一种绝对的必要。

但是，随着市场经济大潮的冲击，人们所推崇的不再是自由的价值理性，而是工具理性，当前的传媒自由也已经背离了自由的真实含义，在现实中迷失了自我。自由的传媒被利益所驱使，忘记了自己的道德责任。这主要表现在，有偿新闻层出不穷，媒体及其从业人员滥用“自由”谋取私利，不仅损害了自身形象，侵害了大众利益，而且抛弃了自由理念所赋予的道德责任。媒体拥有特殊的话语权力，对大众有极大的影响力，所以，媒体绝不能忽视它对大众的教化功能和舆论导向功能。但是，传媒的现状表明，媒体已经基本上忘记了自己的社会责任。传媒自由本是民主精神对专制的胜利，本是一种对人的本真状态的价值追求，其目的应是确保传媒对社会的有效监督，督促社会的良性运转，最终保证人的全面的、自由的发展。但是，现实社会中的传媒自由已背离了自由的原初意义，自由的传媒及从业人员利用被赋予的权力毫不掩饰地与现实利益同流合污，因此，传媒伦理问题不可避免成了学界与社会关注的热门话题。

第五节　人道范畴

人道范畴作为传媒伦理学的基本范畴，主要探讨大众传媒的人文关怀和增强传媒良知的问题。

一、传媒伦理学语境中的人道范畴

1.人道：传媒伦理的仁学烙印

中国是一个具有丰富伦理底蕴的国家。中国的人道主义是指中国全部传统文化的核心价值都是围绕人的社会存在而建立起来的，它不刻意吸收宗教与神灵的寄托，也不追求纯自然的知识体系，而是专注于人的社会关系的和谐与道德人格的完成。梁漱溟先生就曾指出："中国是伦理本位的社会。"[①]深深渗入中国社会伦理骨髓的，正是以儒家文化为代表的传统文化。儒家文化里影响深远的，莫过于孔子理论的核心思想"仁"。孔子的"仁"学思想在中国长期的历史演变中延续下来，在塑造中国人性格上发挥了重要作用。李泽厚先生认为，仁学的思维模式和仁学的结构由四大因素构成，而其中之一就是人道主义。[②]

人道主义的传统正是现时中国社会关注底层新闻的重要原因之一。李泽厚先生认为，"仁学"思想的外在方面突出了原始体制具有的民主性和人道主义，正如孟子所谓的"老吾老以及人之老，幼吾幼以及人之幼"。也就是说，由"亲"人及外人，由"爱有等差"而"泛爱众"，由亲亲而仁民。[③] 在这种民主性和人道主义影响之下，中国社会就必然强调人的社会性和交往性，强调秩序、团结、互助和协调。此外，"爱人"，"宽则得众，惠则足以使民"，"百姓足，君孰以不足？百姓不足，君孰以足？"这些表述，都道出了原始民主和人道的内涵。"仁"在内在方面则突出了个体人格的主动性和独立性。孔子认为，外在的人道主义必须落实在个体人格的塑造之上："其身正，不令而行；其身不正，虽令不从"。"仁"的最终归宿为主体的世界观和人生观。诚如李泽厚先生所言：孔子把本是宗教徒的素质和要求归结为这种不需服从于神的'仁'的个体自觉。因之，不必需要超凡入圣的菩萨或基督徒，却同样可以具有自我牺牲的献身精神和拯救世界的道德理想。正是孔门仁学，正是这些原始民主和人道主义、自我牺牲的献身精神和拯救世界的道德理想，经过了风霜雪雨的历史长河，逐渐沉淀下来，无孔不入地渗透到中国社会中，渗透到人们的观念与行为当中。

毋庸置疑，传媒伦理也被深深打上了仁学的烙印。尽管中国最后走上的民主道路是一种新式民主，但是对人的关爱、对底层关怀的人道主义却始终不渝。此外，以"仁"为开端，儒家文化还提出了"善"，儒释道三大中国传统文化无一不是提倡向善和善心的。在中国黄土文明的浸润之下，中国社会培育出了饱具仁慈之心的传统文化。作为一个民族的文化基质的集体意识、集体心理，通过一种"社会性遗传"的途径，沉淀于每一个人的先天心理格局之中。作为传媒伦理的主体之一的传播者，其气质禀赋必受民族的社会性文化的影响，这必然会影响到其新闻作品的创作。

---

① 梁漱溟：《中国文化要义》，上海世纪出版集团 2005 年版。

② 参见李泽厚：《中国古代思想史论》，安徽文艺出版社 1994 年版，第 70 页。另三大因素是血缘基础，心理原则和个体人格。

③ 同上，第 27 页。

一个新闻传播者，在创作新闻作品时，必定已经有其固有的心理结构，有其认同的伦理价值观。作为当下中国传媒伦理格局中的传播者和受众，自然而然也会在自身的先验图式中带有浓厚的仁学色彩，其观念必然也受到如“善”、“诚”等观念的浸润。因此，今日中国大众传媒对民众的人道情怀，对底层的关注，对底层新闻的追求，也就顺理成章了①。

2. 人道：大众传媒的人文关怀

大众传媒的人道情怀就是将对他人的关爱、关照或顾及视为行为的基准和价值取向，其本质就在于对他者利益的考量，体现了大众传媒行为主体做出的一种超越自身利益的道德选择。这种人道情怀是人类的一种现实、具体、直接、深刻的情感能力与情感体验。为了理解在传媒伦理学领域中人的道德性，除了需要人类理性之外，还需要一种人类情感。来自情感的答案是以人为基准的，而非以抽象的公正之普遍原则为基准的，这正是大众传媒的人道情怀的题中应有之义。

传媒伦理实质体现了大众传媒工作者依据社会责任的要求，出于自律的需要而制定的成文或不成文规范，它是从业人员高度的道德感和责任心。大众传媒伦理道德是传媒领域人文关怀精神的延伸和提高，是大众传媒通过对与人类生活息息相关的事实的传播，表达一种使人类向着生命优化的方向发展的愿望和信念。它要求大众传媒在向人们提供确实可靠的事实的同时，对事实的意义加以解释、评判，从而对人的生存发展、行为实践与终极追求起到某种引导和规范作用。简单地说，大众传媒不仅要告诉人们“事实是怎样”，还要告诉人们“应该做什么”，以帮助人们分析和判断一切情况，进而表达相应的行为，在合乎伦理规范和道德准则的基础上求生存、谋发展。

作为一个媒体从业人员，其职业立场就是要尊重人们的知晓权，其伦理职责就是让人们知道事情的真相。如果强调目标的合道德性，它要求人们必须虑及被报道对象在整个新闻事件中产生的影响，并要求人们通过合乎伦理的手段来达到其目的，把人文关怀置于提供真实报道之上。在当代社会价值多元化的态势下，这种对社会责任过于宽泛的理解，使得社会责任理论指导的实践功能大打折扣，也使社会责任理论的实践机制的建构变得无比艰难。因此，虽然大众传播媒介有其内在的道德性和价值尺度，而且在社会建构中、特别是当前我国社会转型时代背景下的

① 黎诚：《在传统文化中涅槃——底层新闻的传媒伦理探析》，《新学术》2007 年第 2 期。

社会重建与道德重建中，传媒也应当承担起更多的道德责任，但大众传媒的道德建设本身是一个复杂的综合工程，除了大众传媒自身的努力之外，它还需要来自社会的支持，也只有整个社会都参与其中，传媒道德建设才有可能取得实质成果。因此，在思考大众传媒领域存在的伦理道德问题时，我们应持理性、开放的态度，而不能把所有责任都归于大众传媒一方①。

以上论述的目的不仅在于为当前的媒介失范作道德辩护，同时也试图强调在传媒伦理的研究中应当正确对待传媒伦理问题。我们既反对把大众传媒的活动看成是完全与道德无关的职业活动的职业主义立场，也反对把伦理道德问题看成是传媒活动首要问题的道德中心主义立场。这两点同等片面，只有摒弃这两种错误立场，我们才能真正理解传媒伦理问题的性质及其必要性，进而理性地找到传媒伦理问题的根源所在，并在此基础上思考其正确的出路。

二、大众传媒领域人道范畴的基本特点

1. 善意性

虽然大众传媒往往曝光社会的阴暗面，但是暴露社会的阴暗面并不是大众传媒的最终目的。大众传媒的出发点应该是善意的，是为了支持正当的言行和合法的权益，纠正人们的某些错误意识和看法。大众传媒要实现传媒效益的最大化，就要坚持目的善与手段善的统一，注重大众传媒的社会价值，表达社会普遍的善。大众传媒通过善的手段传播善的观念，可以引导受众明辨善恶，陶冶情操，可以引导受众去追求美好高尚的生活，从而获得最大的社会效益。它既是社会主义精神文明的宣传阵地，又是建设社会主义精神文明重要的舆论保障。

对于大众传媒而言，要做到善良原则应从以下两个方面出发：一是传媒言论表达的动机和目的是善良的；二是传媒言论表达所采用的方式必须控制在适当范围内。如果传媒言论表达的动机和目的违反了善良原则，或表达方式超越了一定界限，都会给他人或社会带来损害，甚至可能会触犯法律，成为一种违法行为。但是，因为目前的法律尚不健全，对这种违法行为进行制裁还有一定难度。

2. 整体性

人类的全部物质文明与精神文明均是人类自己创造与选择的结果，人类拥有

---

① 郑根成：《对大众传媒道德审判的伦理反思》，《浙江大学学报》2009 年第 2 期。

影响社会发展的权利与能力，而权利总与责任相连。因此，所有参与大众传播的传媒机构和个人都要在行为决策的时候，考虑到行为的整体后果，并以整体性原则作为基础与导向。整体性原则具体分为两个方面，一个是横向整体性原则，另一个是纵向整体性原则。

横向整体性原则是共时性的，指大众传媒要考虑到包括全体社会成员在内的社会各个领域、不同阶层的各方利益，将大众传媒的道德功能、教育功能、文化功能和协调社会功能以及娱乐功能同它的公共利益与商业利益协调起来，避免出现大众传媒为了追求经济利益而忽视社会价值的现象。大众传媒在传播活动中应当以追求传播的社会效益为宗旨，维护传播对象特别是未成年人和弱势群体的利益，在传播内容和形式上要以一种关心全体的人文情怀来进行，关心整体的平等和公正，维护良好的社会秩序，促进人类文明与社会和谐发展。

纵向整体性原则是历时性的，指大众传媒不仅仅要为当下的社会负责，同时还要以整个人类为导向，顾及未来人类的利益，以人类整体性行为为对象，传承人类文化和文明，对子孙后代负责。文化是可以传承的，既可以通过共时性与其他文化交流，又可以通过历时性使文化世代相传，大众传媒伦理责任的纵向整体性原则就表现在它是以整个人类利益为导向的长远的、未来的、前瞻性的责任。它不仅仅将目前的人类作为道德对象，而且将未来的人类也作为道德对象。大众传媒伦理责任是一种全过程的责任。传播主体应该发掘文化的道德精神和伦理价值，传播优秀的文化成果，启蒙大众，提升人类的精神境界，引导未来人类的精神文化生活，促进整个人类文化的发展与进步。

3. 民众性

社会生活是传媒伦理赖以产生的沃土，而社会经济生活和政治生活可谓是传媒伦理的基石。然而，在这个基础上只能由民众来选择和确立传媒伦理准则的合理性和应然性。马克思在《〈莱比锡总汇报〉的查封和〈科伦日报〉》一文中指出："只有在人民报刊的各个分子都有可能毫无阻碍、能独立自主地各向一面发展并各成一行的条件下，真正'好的'人民报刊，即和谐地融合了人民精神的一切真正要素的人民报刊才能形成。那时，每家报纸都完全体现出真正的伦理精神，就像每一片蔷薇花瓣，都表现蔷薇的特质并发散出蔷薇的芬芳一样。"①可见，在马克思看来，

① 中国社会科学院新闻研究所：《马克思恩格斯论新闻》，新华出版社1985年版，第105页。

传媒“真正的伦理精神”来自于“人民精神”。

这就要求传媒站在人民群众的立场上，代表人民群众的根本利益，深刻地理解人民的愿望，自觉地反映人民的呼声，变成人民的文化精神教育的强大杠杆。马克思认为，人民报刊应当生活在人民当中，真诚地和人民共患难，把从生活那里听来的或看到的东西，公开报道出来。换言之，人民群众有权要求传媒具备全心全意为人民服务这一根本的伦理精神，因为在人民共和国中人民永远是社会的真正主人，是推动社会进步的根本力量。

为人民服务是社会主义道德建设的核心，是社会主义道德的集中体现，也是我国新闻工作的根本宗旨。大众传媒应当具备的伦理精神只有在全心全意为人民服务的过程中才能得以产生和发展。可见，确立传媒伦理准则合理性和应然性的依据只能是人民群众的根本利益。凡是站在人民群众一边，代表人民群众根本利益的传媒行为就是善的、合理的、应当的；凡是站在人民群众的对立面，损害人民群众根本利益的传媒行为就是恶的、不合理的、不应当的。

三、增强传媒良知，维护受众尊严

1. 积极增强传媒良知

从马克思主义的观点出发研究道德义务，指的是生活在某一社会中的人时常感受到的对社会、对他人的一种职责、任务和使命。这种职责、任务和使命为一定的社会集团用道德规范的形式明确肯定下来，就成为这个社会的道德义务。大众传媒作为具有信息传播、舆论导向与社会教育功能的传播机构，时常能感受到对社会、对他人的职责和使命，为社会提供文化良知，为人类的道德文化和精神文明生活负责，所以道德义务必然成为确立大众传媒伦理责任的重要理论前提。大众传媒伦理责任的实现，必须由外在客观要求的道德义务的他律向内在自由自觉的道德良心的自律转换。

大众传媒的良心是在大众传播过程中所形成的一种道德责任感和自我评价能力，是大众传媒主体对其道德责任、义务和权利关系的一种内在体验和领悟。它主要表现为以下几方面：首先，对社会负责。由于大众传媒对现实社会的渗透力愈来愈大，对社会的责任就越来越大，所以，大众传媒主体对此应有深刻领悟，树立高度的社会责任感。其次，对大众传媒自身负责。大众传媒在市场利益的博弈中，自身发展受到多方面的影响和诱惑，单靠社会外在约束是远远不够的，还要靠良心的自律作用、自我约束、对自身负责。最后，对受众负责。由于受众在某种程度上是由靠大众传媒技术与传播主体相联系的，且受众具有广泛性、分散性、匿名性、不可控性等特点，而且在传播信息的过程中大众传媒主体往往淡化自身对受众的责任，因此，大众传媒主体应加强自我的良心监督和评价。大众传媒良心的作用是在传播之前对传播的动机有着指导作用，在传播过程中对传播的方式与手段有监督作用，在传播后对传播效果有评价作用。

大众传媒伦理责任的内在心理基础是良心，它出自道德主体之内，表现为大众传媒对自己行为所具有的道德责任感。因此，如果说义务是个体对道德规范性的自我意识，那么良心则是个体对道德主体性的弘扬。大众传媒作为社会道德良知和价值公正的表征，必然应该拥有职业良心，只有以良心作为大众传媒伦理责任的心理基础，才能维护媒介的健康发展，实现大众传媒的社会价值。良心最显著的特征是自律性，即在道德生活中不是依靠外部约束而是凭借内心道德信念自觉进行道德选择和道德判断，表现为道德主体的自我控制能力和自我调节力量。总之，良心的发展程度，是衡量传媒道德成熟程度的重要标志。

2. 坚决维护受众尊严

如果大众传媒过于关注主流大众的娱乐需求，而对社会弱势、边缘人群缺乏关注，漠视他们的存在，忽视他们的需求，在某种程度上就将加剧边缘群体的边缘化与弱势化。“在媒体如此发达的今天，六千万国有企业的工人，两亿在城市里游荡的民工，八亿农民，这样一批人没有人在说话，中国老百姓越来越没有声音。”[①]对于本应关注公众生存状态、为弱者说话的大众传媒来说，这是一个必须反思的现象。特别是在当前我国全面建设小康社会、构建和谐社会的进程中，这种对弱势群体、边缘群体的漠视尤显背离和谐社会的宗旨。对大众传媒来说，真正的人文关怀不仅仅是以受众为本位的，而更应是以对受众的终极关怀为最终目的的，这是媒介的社会责任的应然内涵，不容删减[②]。1904 年，美国大众报刊的标志性人物，普利策奖和哥伦比亚大学新闻学院的创办人普利策就在《北美评论》上撰文指出：报人应怀抱崇高的理想，并负有急公好义的使命，对本身所触及的问题具有准确的知识和最真挚的道德责任感，以造福大众为目的，不应屈从于商业利益或任何个人权力。

---

① 李希光：《李希光作客新浪聊天实录》，摘自中华传媒学术网：http://www.mediachina.com.

② 郑根成：《传媒娱乐化的伦理反思》，《湖南师范大学社会科学学报》2006 年第 2 期。

传媒工作者基于职业要求会牢记职业伦理，即传递给读者最新的信息和最好的新闻，但是却忽视了更为根本的伦理原则——对生命和对人的尊重。当普适性的公共基本伦理原则确实与新闻行业的职业追求发生某种程度冲突的时候，如何抉择才具有正面的道德价值呢？在客观真实地报道人们的不幸与理应力所能及地救助被报道的不幸者之间，在传媒职业与人类普遍良知与良心之间，传媒工作者会陷入剧烈的冲突，在职业追求与道德诘问的责难中徘徊。战地随军记者看到爆炸发生，当他实际上无力阻止事件进程或者对受害者所能贡献的力量有限的时候，留下具有历史意义的镜头是否比救治一个断臂的伤员更有价值呢？答案应该是肯定的。因为，此时记者的干预也未必能对受害人产生积极的效果，况且他扔掉相机去进行徒劳无益的悲戚、感慨或者其他于事无补的行为，对事态的发展所起的作用可以说微乎其微。但是，抢发一条对别人未必有借鉴意义的消息与能够迅速帮助被报道者从困境中解脱相比便显得微不足道了，这时，记者应该义无反顾地选择后者，进行施救行为，以免造成严重的后果。

用规范和良心来调节个人利益和社会利益，并使之统一起来，才是真实快乐的源泉。传媒工作者应当谨记，不管做什么，都不应将受众当作手段和工具，因为，这是违背良知的。同情并不降低传媒工作者的工作质量，相反，还可使大众传媒变得更好，为大众传媒添光加彩。

当前中国社会正处于转型时期，与新时期相适应的道德价值体系却还没有完全建立起来，甚至在“善”、“恶”的价值判断上还存在着不少问题。在传媒业飞速发展的今天，大众传媒通过系统化、结构化的信息呈现方式与解构方式，对受众的思想和精神文化生活产生了广泛而深刻的影响，改变了人们认识世界和把握世界的方式，与此同时，也带来了传媒中的伦理难题。大众传媒在某种程度上受到市场利益的驱动和传媒文化消费主义的影响，背离了理性基础，脱离了社会的伦理精神，表现为媒介权力极度膨胀、虚假信息屡禁不止、媚俗节目层出不穷……这些问题如果不加以解决，将会给社会带来破坏性影响。随着对这些问题的深刻反思和对传媒理性的不断追求，大众传媒对受众、社会以及全人类的伦理责任愈加重大。

大众传媒的伦理道德问题随着社会发展变得更加突出，加强大众传媒的道德调控就逐渐提上日程。加强道德调控就是一定社会阶级或群体，通过社会力量采取各种措施，使特定的道德原则和规范、价值观念和目标在大众层面上被接受，并转化为民众的道德认识、情感、意志和信念，以适应社会、阶级或群体的价值目标的活动和过程。也就是说，要在大众传媒实践中把握正确的舆论导向，提高全社会的文化质量，维护道德规范和价值体系，促进社会的和谐与人类的文明进步。只有履行大众传媒的伦理责任，加强传媒业的道德责任感，完善传媒业的自律机制，规范传媒从业人员的道德行为，对传媒平台加以伦理层面的维护，才能解决传媒社会责任的伦理困境，使大众传媒担负起引导舆论、启迪心智、陶冶情操、拓宽视野的社会责任，从而使大众传媒切实推动社会公共利益的实现和精神文化生活的丰富，在国家振兴和民族复兴的宏伟蓝图中发挥应有的作用。

思考题

1. 如何理解传媒伦理学基本范畴的内涵？
2. 为什么说伦理责任是大众传媒领域义利范畴的基础？
3. 谈谈大众传媒领域正义范畴的基本特点。
4. 结合大众传媒现状谈谈如何建设大众传媒领域的诚信机制。
5. 如何认识和规范传媒自由？
6. 结合具体案例谈谈如何增强传媒良知。

第三章 传媒的伦理意蕴

● **本章要点：**

1. 传媒从业人员和社会大众对传媒公器的认识
2. 加深对传媒伦理意蕴的体会
3. 传媒人职业理想和责任的认同

21世纪的大众传媒已成为现代社会的重要控制机制之一，大众传媒以其特有的方式渗透到社会生活的每一个角落，直接影响着社会发展和个人生活，潜移默化地改变着人们的思想和行为。大众传媒是一把双刃剑，其隐匿性、不确定性、逐利性对社会伦理道德具有杀伤作用，而其交互主体性、批判性、公开性、渗透性、前沿性、共享性及对客观、正义和人道的追求等特质，又使其具有重要而不可或缺的伦理意蕴。传媒和传媒人已成为社会生活中重要的伦理价值实现的载体。拉扎斯菲尔德和默顿曾说过："大众媒介是一种既可以为善服务又可以为恶服务的强大工具"①。本章将着重论述大众传媒的为善功能和为善的历史足迹，使我们更加全面深刻地体会传媒的伦理功能，特别是认识其为善的功能，以此增强我们的职业信念和履职动力。

第一节 社会公正的守护神

大众传媒的特质决定了其应该成为社会良心的维系者，社会公正的守护神。

① 〔美〕拉扎斯菲尔德、罗伯特·莫顿：《大众传播的社会作用》，清华大学出版社2003年版，第103页。

大众传媒一方面根据基本的社会价值来批判社会上不合理的现象，另一方面则努力推动建立为社会各阶层提供公共性经验的共享空间。

一直以来，传媒业对社会公正的维护突出地表现为大众传媒对社会责任的逐步认识，和在这些认识指导下传媒人的不懈奋斗。

一、传媒人对守护社会公正、维系社会良心的认识

公正是重要的社会伦理价值，也是重要的传媒伦理价值。无公正无以立言，无公正无以立报，无公正无以立人。传媒之言所以服众人，传媒之人所以受尊敬，传媒之物所以有价值，其中一个重要的因素就是大众传媒内含的对公正、良知的坚守和遵循。回顾百年历史，世界各国传媒业对传媒的这一责任形成了以下共识。

1.社会雷达

传媒业的产生和成熟是与工业社会发展结伴而来的，我们首先来回顾西方社会是如何定位大众传媒的社会价值和使命的。

普利策说过一句脍炙人口的名言：倘若一个国家是一条航行在大海上的船，新闻记者就是船头的瞭望者。他要在一望无际的海面上观察一切，审视海上的不测风云和浅滩暗礁，及时发出警告。

传播学的奠基人拉斯韦尔在其成名作《传播在社会中的结构与功能》中，总结了传播媒介的三大功能，第一个就是“监测环境”功能。传播学的集大成者、著名传播学家施拉姆则把媒介的这种功能形象地描述为“社会雷达”。

美国联邦最高法官P·斯特瓦特在1974年的演讲中，根据新闻媒介在现代社会的重要作用，从法学的角度提出了“第四权力理论”。他认为，宪法所以保障新闻自由，其目的就是保障一个有组织的新闻媒体，使其能够成为政府三权之外的第四权力，以监督政府，防止政府滥用权利，发挥制度性功能。

瞭望者——环境监测——社会雷达——第四种权利，这一认识轨迹清楚而全面地表明了西方社会对大众传媒本质的解读。对此，百余年来大众传媒从业人员也有着更具实践意义的认识。

1841年，美国报人霍勒斯·格里利创办《纽约论坛报》，在该报的创刊词中宣称：“它将摒弃许多便士报上的不道德的、下流的警察局新闻、广告和其他一些材料，尽心尽力地把报纸办成赢得善良的、有教养的人们嘉许的、受欢迎的家庭常客。

以努力维护人民的利益和促进他们道德的、社会的和政治的权利。”①

1855年,英国报人斯莱创办了《每日电讯信使报》,宣称其办报宗旨是将报纸办成一张价格低廉而质量优良的日报,以保卫国家,提高道德并促进民主福利。

1922年美国报纸编辑协会成立,提出了为公众服务、独立、真实、诚挚与准确等新闻理念。同年,广播局也成立了全国广播联合会,并于1929年制订了广播准则,在这些准则中,社会监督意识同样成为关注的焦点。

1944年,在《时代》杂志发行人亨利·卢斯的资助下,成立了以当时芝加哥大学校长罗伯特·哈钦斯为主席的新闻自由委员会。1947年委员会发表的调查总报告《一个自由而负责任的新闻界》指出:“新闻自由的危险,部分源自新闻业经济结构的变化,部分源自现代社会的工业制度,在某种程度上,更是由于操纵新闻的人不能洞见一个现代化国家对新闻业的需求以及他们不能承担肩负的责任所造成的。”②该报告初步建构了一个大众传媒的责任框架,因此也被视为传媒业社会责任理论最早的经典性文件。

综上所述,社会雷达是西方社会对大众传媒的期望,也是大众传媒的最高责任和义务,因为大众传媒掌握更全面、快捷的资讯,所以有相对客观性和权威性。又因为大众传媒有更丰富、更直接的话语权,所以可以警醒社会、监督政府。大众传媒行使社会雷达的责任必须坚持传播真相,坚持独立观点,坚持监督政府,坚持预警社会。

2. 四不主义

办报刊是近代中国传媒业发展的起始点,中国近代报人对大众传媒的社会责任也有着深刻的认识。

1872年4月30日《申报》在上海创办。《申报》的创刊宗旨是“凡国家之政治,风俗之变迁,中外交涉之要务,商贾贸易之利弊,与夫一切可惊可愕可喜之事,足以新人听闻者,靡不毕载。务求其真实无妄,使观者明白易晓,不为浮夸之样,不述荒唐之误。庶几留心时务者于此可以得其概,而出谋生理者于此亦不至受其欺”③。且欲达致“雅俗所共赏,求其纪述当今时事,文则质而不俚,事则简而能详,上而学士大夫,下及农工商贾,皆能通晓者”④,传媒服务社会之观点自此而生。

---

① 陈绚:《新闻伦理与法规》第一章,中国传媒大学出版社2001年版。
② 展江、王征、王涛译:《一个自由而负责任的新闻界》,中国人民大学出版社2004年版。
③ 方汉奇等主编:《中国新闻传播史》,中国人民大学出版社2006年版。
④ 范继忠:《晚清〈申报〉市场在上海的初步形成(1872—1877)》,《清史研究》2005年第1期。

我国近代著名的启蒙主义思想家梁启超于 1898 年 12 月 23 日创办了《清议报》，在《本报改定章程告白》中，他将报刊的宗旨概括为“主持清议、开发民智”，在《清议报》先后开辟了《外国近事及外议》、《政治学案》、《闻戒录》、《猛省录》等栏目。梁启超还以维护国民利益为准绳提出了衡量报纸良否的四条标准：“宗旨定而高”，即报纸应“以国民最多数之公益为目的”；“思想新而正”，即报纸应“取万国之新思想以贡献于其同胞”；“材料富而当”，报纸应“使阅者省无谓之目力，阅一字得一字之益，而又不使有所挂漏有所缺陷”；“报事速而确”，“报之所以惠人者不一端，而知今为最要”，“费重资以求一新事不惜焉”①。良报要服务于国民，以国民利益为目的，这是梁启超的报刊社会责任思想的核心。1902 年 2 月 8 日，梁启超又在横滨创办了《新民丛报》半月刊，在《新民丛报》第 17 期他发表了《敬告我同业诸君》一文，文中提出了报馆两大天职：“对于政府而为其监督者”、“对于国民而为其向导者”②。更加明确了报刊有维护社会公正的责任和引导教育国民的责任。

1926 年 9 月 1 日，《大公报》复刊，主编张季鸾在发刊词《本社同人之志趣》中宣布“本报不党、不卖、不私、不盲”，被国人称之为“四不主义”。“所谓不党，即党非可鄙之辞。各国皆有党，亦皆有党报。不党云者，特声明本社对于中国各党阀派系，一切无联带关系已耳。所谓不卖，即欲言论独立，贵经济自存，故吾人声明不以言论作交易。换言之，不受一切带有政治性质之金钱补助，且不接受政治方面之人股投资是也。是以吾人之言论，或不免囿于知识及情感，而断不为金钱所左右。所谓不私，即本社同人，除愿忠于报纸所固有之职务外，并无私图。易言之，对于报纸并无私用，愿向全国开放，使为公众喉舌。所谓不盲，即不盲者，非自诩其明，乃自勉之词。夹随声附和，是谓盲从；一知半解，是谓盲信；感情冲动，不事详求，是谓盲动；评诋激烈，昧于事实，是谓盲争。吾人诚不明，而不愿自陷于盲。”

“四不主义”反映了报刊的本质要求，是近代中国传媒人的办报原则。纵观我国近现代报业发展的历史，几乎很多成功报刊的宗旨都不外乎“四不主义”的主张，正是以此“四不”张扬社会正义、维护社会公平，为社会大船的顺利前行而瞭望。以不党保公正，以不卖保真实，以不私保客观，以不盲保监督，通俗地说，“四不”就是要坚持新闻客观、报道真实、经济独立、服务公众的原则。

“四不主义”作为近代中国的办报原则，较全面地反映了传媒内在的本质要求，

---

① 谭云明：《二十世纪影响中国的媒体》，当代中国出版社 2007 年版，第 17—20 页。

② 同上。

特别是其既遵循国际社会将大众传媒视为社会雷达的国际共识，又结合本土特点，运用中国式的语言思维，形象生动地表述为“不党、不卖、不私、不盲”，是近代中国大众传媒业对大众传媒社会责任理论的重要贡献，同时也是近代中国传媒工作者前赴后继、铁肩坚守的基本原则，即使在今天仍然具有重要的借鉴意义。

3. 为人民服务

中国共产党传媒思想的核心是传媒要为人民服务。如果说西方各国在研究传媒社会责任时主要强调通过监督政府来推进社会公平，那么共产党人则强调传媒要通过服务人民来保证社会公平，推进社会善的实现。从马克思到今天的中国共产党人均秉持这一理念。

马克思 1842 年 4 月撰写的《第六届莱茵省议会的辩论》一文提出，人民报刊是“ 历史的人民精神的英勇喉舌和它的公开形式”①，赋予了大众传媒“人民”色彩和“战斗”特质。马克思、恩格斯在其有生之年里，无论是作为报人还是作为撰稿人，都始终坚持这一信念，这也是他们对报刊性质和责任的根本认识。

有着丰富的办报实践的列宁，在实践中继承了马恩的人民办报理论，系统地完善了群众办报思想，特别强调报纸与人民群众的血肉关系。在《工人和〈真理报〉》一文中，他高度评价了工人群众对报纸的积极作用，认为“正是由于工人积极捐款、提供材料、参与讨论、为报纸宣传，报纸才得以生存”②。因此，列宁特别重视通讯员队伍的建设和对读者来信的分析。

中共党人继承了马克思列宁主义的群众办报思想，将中国共产党的建党宗旨，中华人民共和国的立国之本——为人民服务视为中国传媒业的根本宗旨。1946 年 5 月 15 日《人民日报》创刊之际，时任晋冀鲁豫中央局书记和晋冀鲁豫军区政治委员的邓小平把毛泽东提出的“为人民服务”五个大字题赠报社，充分体现了中共对报刊宗旨的认识和坚持。

大众传媒如何坚持为人民服务，从而维护社会公正呢？在新民主主义时期和新中国成立后，中国共产党在领导大众传媒的工作中对此进行了积极的探索。

1942 年延安整风中，《解放日报》针对人民群众提出的报纸脱离边区实际、国际问题篇幅太大、对群众日常工作和生活反映太少等意见，在 1942 年 4 月 1 日的《致读者》中提出了党报的“四大原则”：第一，贯彻坚强的党性。党报应该成为实现

① 《马克思恩格斯全集》第 1 卷，人民出版社 1995 年版，第 155 页。
② 《列宁全集》第 22 卷，人民出版社 1990 年版。

党的一切政策、一切号召的尖兵与倡导者。第二，密切联系群众。反映群众的情绪和生活，记载他们可歌可泣的英雄事迹。第三，洋溢着战斗性。报纸必须根据当前的政治事变进行热情的鼓动，揭露一切黑暗与腐败，对自己队伍中的错误和缺点进行实事求是的批评。第四，增强组织性。党报应当成为各种群众运动的组织者和倡导者。

1944 年，《解放日报》在《本报创刊一千期》里更进一步阐述了党报的群众性："本报是中国共产党的党报，当然义不容辞，要坚持一个方针，这个方针即是，使本报成为抗日人民大众的报纸，成为鼓吹抗战，鼓吹民主，鼓吹进步的号角。我们要把人民大众的生活，人民大众的抗战活动，人民大众的意见，在报纸上反映出来。"①

1944 年 10 月，毛泽东在接见新闻工作者时指出："三心二意不行，半心半意也不行，一定要全心全意为人民服务。"1948 年 4 月 2 日，毛泽东接见《晋绥日报》编辑部人员并发表了著名的《对晋绥日报编辑人员的谈话》，对报刊如何为人民服务作了明确解释："办好报纸，把报纸办得引人入胜，在报纸上正确地宣传党的方针政策，通过报纸加强和群众的联系，这是党的工作中的一项不可小看的、有重大原则意义的问题。""我们的报纸也要靠大家来办，靠全体人民群众来办，靠全党来办，而不能只靠少数人关起门来办。"②毛泽东把报纸是否反映群众的心声作为他对报纸评价的一个重要方面，他说："《晋绥日报》内容丰富，尖锐泼辣，有朝气，反映了伟大的群众斗争，为群众讲了话。我很愿意看它。"③

为了履行为人民服务的职责，毛泽东非常重视针对报刊的群众来信，认为这是党和政府通过新闻媒介联系群众的一个渠道，多次指示报纸要刊登群众来信。1957 年 3 月 10 日，毛泽东在同新闻出版界代表谈话时再次谈到，群众来信可以登一些出来，试试看④。在毛泽东和其他领导人的倡导、强调下，中共创办的报纸十分重视群众来信工作，几乎每个报社都设立群众工作处，专门负责群众来信工作。的确，群众来信一方面可以作为生活亲历者对现实生活的生动描述，另一方面还能反映群众的要求，倾听群众的呼声，成为把握群众情绪的晴雨表和沟通党与群众的桥梁⑤。

---

① 谭云明：《二十世纪影响中国的媒体》，当代中国出版社 2007 年版，第 108 页。
② 毛泽东：《对晋绥日报编辑人员的谈话》，《毛泽东选集》第 4 卷，人民出版社 1991 年版，第 1319 页。
③ 同上。
④ 《毛泽东新闻工作文选》，新华出版社 1983 年版，第 150—151 页。
⑤ 童兵：《中国共产党和中国的新闻学研究》，《新闻与传播研究》2001 年第 3 期，第 13 页。

著名记者、人民日报社原社长范长江为新闻作了一个经典的中国式的图解，并据此剖析了新闻工作者的价值追求，他说："新闻，就是广大群众欲知、应知而未知的重要事实。""新闻必须是事实，谣言不是新闻，感想不是新闻，一定是事实。"而且"必须是新的事实，有代表性的事实。""在时局艰难的时候，新闻记者要能坚持真理，本着富贵不能淫，贫贱不能移，威武不能屈的精神，实在非常重要。"①胡锦涛总书记在 2008 年 6 月 20 日视察人民日报社时，重申了党报要"自觉主动地为人民服务、为社会主义服务、为党和国家工作大局服务"②。

新中国成立以来，人民媒体要为人民服务的思想一直引领着我国传媒业的发展。

为人民服务是我国社会主义道德的核心，是我国职业道德建设的指导思想，当然也是我们传媒工作者恪守不渝的职业行为的根本准则。

如何在大众传媒领域践行"为人民服务"的办报宗旨，是一个需要结合时代发展去认真考虑和实践的问题，我们有成功的经验，也有失败的教训。为人民服务的核心是人民大众的利益是我们行为的出发点和归宿点，人民大众的利益至高无上。其基本要求是：第一，大众传媒要反映人民的呼声，追踪人民关心的问题，这是为人民服务的基本前提；第二，大众传媒要为人民提供丰富的、真实的、迅速的信息，这是为人民服务的基本内容；第三，大众传媒应建立起与人民互动的渠道，将人民的心声随时进行报道反映，并能不断传递出媒体的回应和解释，真正成为把握社会情绪的晴雨表和沟通党与群众的桥梁，这是为人民服务的重要体现；第四，大众媒体要宣传人民，人民应该成为媒体的主角，这是为人民服务的重要本质；第五，大众传媒要监督政府和社会，我国政府是为人民服务的政府，也是一个必须要接受监督的政府，这是为人民服务的根本保证；第六，大众传媒要自律，要维护公共利益，绝不允许将媒体的利益凌驾于人民的利益之上，这是为人民服务的基本要求。

以"为人民服务"作为传媒的宗旨，看起来和西方社会强调大众传媒的"社会雷达"功能有很大区别，但无论是强调大众传媒的监督功能，还是强调大众传媒的服务功能，虽然角度不同，但目的相同，都是希望大众传媒成为有效维护社会公正的利器。"为人民服务"是中国特色大众传媒的宗旨，几十年来我们进行了积极的探索，形成了一系列有中国特色的做法，也确实起到了弘扬社会真、善、美，推进社会

---

① 范长江：《怎样学做新闻记者》，《范长江新闻文集》，新华出版社 2001 年版，第 1001 页。

② 人民网：《唱响奋进凯歌 弘扬民族精神——记胡锦涛总书记在人民日报社考察工作》，2008 年 6 月 21 日 00：38。

文明的作用，当然也有许多问题需要进一步探讨和完善。

二、传媒人维护社会公正、维系社会良心的壮举

今天，做社会公正的守护神，已成为大众传媒业的立业之本，各国的传媒工作者纷纷将维护社会公正、守护社会良心确定为基本的宗旨。

传媒人履行社会公正的守护神的作用，主要体现在以下四个方面。

1. 大众传媒要关注重大社会历史事件，及时公布事实真相并发表独立时评

传播学大师施拉姆说："媒介一经出现，就参与了一切意义重大的社会变革——智力革命、政治革命、工业革命以及兴趣爱好、愿望抱负和道德观念的革命，这些革命教会我们一条基本格言：由于传播是根本的社会过程，由于人类首先是处理信息的动物，因此，信息状况的重大变化、传播的重大牵连，总是伴随着任何一项重大的社会变革的。"①

随着社会的发展和科技的进步，海量的资讯每天冲击着人群，大众传媒的任务不仅是传递资讯，而且应做好"把门人"的角色，传递对人类社会最有意义的资讯。历史越来越表明，那些注重传递真实的、重大的资讯的人是传媒人的楷模，是社会发展中善的推动者。

(1)国内社会公正"守护神"的代表

在中国近现代传媒业发展进程中，涌现出了一大批"铁肩棘手"的传媒人，他们以勇气、智慧为社会公正和良知呐喊，有的甚至献出了生命。

★ 范长江与《中国的西北角》

范长江(1909—1970)，新华社总社总编辑、《人民日报》社社长。1935 年，年仅 25 岁的范长江以《大公报》"旅行记者"的身份第一次以写实的笔法公开、客观地报道了红军长征的历程，字里行间倾注了对红军的同情和敬意。这些通讯陆续发表于《大公报》，在全国引起了强烈的反响，当这些通讯汇编为《中国的西北角》一书出版后，出现了读者抢购的热潮。1936 年 12 月 12 日西安事变爆发，范长江发表《动荡中之西北大局》一文，最早公布了中共和平解决西安事变的真相。特别是论文发表于国民党五届三中全会开幕之际，内容和蒋介石的讲话完全不一样，蒋介石大怒，把《大公报》总编张季鸾大骂一顿。但是范长江并不畏惧，把报道真相视为一生

---

① 〔美〕威尔伯・施拉姆、威廉・波特：《传播学概论》，陈亮等译，新华出版社 1984 年版，第 19 页。

的追求，坚持他的“真相之旅”。1937 年 2 月 9 日，在中国共产党高级领导人博古和罗瑞卿的陪同下，范长江到达延安，成为了除美国记者埃德加·斯诺外，第一个正式以新闻记者身份进入延安的人。当天下午，中国人民抗日军政大学举行了热烈的欢迎仪式，范长江先后见到了林彪、廖承志、朱德等。晚上，毛泽东在他工作的窑洞里会见了范长江，就中国革命的性质、任务和当时共产党的总路线、总政策，抗日民族统一战线等问题作了精辟的分析。

1991 年我国以范长江的名字设立了“范长江新闻奖”，这是由中国记协设立的全国中青年记者的最高荣誉奖。该奖项的设立，充分说明关注重大事件是中国共产党传播思想的根本要求，也是我们对传媒必须维护社会公正的基本认识。

★ 史量才与《申报》

史量才(1880～1934)，1908 年担任《时报》主笔，1912 年收购《申报》任总经理。在其后 20 余年的报人生涯中苦心经营，使《申报》成为我国近代著名的报刊。史量才在办报中表现出的“独立的精神”、“无偏无党”、“服务社会”的理念构成了中国近代报业思想的主要内容。1932 年 6 月，《申报》报道南京中央大学的学潮，批评国民政府，激怒了蒋介石；1933 年，史量才参与宋庆龄以中国民主保障同盟的名义撰写的宣言，再次激怒蒋介石；1934 年 10 月 13 日，史量才在海宁翁家埠大闸口被国民党特务枪击致死，一颗代表着《申报》独立之精神的巨星就此陨落。

敢于发表独立时评，在专制社会是需要极大的勇气的，史量才以身殉职，是对职业道德的最高解读。传媒业的职业特点决定了其从业人员将要更多地面对这样的抉择和奉献，这也是各国纷纷设立“记者节”的一个重要原因。

★ 慎海雄与“报忧”

慎海雄是第五届范长江新闻奖获得者，1989 年毕业于杭州大学中文系，在新华社浙江分社长期从事农村报道。他在热情报道改革开放巨大成就的同时，通过多种形式揭露了一大批腐败分子，在生命受到威胁的情况下也毫不退缩，表现出崇高的敬业精神。1995 年，某血液制品公司为牟取暴利，昧着良心将带有病毒的血制品投放市场，造成极大危害。慎海雄得知这一信息后，经过多次艰难而深入的调查，获得大量第一手材料，通过内部报道披露了这一事件。但在报道的关键时刻，提供线索的同志突遇车祸身亡，慎海雄本人也在同一周内遭遇车祸，左臂大结节粉碎性骨折。慎海雄没有因此退缩，继续追踪调查，连发了两篇内部报道。时任国务院总理的朱镕基同志先后两次作出批示，犯罪团伙终于被彻底摧毁，也促成了 1996 年底《血制品管理条例》的出台。浙江富阳市委书记周宝法丧失信仰，竟然靠算命先生“指导”工作，在当地造成了恶劣影响。慎海雄得知后三次前往调查，采写内部报道进行揭露，受到时任国家主席的江泽民同志的高度重视，在中央党校一次重要讲话中专门提起这桩“怪事”，要求全党同志高度重视理论学习和世界观的改造。2000 年初，由慎海雄组织撰写的关于金华市一名 17 岁的中学生因不堪学习重负而杀死生母的事件的报道，再次引起中央领导的重视，江泽民同志在中央会议上专门就教育工作发表重要讲话，从而推动了全国的学生减负工作。在 2001 年底浙江发生的足球界打击“黑哨”行动中，慎海雄直接指挥与策划相关报道，产生了强烈效果，直接推动了足坛“扫黑”……慎海雄说自己并没有多少本事，关键是名字前面有 5 个金光闪闪的大字——“新华社记者”。

关注重大事件，反映社会热点，是当代记者的使命。慎海雄以勇敢、无畏和认真的精神，一次次直面重大事件，秉笔直书，为民请命、为社会“请安”。在和平年代，能够本着服务人民的理念积极报道阻碍社会进步的事件，是一件难事，但也是一件传媒人应做和必做之事，是“记者”的题中应存之义，特别是在“报喜不报忧”的时期，更具有重要意义。

(2)国际社会公正“守护神”的代表

世界各国传媒工作者坚持真理、维护正义，也涌现出了一大批彪炳史册的传媒斗士。

★ 彼得·阿内特与战争

彼得·阿内特生于 1934 年，是新西兰裔美国籍著名战地记者，先后服务于美联社、CNN 等媒体，报道过越南战争、海湾战争、阿富汗战争、伊拉克战争等，数次冒死发稿，也曾多次被雇佣的媒体解雇。他认为，做一个记者，首先要忠于事实，忠于事实真相必须高于效忠国家、机构，他说，首先他是记者，其次才是美国人。彼得·阿内特至今共获 57 项主要的新闻奖，在美国、巴西等大学获得荣誉博士学位。2006 年，他被英国女王任命为新西兰官员，授予新西兰功绩勋章，以表彰他在新闻工作上的卓越成就。1962 年起他开始在西贡(今越南胡志明市)为美联社工作，13 年间，先后为美联社写了 3000 多篇有关越南的报道。1966 年，他因越战报道获得了当年的普利策国际新闻奖。1991 年，阿内特首创在前线现场直播的新闻解读方式，全世界第一次发现战争可以通过电视来直播，这几乎是电视新闻转播史上的里程碑，也改变了人们对战争的态度，战争不再是遥不可及的伤亡统计数字或者政客嘴上的辩论，而是通过电视屏幕几乎触手可及的景象，他也因此赢得了当年的美国电视最高荣誉——艾美奖。1990 年波斯湾战争期间，彼得·阿内特开始为美国的有线电视新闻网(CNN)工作,他进入伊拉克,并且成功访问到伊拉克总统萨达姆。“我坚信真理和事实,寻找真理和事实的最好的方法是到事发现场。”这是作为记者的阿内特一直坚持的原则。

战争报道对记者而言,既是机遇又是挑战。自记者成为一种职业以来,就在世界各国涌现出一批批冒着生命危险奔走在战场上的记者们。寻找真相,坚持真理,推动和平是阿内特们的追求,也应该是传媒人的追求;是传媒业的立足之本,也是传媒业为社会所尊重和信任的原因所在。正是阿内特和千千万万像他这样的传媒工作者的努力,推动了社会正义与进步。

★ 安娜·波利特科夫斯卡娅与正义

安娜·波利特科夫斯卡娅(1958—2006)是个在俄罗斯家喻户晓的名字,她以报道车臣战争而闻名,被公认为“俄罗斯媒体的良心”。她将视线聚焦在普通百姓和战争背后的丑恶上。由于她的报道,车臣百姓的苦难、甚至被俘的车臣武装分子遭受的非人待遇,才被世人所知。她在车臣战地采访时不畏当局压力,敢于客观报道。她批评俄罗斯在1999年第二次出兵车臣,甚至把克里姆林宫任命的军队领导人称为“土匪”。她的客观报道,让她赢得了车臣人甚至是车臣绑匪的信任。在2004年9月的别斯兰人质事件中,她是绑匪唯一信任的人,被他们指定为谈判人;2002年10月莫斯科人质事件期间,她还进入车臣武装人员劫持上千名人质的莫斯科轴承厂文化宫,与武装人员谈判。然而,由于她公正客观的报道触及到某些人的利益,也曾受到过多次威胁。2004年安娜乘飞机时被人在茶中下毒,但幸免于难。她的儿子经常对她的汽车进行检查,以防汽车被人安装炸弹;安娜知道自己有可能遇害,曾告诉英国的《每日电讯报》,“如果这种事情发生了,那么就让它发生好了。”2006年10月7日,48岁的安娜·波利特科夫斯卡娅在回家的路上遭人枪杀,她为维护新闻的正义和社会的良心献出了自己的生命。

知道自己的处境,知道死亡就在前面,还要勇敢地向前走,以自己的生命为正义保驾护航,这是传媒人最无畏的选择即随时准备牺牲,在某种意义上已成为传媒人的职业要求,成为传媒人所能达到的最高道德境界。

★ 布莱恩·迪尔与焦点

布莱恩·迪尔是《星期日泰晤士报》调查性新闻记者,英国电视4台dispatch的制片人。1999年,他获得英国传媒大奖“年度特稿记者”称号。2004年,获英国皇家电视新闻奖提名。在布莱恩·迪尔的个人网站上,有两张照片:一张是布莱恩·迪尔身穿白大褂,煞有介事地翻阅着病人的档案——这是他化装成医生,在调查约克郡精神病医院的病人食物中毒事件；另一张是衣冠不整的他，坐在墙角，跟一名流浪少年攀谈。从军队里的种族歧视到曼彻斯特的老人院，从医生开错药导致病人救治不及时到慈善组织的舞弊。20 世纪 80 年代以来，布莱恩·迪尔伸张正义，鞭笞邪恶，如同漫画《蓝莲花》里的人物"丁丁"——那个同样富于正义和冒险精神、敢于同各种恶势力进行斗争的卡通记者。最近十多年来，布莱恩·迪尔一直对医药界"目不转睛"。例如，1994 年，布莱恩·迪尔接到大量因服用西卜净锭(Septrin)而导致病情加重的患者的举报，经过广泛的调查，他在《星期日泰晤士报》上倡导抵制使用西卜净锭的运动，这项运动得到了公众的支持，18 个月后，英国政府批示：禁用西卜净锭。

在相对浮躁的当代社会，我们更提倡和希望迪尔的这种不畏艰难、不惧苦累、不逐金钱的职业追求精神。

大众传媒揭露无良社会现象，维护社会公正的事例举不胜举。有统计显示，从 1917 年至 1990 年的 580 个普利策新闻奖中，约有 40%是涉及职场安全、森林火灾、入学黑幕、战争丑闻、政府腐败等问题的。用维护社会真相来维护社会良心、促进社会公正是大众传媒的社会责任，是大众传媒对社会的贡献。但是，无论是过去还是今天，坚持维护真相这一美德，践行这一责任，都是一个艰巨的任务，是一份需要巨大勇气支持的选择，是一份需要不懈坚持的追求。近百年来，优秀的中外传媒人以勇敢和坚持，甚至以鲜血和生命践行了这份美德，使坚守真相成为传媒人最起码的道德追求，也是最重要的职业理念，同样是大众传媒对社会最具影响的伦理意蕴。

(二)大众传媒要积极搭建讨论平台，引导社会舆情

要解决社会危机、维护社会公正、推进社会文明，提高公众的判断力是关键，大众传媒在这方面发挥着重要的作用。针对公共问题，搭建各类公共讨论媒体平台，通过这些平台使公民掌握"民主"必需的技能：听、劝、辩论、妥协并寻找共同点，解决社会问题的通道因此会更加畅通，社会善也更易发扬光大。特别是在大众传媒蓬勃发展的今天，传媒工作者就是这个王国的引导者或曰"议程设置者"。以下几个事例就很有说服力。

例一:实践是检验真理的标准大讨论

我国改革开放30多年来,每一次大变革之前,媒体都发挥了积极的平台作用,实践是检验真理的唯一标准大讨论就是一个范例。1978年5月10日,中央党校内部刊物《理论动态》发表时任中共中央组织部部长胡耀邦审阅定稿的、南京大学哲学系教师胡福明的《实践是检验真理的唯一标准》一文。5月11日,这篇文章以特约评论员名义在《光明日报》发表,当天新华社转发。5月12日,《人民日报》和《解放军报》同时转载,全国绝大多数省、自治区、直辖市的报纸也陆续转载。同时,中央和地方报刊也发表了许多阐述实践是检验真理的唯一标准的文章,真理标准的大讨论在全国轰轰烈烈地展开。这场大讨论,冲破了"两个凡是"的严重束缚,推动了全国性的马克思主义思想解放运动,为党的十一届三中全会的召开做了重要的思想准备,为党重新确立马克思主义的思想路线、政治路线和组织路线奠定了思想基础。

实践是检验真理的唯一标准的大讨论不仅是一场思想解放运动,对当时的中国还是一场道德运动,是一个由盛行假大空的社会向真话社会的回归。这个讨论不仅解决了真理的标准问题,而且开启了关于人性的探讨之门,在这个平台上,陆续开展的"人人为我,我为人人"、"从我做起"等一系列人性讨论,对推进社会主义价值观、道德观的确立以及社会善的增进具有积极意义。

例二:孙志刚事件和《城市生活无着的流浪乞讨人员救助管理办法》出台

孙志刚事件是在更为开放的媒体环境中的一次由传媒曝光引发社会大讨论的事例。2003年3月,广州《南方都市报》独家率先报道:大学毕业后,在广州工作的孙志刚因没有携带证件上街,被送进广州收容遣送站,两天后"蹊跷"死亡,经法医鉴定乃毒打致死。此后《南方都市报》将此作为独家新闻,不断跟踪报道。4月30日,《中国青年报》在"法制社会"版报道了"孙志刚事件",题为:《因缺暂住证一公司职员命丧广州收容站》进行舆论质疑;《北京青年报》对此事件也做了言辞犀利、详细的报道。《人民日报》更是在5月24日召集知名学者和社会人士研讨收容制度,从制度层面谈论"孙志刚事件"发生的原因,并对我国的收容制度提出了质疑。中央电视台《新闻联播》播发该案开审消息,并在《经济半小时》中组织法学等各方面的专家学者探讨收容的违宪问题。香港《凤凰卫视》的《时事开讲》节目中就"孙志刚案"发表看法,把此次事件传播到了世界华人圈。在第四媒体——网络传播媒介上，关于"孙志刚事件"的消息也是非常之多，尤其是网民发的帖子在更加广泛的层面上对收容制度表达了不满。在传媒的强力介入与推动下，中央领导及广东省领导都批示要严查此案。最终，2003年6月20日，国务院颁发第381号令，宣布自当年8月1日起施行《城市生活无着的流浪乞讨人员救助管理办法》，废止1982年颁行的《城市流浪乞讨人员收容遣送办法》。6月22日，政府宣布取消国内所有的收容站。实施了21年的收容遣送制度，自4月《南方都市报》对"孙志刚事件"的报道起，在短短50天内就被废止。

"孙志刚案"充分显示了传媒从制度层面建构社会伦理道德和法律的作用，并且直接推动了社会制度的设计要重视在伦理道德取向上的正义、公正的追求。

例三：美国"自由斗士"与"耙粪"运动

19世纪末美国财富分配的两极化现象严重，1896～1910年间，最富的1%的人口掌握的国民财富从8%增长到15%。同时，官商勾结的腐败案件层出不穷，上自国会，下至市政府，都成了贪污腐败分子聚会的场所。有识之士奋力揭发重重黑幕，主要发动者是一批新闻记者(12位男记者和1位女记者)，他们撰写了约600多篇揭露黑幕的文章和90本著作，占黑幕揭发文章总数的1/3，几乎涵盖20世纪初主要的社会问题，如政府腐败、托拉斯非法垄断、假药和食品不卫生状况、使用童工和种族歧视等，搭建起一个揭发与批判腐败的意见平台。代表人有林肯·斯蒂芬斯、埃达·塔贝尔等，其中斯蒂芬斯平均每年写4篇报道，对政府腐败进行揭露；塔贝尔花5年时间进行调查，汇编成《美孚石油公司史》一书，揭示垄断毁灭了健康的个人主义；大卫·格莱汉姆·菲利普斯的《参议院的背叛》系列报道揭露了美国参议员的腐败行径；厄普顿·辛克莱花7周时间进行实地调查，写出揭露芝加哥屠宰场脏乱状况的《屠场》，影响巨大，直接推动了《纯净食品及药物管理法》的出台。"耙粪记者"所掀起的揭露黑幕运动被视为第四权利的重要体现，记者无冕之王的地位再次被巩固。"耙粪运动"在影响和引导社会正义与良知方面起了重要作用，向人们展示了新闻报道的巨大力量，使美国20世纪的第一个十年成为一个大声疾呼改革的十年，在美国新闻史上写下了光辉的一页。

由上不难看出,现代社会的进步是建立在不间断的多方沟通和讨论之上的,而且越来越呈现出这样的趋势:大众传媒就是一个重要的讨论平台,让其有效地发挥这一平台作用,是社会了解有序增进,社会良性发展的重要前提和重要动力。传媒人则是这个平台的创造者和引领者,作为传媒从业人员,必须有这份担当,尽这样的努力。

3.大众传媒要高度关注社会弱势群体,推动社会全面公平发展

由于社会发展的不平衡,涉及弱势群体利益的时候,往往要靠政府和大众媒体来为他们说话,否则,他们自己的声音是很微弱的,他们自己很难具有表达和追求自己利益的有效手段。自大众传媒产生以来,对底层的关注成为考量传媒工作者社会良心的一个重要标志,近年来,面对社会转型、两极分化、弱势群体问题浮出水面的情况,大众传媒领域涌现出一批不为名利,放得下诱惑,吃得了艰辛,对弱势群体进行跟踪、调查,在恶劣的环境下为他们呐喊,为他们募捐,为他们争得社会上的一席之地而努力的传媒人。

(1)周国梁(第九届长江韬奋奖获奖者)与“龙广爱心基金”

黑龙江电视台《新闻夜航》栏目制片人周国梁就是一个弱势群体利益的坚决维护者。2002年的一个晚上,两名年轻的农民工把刚下夜班的周国梁劫住,“要两个钱花”,对峙中,经过一番思想交锋,他们放弃了抢劫的念头,还倾诉了开发公司恶意拖欠半年工资,导致他们无法回家过年的困境。这让周国梁陷入了深思,周国梁意识到他俩可能是初犯,虽然这两个人能够迷途知返,但如果问题长期得不到解决,这样的“抢劫”还将上演。第二天,周国梁就深入到农民工当中,了解他们的生存状况,随后策划出百集系列报道《关注农民工 讨回打工钱》,黑龙江电视台《新闻夜航》成为全国最早关注农民工生存状态的栏目,当年帮农民工讨回打工钱500多万元,并推动黑龙江省政府在全国率先出台《黑龙江省农民工进城务工管理条例》,引发了全国媒体对农民工现象的关注。2008年3月8日,吉林省产妇尹文娇因产后大出血急需救命药品——人血纤维蛋白原,得知线索,周国梁立即决定在直播中插播寻药消息,并安排记者协助查找,最终从哈尔滨市的两家医院找到了7支人血纤维蛋白原,随即周国梁又组织成立5人前期报道小组,亲自部署采访计划。随后两天,他彻夜不眠,指挥《新闻夜航》临时增加8档5个多小时的直播报道,全程记录哈尔滨、长春两地全民动员开展爱心大营救的感人场面。此时正值全国两会期间,央视《新闻联播》也连续两天播出夜航采制的营救消息。随后,《新闻夜航》又全力配合省慈善总会、省广电局和电台进行“龙广爱心基金”的创建,两个月即劝募金

额1000多万元，并成为全国第一个以媒体命名的慈善基金。

(2)赵拴(第八届长江韬奋奖获奖者)和“背篼”们

贵州日报社驻站记者赵拴同志，在近15年的党报记者生涯中，跑遍了全省所有88个县(市、区)1000多个乡(镇)村(寨)，省内总行程约6万公里。面对贫困落后的家乡，赵拴提出在《贵州日报》开设《走进贫困山乡》系列报道专栏，并独自承担了全部采访任务，用8个月时间，只身走进全省所有48个国家贫困县的近200个外界罕知、外人罕至的极贫村寨采访。他克服种种难以想象的困难，甚至冒着生命危险，深入大山深处一些尚处于半原始生活状态的苗、瑶等少数民族同胞聚居村寨，与那里的村民和干部同吃同住，行程1.8万里，写出64篇有血有肉并在省内外引起极大反响的专栏报道，被誉为贵州“新闻扶贫”的范例，获贵州新闻奖一等奖。2002年夏，赵拴对集群聚居在都市角落的进城务工农民的生存状况深感忧虑，带领两名记者走进这些“都市村落”进行隐性采访，与“背篼”(贵州人对身背背篼在街头找活的农民的习惯称呼)兄弟一起围着火炉吃烤洋芋、喝1元1斤的“包谷烧”酒；深夜在治安状况很糟的“城中村”与那些生活在都市最底层的进城农民心贴心地交谈。他们采写的整版长篇通讯《都市里的“村落”》在社会上引起强烈反响，被专家称为“难得的具有社会学意义的佳作”，获得贵州新闻奖一等奖。2003年他又提出并主持策划了《扶贫开发百乡行》大型系列报道，历时9个月，组织和带领6名年轻记者对全省100个一类重点扶贫乡(镇)进行深入报道，这组系列报道受到省内外普遍赞扬，并获中国新闻奖二等奖。2006年，赵拴一手策划并参与采写《聚焦“黔军”——务工农民两地书》系列报道，这组报道以赴珠三角和长三角地区打工的贵州农民为对象，对他们的生存状况及其家乡的情况进行采访，并对两地进行对应报道。赵拴带领记者辗转数千公里，深入到沿海地区城镇、乡村寻访贵州农民工，零距离体验他们的苦乐忧喜。这组报道以真挚的情感、新颖的形式受到新闻界的高度好评，不少网站纷纷转发。

大众传媒在同等条件下更多地为弱者服务，体现了著名伦理学家罗尔斯公平原则的第二个要求，即差别原则。弱势群体需要更多的呼吁，传媒工作者的目光应该始终面对这些人、这些事，推动他们利益的增进和权益的保障，是社会利益增进的必备条件。

综上可见，大众传媒通过客观、真实和及时的报道，形成对善的歌颂、对恶的声讨，引发社会关注、讨论，形成相应的制度保护，从而起到维护社会公正、推进社会善行的作用。

第二节　社会道德的教育者

大众传媒的特质规定了其承担着社会道德的教化者的责任，是社会道德教化的重要载体。《一个自由而负责的新闻界》写到："我们必须承认，大众传播机构是一种教育工具，而且也许是最强大的；它们必须在陈述和阐明本共同体为之奋斗的理想中，承担起教育者那样的责任。"[①]著名的启蒙主义思想家、报人梁启超先生也认为，报刊有"开民智"、"育人才"的重要使命。他说，"报馆者国家之耳目也，喉舌也，人群之镜也，文坛之王也，将来之灯也，现在之粮也。伟哉，报馆之势力，重哉，报馆之责任。"[②]对近代中国起过重要启蒙作用的《新青年》杂志，创刊之初就将自身定位于"与青年诸君商榷将来所以修身治国之道"[③]。

一、大众传媒实施道德教育的特点

大众传媒已成为与学校、家庭、工作场所并列的重要的道德教育机构，尽管对这一性质的认识中外传媒业还有分歧，但是大众传媒作为道德教育的平台是事实，是传媒确切的功能，并且与其他道德教育平台有较明显的区别。

1.道德教育形式隐形化

大众传媒实施道德教育的过程是隐形的。它不需要设专职教师与场所，也无需组织严谨的教学环节，而是通过新闻报道、电视广播、网络节目等在无形中对受众进行潜移默化的影响。西方著名学者麦克卢汉在《人体的延伸》一书中指出，电视不只是娱乐工具，还是制造现代人心灵、改变整个生活情境的新力量。大众传媒帮助人们形成了新的社会生活情境，这种情境既可以是现实的，又可以是拟态的，但是都对人们认识世界产生了影响，人的社会角色与特性也因此发生了改变。

2.道德教育方式多样化

大众传媒的道德教育充分体现了"寓教于乐"的特点。道德教育功能与其娱乐

---

① 新闻自由委员会:《一个自由而负责的新闻界》，中国人民大学出版社 2004 年版。

② 《本馆第一百册祝辞并论报馆之责任及本馆之经历》，见《饮冰室合集文集之六》，中华书局 1989 年版。

③ 近年来活跃在我国电视节目中的《星光大道》、《我要上春晚》、《中国好声音》和《感动中国》，就是典型代表。

功能在大众传媒中有机地结合，使受众在轻松愉快的环境中获得心灵上的启迪，没有勉强的痕迹，也没有“灌输”、“压服”的做作，一切都是那么的随意自然，顺理成章，令老百姓喜闻乐见。当下我国电视节目中的“星光大道”、“我要上春晚”、“中国好声音”和“感动中国”就是典型代表。

3.道德教育对象多元化

大众传媒道德教育的对象数量之大、范围之广，也是其他教育方式所不能比的。仅以我国为例，2011 年电视受众覆盖率为 97.8%，互联网普及率为 38.3%，网民的人数已经达到 5.13 亿之多。

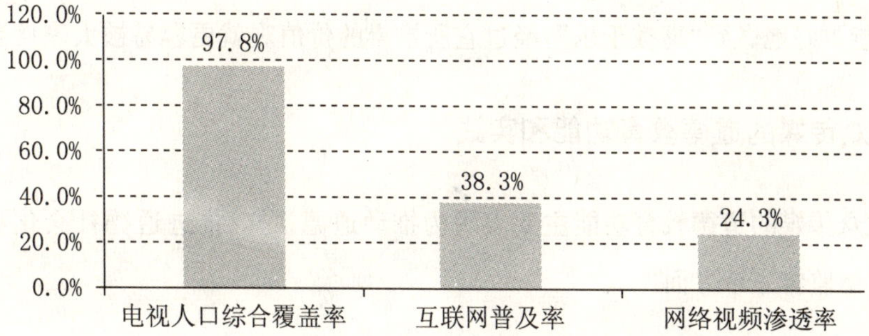

图 3—1　2011 年电视、互联网和网络视频覆盖率

关于传媒承担社会道德教育的功能的问题，学界有很多探讨。学者丁永刚描述为：(1)大众传媒是一所没有围墙的大学，它对公民进行道德教育，不受时空限制。当今社会，以报纸、电视、广播、网络为主的大众传播媒介已经成为社会价值观、社会道德规范宣传的主渠道和主阵地，已经成为公民道德教育的又一个重要渠道，它为整个社会的发展和进步不断地提供一系列具有导向意义的社会公共价值观念，成为影响社会和人民生活的重要力量。(2)大众传媒是公共议题的“指向灯”。在大众传媒迅速发展的时代，人们倾向于了解大众传媒所关注的问题，并依据传媒对各种问题的重视程度，确定自己看待事物的优先顺序。美国政治学家伯纳德·科恩指出：“新闻传媒远远不止是信息和观点的传播者。也许在多数时候，它在使人们怎样想(What to think)这点上较难奏效，但在使受众想什么(What to think about)上十分有效。”①可以说，受众不仅通过大众媒介了解公众问题及其他

① 〔美〕斯坦利·巴兰、丹尼斯·戴维斯：《大众传媒理论：基础、争鸣与未来》，清华大学出版社 2004 年版，第 307 页。

事情，而且会根据大众媒介对一个问题或论题的强调，决定对该问题或议题予以怎样的重视，从而影响受众的行为。(3)大众传媒是道德教育“授受合一”的演练场。在传播媒介相对单一的年代，人们更多的是被动地接受信息，而随着大众传播媒介的发展，人们的知情权迅速扩大，有了更多表达意志和参与社会事务的机会，尤其是互联网的出现，使得人们表达意志的渠道比过去任何时期都更加畅通。在这种良性的互动中，传播者与受众、教育者与受教育者通过大众媒介实现了主客体的对接与统一，即“授受合一”。(4)树立价值判断标杆，提高全社会道德水准。大众传媒利用其权威性和广泛的覆盖面，通过多种多样的形式把一整套价值判断体系确立在人们的脑海中。由于大众传媒传播信息的手段与其他道德教育方法相比更加多样，能更好地做到“寓教于乐”，经过它所推崇的价值观就更容易被大家接受。①

二、大众传媒的道德教育功能和实践

大众传媒的道德教育功能主要表现为推动道德认知、推进道德社会化和进行社会道德监督三个方面。

1.推动道德认知的功能和实践

传媒的道德教育功能，主要表现为传媒对大众道德认知的推进。大众传播通过符号系统和各类节目，向大众传递道德价值观念，其特有的信息量大、速度快、受播面广等优点，使某种道德价值观一经传播，就会迅速地被广大受众所接受，从而成为大多数人甚至全社会信奉的价值观。这种道德价值观还会与受众原有的价值观发生聚合和分化作用，产生出新的价值内涵，并进而导致人们的道德观念在更大的范围内趋于融合。

许多学者对大众传媒的这一重要功能发表了自己的看法。

传播学大师施拉姆在探讨传媒对个体的作用时认为，大众传媒有对大众教育的功能，即大众传媒向个体提供知识和经验，传播社会文化遗产并提高社会大众的文化水平。它的教育功能表现为，能够为个体提供一个道德现象、道德生活的模拟“图像”，在个体道德认知过程中起到重要的作用，促进个体形成对社会道德生活的认识、评价和理解。

我国社会学家沙莲香指出：“通过大众传播把文化传递给下一代，并不断教育

---

① 丁永刚:《论大众传媒的公民道德教育功能》,《新闻知识》2008 年第 9 期。

离开了学校的成年人、社会成员共享同一的价值观、社会规范和社会文化遗产。也可以说这是一种教育功能，即让一代代人在社会化过程中学习、认同社会传统、社会经验和社会知识”①。大众传媒的道德认知功能主要表现为运用传媒传承社会伦理道德。

美国传播学者桑德拉和学者密尔顿就传媒内容对人们价值观的影响做过一次专门的研究。他们采用准实验法，在一个社区的有线电视网上播放他们专门制作的宣扬“平等”等观念的电视节目，然后对收看这一电视节目的居民与无法收看这一节目的居民进行比较。他们发现，收看者更情愿采取实际的行动帮助他人。结论是，电视媒介具有影响人们价值观念的潜力。他们还系统地回顾了 22 个不同类型的实证研究，发现其中百分之九十五的实证检验显示，传媒接触导致价值观的变化。

社会实践也证明，大众传媒在传播活动中能挖掘传统美德的现实价值，不断剔除糟粕，按时代要求对其作出现代诠释，能够以喜闻乐见的形式让受众更加自觉地接受和继承高尚的道德价值。新中国成立以来，我国的大众传媒在党和政府的指导下开展了一系列大规模的宣传活动，积极承担起了传承优秀的伦理道德文化的社会功能，通过各种不同的方式动员公众参与全社会性的道德宣传学习活动，从而使得这些具有生命力和现代价值的伦理道德精神在全社会发扬光大。如 20 世纪 60 年代大规模群众性学习雷锋活动中，各大报刊、广播、电视积极参与，雷锋精神作为中华民族优秀品质和传统美德的象征，在广大社会成员中迅速得到认知与传播，成为引导社会成员健康向上的精神动力，广大人民群众自觉以雷锋为榜样，争做好人好事蔚然成风。20 世纪 80 年代，传媒大幅报道张海迪自强不息的奋斗精神，展现了中国传统伦理精神中个体对“勇”的品质的追求；近些年来传媒推出了一系列体现中华民族精神所倡导的爱国、团结、勤劳勇敢、自强不息的精神和以舍己助人为主要伦理特征的优秀人物，如孔繁森、吴天祥、任长霞等，特别是中央电视台连续举办十年的《感动中国》评选活动，以评选出当年度具有震撼人心、令人感动的人物为内容，向全国观众推出了一百多位道德楷模人物，其中有徐本禹、高耀洁、田世国、丛飞、王顺友等来自民间的杰出人士，有成龙、濮存昕、刘翔、姚明等光彩耀人的明星，也有钟南山、袁隆平、桂希恩、朱光亚这样的睿智学者，有党的优秀干部罗阳、杨善洲、刘金国这样的人民公仆……每个人物身上都有一种让观众感到心灵震

① 沙莲香：《传播学——以人为主体的图像世界之谜》，中国人民大学出版社 1990 年版，第 168 页。

撼的精神力量,《感动中国》因此也被媒体誉为“中国人的年度精神史诗”。传媒通过宣传、报道、鼓励、讨论等方式,对培养和传承我国传统的、优秀的伦理道德观起到了积极的推进作用。

国外大众媒体的道德引导与认知的作用也十分突出。牛津大学研究员、英国电视节目类型研究专家周康梁说,在英国的电视上基本看不到所谓的讲道德的节目,但是很多娱乐节目在潜移默化地传递价值观。比如在娱乐节目里要体现一种公平的精神,这种公平可能是不让一个观众误打投票电话、多花钱,也可能是在赛程的安排上让参赛者得到公平的对待;又如《英国达人秀》从第一个人表演到最后一个人表演期间,是不允许投票的,直到最后一个人表演完,主持人才告诉观众投票热线开通,中间插播一集电视剧,过一个小时后再回来揭晓结果。因为如果从一开始就可以给选手投票的话,那么给第一个选手投票的时间比给最后一个选手投票的时间超出许多,这样就不公平了。在日本,传播主流价值观的节目主要由公共频道 NHK 来制作并播放,比如著名的励志类纪录片《工作的真谛——project X》通过采访各行各业的精英不同的奋斗故事,来传播一种奋发向上的社会风气。美国的动画片《米老鼠与唐老鸭》等节目,在青少年观众的嬉笑中灌输了社会道德思想与民族道德精神方面的内容,使孩子受到潜移默化的影响。

2. 推进道德社会化的功能和实践

道德的社会化即道德个体获得社会中占主导地位的价值观念,形成与社会相适应的道德规范的过程。道德社会化的过程是双方面的,个体接受社会改造、认同相应的道德观点和道德行为,同时,经过自身的主观能动性,分析各种道德关系,形成自己独立的道德信念和道德态度,并反作用于社会道德。道德社会化是一个个体与社会互动的过程,大众传媒的交互性对推动个体和社会的互动可以起到重要的作用。

20 世纪 60 年代,英国传播学者麦奎尔对电视节目使用情况做过一项调查,发现,电视节目对受众来说具有“自我确认”的作用,即电视节目中的人物、事件、状况、矛盾冲突的解决方法等,可以为观众提供自我评价的参考框架,通过这种比较,观众能够认识外部环境并引起对自身的反省,从而调整自己的观念和行为。

在世界多元文化兴起的今天,各民族都关注运用不同的集体记忆进行自我叙述,以展现民族文化、构建国族认同。运用情景再现、恢复记忆等传媒手段,成为当代社会建构公众记忆与国族认同的主要途径。阿莱达·阿斯曼认为,电影,特别是好莱坞大片，已经远远超越了历史教科书的作用而成为群体记忆的一面镜子，它们远比历史教科书的阐释来得清晰、生动、客观和真实。年轻一代在接受这些影片时已经不把它们当作故事叙述方式，而是将其视为一种文献资料或历史证据，大众传媒营造了一个"集体想象"的空间，成为构筑集体记忆的重要场所。这样的集体记忆是社会道德赖以建立的重要基础。

美国著名社会学家本尼迪克特·安德森将现代民族国家的兴起与大众传媒的作用联系在一起。他认为民族国家是一个"想象的共同体"，而大众传媒则给予国家群体成员一种想象中的联系机制，通过这种机制，互不相识的人们由一个个孤立的"我"而联结起来，体会到一种休戚与共的"我们"感，从而形成民族认同。

新中国成立以来，我国电影、电视剧、话剧等各类大众传播载体所塑造的一系列民族楷模、时代典范和百姓人物形象，对我们认识社会主义基本道德，体会社会主义核心价值观，培养社会主义道德情操，具有非常积极的意义。中央电视台和各省市电视台在汶川大地震时制作的电视直播节目《众志成城抗震救灾》，将国家的政治意念转化成全国人民的生命体验、情感和日常生活，进而将 13 亿中国人的心紧紧凝聚在一起，发挥了十分巨大的作用。又如我国近年来的"五个一工程"评选活动，对推动大众传媒引领社会道德建设产生了重要的作用。中共中央宣传部自 1992 年起每年进行一次"五一个工程"评选活动，即评选上一年度各省、自治区、直辖市和中央部分部委，以及解放军总政治部等单位组织生产、推荐申报的精神产品中五个方面的精品佳作。这五个方面是：一部好的戏剧作品，一部好的电视剧（片）作品，一部好的图书（限社会科学方面），一部好的理论文章（限社会科学方面），1995 年度起，将一首好歌和一部好的广播剧列入评选范围。对获奖单位与入选作品，颁发获奖证书与奖金。这些优秀节目在引领国人的道德社会化，认同社会主义核心价值观方面起到了积极的不可替代的作用。

3.道德评价功能和实践

大众传媒的道德评价功能是指大众传媒作为一种社会力量，能够衡量、评价人的观念、行为是否符合社会道德要求的功用和效用。

道德是经济基础和社会生活的反映，由于社会处于不断进步与发展的过程中，所以道德不是静止的、抽象的教条，因此，当代中国道德也经历着一个转型和重新建构的过程。在道德的转型过程中，势必出现道德冲突、价值观念的碰撞等社会伦理问题，作为道德教育对象的个体很容易在这种冲突、无序的道德混乱中感到无所适从，无法做出正确的价值判断，从而严重影响个体的道德接受。而大众传媒对此有独特的功效。

首先，大众传媒针对社会道德现象和道德问题，根据自己的价值取向和报道方针，从现实生活中选择、提炼出集中反映道德矛盾和问题的典型事例，为受众做出符合社会道德要求的解释，或者通过赞扬道德行为、道德观念，抨击不道德行为的方式澄清有关模糊的认识。目前电视节目中的法制类、道德类专栏节目就具有这样的作用。

其次，大众传媒在传播过程中巧妙地将道德规范要求暗含在新闻、文艺、体育等节目内容之中，通过各种媒体对受众进行交叉、反复的影响。如很多益智类节目中的观众投票环节，其实都是一个道德标准的认同、接纳、评价过程，从而形成一种围绕在受众生活周围的“道德信息场”，生活在其中的受众，于无形中受其感染与熏陶，逐渐将它视作自己行为选择的准则和依据。

最后，大众传媒作为社会信息的汇集地和发布中心，所面临的道德问题和道德冲突往往带有前沿性，代表了社会道德的最新变化。大众传媒的这一特征使其可以较早地发现这些问题，整理并“提交”它们，发动社会舆论进行讨论和解决。“孙志刚事件”就是最好的例证，孙案发生后，诸多媒体的介入，造成了一个“信息场”，使全国所有关心此案的人都去思考孙案，并强烈表达出希望调整法律的愿望。传媒用自身的力量来改变不合理的社会制度设计，用自己的力量参与建构社会向善的制度伦理，从而发挥在制度层面建构社会伦理道德的作用。因此，大众传媒的道德评价功能在规范道德认识、匡正模糊道德观念中的作用是非常明显的。

4.道德监督的功能和实践

大众传媒的道德监督功能是指大众传媒对全社会道德行为、道德现象进行察看、督促的作用。“对社会消极现象的报告是传媒环境监视的重要内容。它公开了原本隐蔽的问题，唤醒了公众的意识，从而推进社会的变革。”①监督功能是传媒最重要的社会功能，对于社会道德的监督更是传媒的重要功课。

传媒是社会道德的“守望者”，传媒通过制造、引导、扩大舆论来达到道德监督的目的——一方面，大众传播媒介对生活中的道德事件及时刊播，引起受众的议论和评价，形成强大的舆论，从而左右人们的观点、态度和情感，引导舆论的方向；另

① 郝家林：《媒介的权力——一种全景透视方法》，《现代传播》1998年第1期，第34页。

一方面，传媒还把分散的、局部的意见集中起来上升为全局性的支配意见，实现舆论的扩大。公众在道德现象面前通过传媒的谴责对象，受到教育，形成或对或错、或好或坏的倾向性意见，形成众人一致的道德认识，引领人们进行道德选择，指导人们正确处世，避免损害他人利益，从而推进社会成员的道德规范，伦理价值取向趋于正确。

在现代社会，公开揭露社会越轨的任务，主要由传媒承担。任何背离社会伦理规范和道德准则的行为，一旦被传媒公开揭露，为整个社会获知，就会受到公众舆论的谴责，激起人们的义愤，引起当事人的内心负罪感，他人也从中受到教育，从而迫使越轨的个人或团体在舆论的压力下停止越轨行为，正确的社会社会风气得到维持和发扬。目前国内的很多网站在这方面起了积极作用，网络救援、网络搜索已成为重要的道德监督方式。

揭露腐败同时就是弘扬正气，传媒通过揭黑维系社会道德是其重要的责任，在世界各国，大众传媒已成为一支不容忽视的反腐力量。据《国外媒体在抑制腐败中的作用》[①]一文介绍，国外大众传媒监督社会腐败的方式有以下几种：

(1)揭露官员和公职人员腐败行为

大众传媒抑制腐败的作用主要体现为：公布官员腐败的行为，在公众中激起波澜、施加压力，迫使官方进行调查，严惩腐败分子或剥夺其公职。委内瑞拉的《加拉加斯日报》报道了佩雷斯总统在未得到国会批准的情况下私自挪用国家资金的非法行为；另一家报纸也指出，总统和他的两个助手炒作外汇赚了几百万。在国会启动弹劾程序之前，佩雷斯被迫辞职，后又遭逮捕。厄瓜多尔总统阿夫达拉·布卡拉姆被迫辞职，巴西总统费尔南多·科洛尔·德梅洛受到弹劾，都与媒体曝光有直接联系。

(2)推动政府机构进行相关调查

大众传媒还可以促使政府机构对腐败现象进行正式调查。美国《迈阿密先驱报》在1996年发表了系列报道，揭露美国一家银行出现了破坏整个拉丁美洲民主进程的腐败行为。这些报道公布后，美国司法部正式立案调查这家银行。同样，《达拉斯晨报》报道，达拉斯公立学校高级官员合同欺诈和过失管理，刺激了联邦调查局开始对学校腐败的调查。

---

① 王瑜：《国际媒体在抑制腐败中的作用》，《中国党政干部论坛》2002年第10期。

(3)提高政府反腐机构的功效

大众传媒能在提高公共反腐机构的效率方面发挥关键作用。媒体经常详细报道这些机构的工作,把它们置于公众的监视下,使这些机构能够独立于权力机构中的既得利益者,避免这些既得利益者干涉它们的工作,从而大大提高相关机构的工作效率。

(4)有助于形成唾弃"肮脏"政府的公众舆论

近年来,许多执政党由于腐败而败选,被排除在权力核心之外。大众传媒在形成舆论对这些政党的排斥方面也发挥了作用。如对意大利"米兰贿赂丑闻"的曝光,以及其他腐败丑闻的全面报道,引发了公众对高层腐败的批判,甚至起到了重塑意大利政治文化的作用。

(5)督促改革产生腐败的法律和规定上的漏洞

调查性的新闻报道还能通过揭露给腐败分子以可乘之机的法律和规则上的漏洞来抑制腐败。美国印第安纳州一家电台于 1984 年和 1985 年系列报道了美国印第安纳州政府的腐败行为,并且指出现存法律上的漏洞导致了更多的腐败现象。上述系列报道实际上推动了美国当局修订联邦银行法令,以弥补法律上的一些弊端。

无论在纸媒时代,还是今天全媒体时代,道德监督功能都是媒体的主要功能,对此传媒人应有明确而坚定的认识。

第三节 社会道德的引导者

我国仅设立了三个职业节日,即教师节、护士节、记者节。"无冕之王"和"人类灵魂的工程师"、"白衣天使"构成我国职业道德的主要支柱和重要窗口。

每年的 11 月 8 日是中国记者节。为记者立节,意在表明全社会对新闻界和广大新闻工作者的关怀和重视,既是确认新闻从业者的社会地位,更是鼓舞和激励新闻工作者继承优良传统,为正义事业呼吁,做好党和人民的耳目喉舌。

为记者立节既是肯定又是鞭策。做社会的雷达、人民的守护神,正是这样崇高的追求鼓舞着一代代传媒人为之奋斗,以他们的不懈努力甚至于热血和生命,铸造了社会道德引领者的形象。

一、传媒人的职业追求

职业道德是所有从业人员在职业活动中应该遵循的行为准则。职业道德建设是社会主义道德建设体系的重要组成部分，也是衡量社会精神文明发展程度的重要标志。我国公民道德的基本要求是“爱岗敬业、诚实守信、办事公道、服务群众、奉献社会”①，这也应是所有行业都应遵循的职业道德规范，传媒业亦不例外。

1991 年 1 月中华全国新闻工作者协会第四届理事会第一次全体会议通过，1997 年 1 月第二次修订的《中国新闻工作者职业道德准则》，规定新闻工作者的职业道德标准为：全心全意为人民服务；坚持正确的舆论导向；遵守宪法、法律和纪律；维护新闻的真实性；保持清正廉洁的作风；发扬团结协作精神。

今日社会需要什么样的传媒人，传媒人的职业道德是什么，对这个问题，党和国家领导人及传媒界前辈多有论述。

邓小平对新闻工作者在内的全体思想战线的同志提出了做“人类灵魂工程师”的要求。江泽民在 1994 年 1 月 24 日的全国宣传思想工作会议上提出，“宣传思想战线要以科学的理论武装人，以正确的舆论引导人，以高尚的精神塑造人，以优秀的作品鼓舞人”②。1996 年 1 月 2 日，江泽民在视察人民日报社时进一步提出新闻工作者要打好五个根底、坚持六种作风。即打好理论路线、政治法纪、群众观点、知识根底、新闻业务五个根底，具备敬业、实事求是、艰苦奋斗、清正廉洁、严谨细致、勇于创新六种作风。

邹韬奋在《征求一位同志》一文中，勾勒出他心目中理想编辑的“四个条件”：一是品性“大公无我”；二是“锐敏的观察与卓越的识见”；三是“文笔畅达”；四是“至少须精通一种外国文”③。

范长江对记者人格观的认识是：“在时局艰难的时候，新闻记者要能坚持真理，本着富贵不能淫，贫贱不能移，威武不能屈的精神，实在非常重要。”他还说，一个记者，如果能为一个伟大的理想工作，那是很值得“鞠躬尽瘁，死而后已”的④。

美国报人普利策有一段名言：“只有最高尚的理想，最严谨追求真理的热情，最正确的丰富知识，以及最忠诚的道德责任感，才能将新闻事业从商业利益的臣属、

---

① 《中共中央关于印发〈公民道德建设实施纲要〉的通知》，中发〔2001〕15 号。
② 江泽民：《宣传思想的主要任务》，《江泽民文选》第 1 卷，人民出版社 2006 年版。
③ 邹韬奋：《征求一位同志》，《生活周刊》1936 年第 6 期。
④ 范长江：《中国的西北角》，新华出版社 1980 年版，第 206 页。

自私自利的追求，以及社会利益的敌对上拯救出来。”①

综上所述，作为我国的传媒工作者，在秉承全心全意为人民服务的根本原则基础上，其职业道德规范为：服务人民、忠诚事业；正确导向、恪守职责；真实报道、客观公正；遵纪守法、廉洁自律；学习群众、尊重同行；坚持正义、团结协作。

二、忠于职守的传媒典范

传媒百年，世界各国忠于职守的传媒人不胜枚举，他们用勤奋、勇敢、热情乃至生命谱写了一曲曲道德的颂歌。我国的长江韬奋奖是2005年经中共中央批准常设的全国优秀新闻工作者最高奖，由中华全国新闻工作者协会主办，每年评选一次。长江韬奋奖项设立以来，截至2012年，我国先后有233名传媒业工作者获此殊荣，该奖对我国传媒业的良性发展具有积极的意义，特别是对我国传媒行业的职业道德建设具有积极的推动作用，培养了一批忠于职守，全心全意为人民服务的传媒先锋，他们各自都有精彩的故事，但他们有一个共同的特点，坚守职业道德。

世界各国也因传媒工作者的特殊工作性质，设置了不同名目的职业奖项，一批批杰出的传媒工作者以自己的努力和坚持用鲜血和生命为这些奖项增光，为人类文明的进步助力。

以下列举的事例很有代表性，他们以自己对传媒职业的解读和践行书写人间大爱，推进人间至善，维护了传媒的职业责任，谱写了传媒人的职业风彩。

1.恪守职责，坚持正义

★ 著名报人成舍我（1898～1991）

我国近代著名报人成舍我在创办《世界晚报》的几十年里，以一个报人的坚持，维护了报纸的社会责任。1924年4月24日，在《世界晚报》开报仪式上，成舍我当众公布报纸的宗旨是：一，言论专业；二，不畏强暴；三，不受津贴；四，消息灵通。1925年2月，成舍我于上海创办《世界日报》，办报宗旨一如其旧。日报问世不久，上海就发生了震惊中外的五卅惨案。那天南京路上一片混乱，英国巡捕枪杀了11名、重伤了10多名游行示威的爱国群众。该报一接到消息，便派记者赶往南京路事发现场，随后以大量篇幅刊登了有关新闻和照片，将惨案真相详细公之于众。成舍我还发表了署名“舍我”的时评《段政府尚不知悔祸耶》，谴责军阀当局

① 〔美〕普利策：《四方报纸编辑学》，赵鼎生译，中国人民大学出版社2002年版。

镇压学生爱国运动，提出段祺瑞政府引咎辞职、惩办凶手和抚恤死难者三项要求。段政府的财政总长贺得霖仗着曾资助成舍我 3000 大洋开办《世界日报》，直接找到成舍我，求其收敛锋芒，为成舍我严词拒绝："你资助我办报，我铭记于心，但不要因为这，而想封住我的口，不去揭露你们的卑鄙行径，那是不可能的。"

★ 第五届范长江新闻奖获得者徐滔

北京电视台记者徐滔，五次荣获中国新闻奖，四次荣获北京新闻奖一等奖，三次荣获全国社会治安好新闻评比一等奖，连续四年被评为北京市优秀新闻工作者；1997 年，徐滔当选为全国百佳新闻工作者，成为当时全国最年轻的百佳；2002 年，徐滔荣获中国记者最高奖——范长江新闻奖，同年被北京市公安局授予"首都人民荣誉民警"的称号；2006 年，徐滔当选由中国电视艺术家协会主持人专业委员会专家评出的"25 年 25 人"奖，是北京台唯一一位获奖主持人。

徐滔作为政法记者，曾经头戴钢盔、身穿防弹衣，随警作战。2001 年 5 月 12 日凌晨，一歹徒手持炸弹和尖刀，在北京西站候车室劫持一名女售货员并提出只想和记者对话。徐滔从容不迫地与歹徒周旋 9 个多小时，不但稳定了歹徒的情绪，还用小型摄像机近距离拍下歹徒手持爆炸物的型号，为警方制定应急方案提供了重要依据。之后，徐滔不仅制作出精彩的独家报道，还因自己的冷静和机智，受到现场指挥的公安部领导和北京市委领导的表扬，赢得一线民警的敬意，同行们称她为"战地记者"。在 14 年的记者生涯中，她曾经化装成旅客采访火车站前的票贩子，也曾经假扮成疑难病患者给黑诊所曝光。一次走在大街上，徐滔被迎面而来的两个耳光惊住了，在出手女子的叫骂中，徐滔明白了事情的原委，原来这个女子的丈夫由于贩卖毒品的数量特别巨大被执行死刑，她觉得，丈夫被执行死刑，完全是因为徐滔的报道，这次狭路相逢便大打出手。现场赶来的民警要把女子带回派出所，徐滔上前对民警说你不要把她带走，让我跟她聊一聊。民警走后，徐滔跟这名女子在商场的台阶上交谈了七个小时。春节时徐滔收到这位女子的贺卡："通过你我知道什么叫替别人着想"。徐滔说："我很感动，这是我工作的价值。"

★ 第十届长江韬奋奖获得者栾俊学

"如果把生命和死亡视为人生的两个终点，那中间充斥着的就是我们对光明的渴望，对黑暗的憎恶，对正义、善良的寻找，对邪恶、丑陋的无情鞭挞。"[①]这是栾俊学铭记于心的至理名言，他为之奋斗不息。2004 年 6 月，栾俊学根据举报，掌握了

① 来自《辽沈晚报》，http://www.lnd.com.cn/htm/2009－10/31/content_892126.htm

一个利用假币在全国诈骗的犯罪团伙的线索，为了配合公安部门破获此案，他经过30天的暗访，三下合肥。第一次到合肥时，他在一个四星级宾馆等待和假币贩子接头，被几个陌生人暗中监视，随后被带到一个咖啡厅去见老板，经过严厉盘问后，老板让手下对其进行搜身，而他的记者证就在裤兜中揣着，存放在他衣兜中的微录机也在开着，把假币贩子拍兜时的“啪啪”声都录下了，情形十分紧张。在最后和假币贩子交易时，栾俊学只身到了8楼的房间，如果他被发现是卧底，那就死定了。最后当他和公安便衣在酒店生擒假币贩子时，一把锋利的尖刀掉在地上……因为这件事，在2004年中央电视台《讲述》节目的评选活动中，栾俊学被评为2004年度中国记者风云人物，颁奖词中写道：“栾俊学用他的实际行动，对记者的责任做了最好的诠释。”正是这种不畏邪恶的作风，让栾俊学对邪恶现象做了彻底揭露：他之后写了《地头蛇“榨取”民工保护费》、《黑工地连连血案》、《北大营黑鱼霸横行》等系列报道，对黑恶势力进行曝光，最终施恶者都受到了法律的制裁。栾俊学的身上体现了一个记者所需要的“四种作风”和“一种精神”，这就是：实事求是的作风、严谨细致的作风、清正廉洁的作风、不畏邪恶的作风和勇于奉献的精神。

★ 20世纪新闻采访女王奥莉娅娜·法拉奇(1929—2006)

奥莉娅娜·法拉奇是意大利著名记者、作家，她开创崭新的采访方式去采访世界政要，留下许多脍炙人口的话语。对于新闻记者来说，法拉奇的每一次采访都提供了令人神往的示范，表面上是犀利的提问，本质是在权威面前的平等姿态和独立人格。在一次示威活动中，法拉奇身受重伤，被士兵拖着头发拽下楼梯，扔在大街上，但她大难不死，被人救了过来。她在《奥莉娅娜·法拉奇报道：血洗之夜我不幸受伤》中讲述了她的历险经历：“子弹在我们头上呼啸。我听到人们在呼喊……我左边那个人受了伤……一颗子弹打穿了水管，水向我们喷射过来，我们……浸泡在被血染红的水里。”①尽管如此，法拉奇从未向权威屈服，始终坚守报道真相的职业情操。

2. 服务人民、忠诚事业

★ 著名编辑邹韬奋(1895—1944)

中国卓越的新闻记者、政论家、出版家邹韬奋，1926年10月担任《生活》周刊编辑，他确定该刊的宗旨为“暗示人生修养，唤起服务精神，力谋社会改造”，《生活》

---

① 来源于网易新闻中心 http://news.163.com/06/0924/09/2RPCOPCH0001121M.html

周刊自邹韬奋接办就力图“求有裨益于社会上的一般人”[1]，对于社会上的贪污腐化等现象，予以无情的揭露和批判，在邹韬奋的经营下，《生活》周刊渐渐变为主持正义的舆论工具。1944 年 7 月 24 日，邹韬奋去世后，毛泽东为其题词：“热爱人民，真诚地为人民服务，鞠躬尽瘁，死而后已，这就是邹韬奋先生的精神，这就是他之所以感动人的地方。”朱德在挽联中热切地称他为“爱国志士，民主先锋”。2009 年 9 月 14 日，邹韬奋被评为 100 位为新中国成立作出突出贡献的英雄模范之一。中国出版工作者协会于 1987 年设立“韬奋出版奖”，该奖项 2005 年与“长江新闻奖”合并为“长江韬奋奖”。

★ 第二届范长江新闻奖获得者魏斌

著名的央视纪录片作者魏斌在近 30 年的工作生涯中，多次冒着生命危险采访、拍摄在云南基诺山上，曾因食用野菜野果充饥而中毒；在长城西部嘉峪关用热气球拍摄时，被急速升起的热气球系留绳拦腰带上空中，险些摔死；在巴丹吉林沙漠，由于高烧和咳嗽，从受惊的骆驼背上摔下，掉在土堆上，险些闭气；在额济纳旗沙漠中寻找汉代遗址时，深入沙漠腹地迷路，几小时后才被找回；在川藏线上二郎山“鬼见愁”，与因塌方而摔下深渊、尸骨无还的失事车仅一车之隔。而驱使着他不停地采访、不停地行走、不停地历险、不停地创造的，是时代与职业的责任、良心与毅力。

★ 第六届范长江新闻奖获得者杜献洲

新疆人民广播电台《军事生活》编辑杜献洲，以老一辈军事记者为榜样，执著于“生死与共”的亲历式走边防、写边防。他是第一个骑牦牛到帕米尔高原无人区巡逻、第一个到西藏原始森林测绘、第一个系统报道全军海拔 5000 米以上边防哨所的军事记者。他走遍西北边防 80 多个一线连队，全军很多艰苦的海边防连队都留下他采访的足迹，累计采写亲历报道 160 多篇。杜献洲很喜欢美国摄影记者罗波特·卡帕的一句名言：“如果你的照片拍得不够好，是因为你离得不够近。”[2]新闻报道当然也是如此，好新闻需要亲历，而亲历现场，总会有这样或那样的惊险。《走向界碑七昼夜》是他在帕米尔高原无人区与官兵一起巡逻 7 天 7 夜时骑在牦牛背上写的，返回时他骑的牦牛误入绝壁，四蹄仅踩在裸露的三块馒头般大的石头上，能从死亡线上脱险只能说是一个奇迹；采写《用生命丈量念青唐古拉》时，他跟随部

---

① 谭云明：《二十世纪影响中国的媒体》，当代中国出版社 2007 年版。

② 来源于中国图书出版网，http://www.bkpcn.com/Web/ArticleShow.aspx? artid=048980&cateid=A01

队进西藏执行测绘任务，因缺氧而昏倒在路上，摔伤下巴，缝了10多针。伤未痊愈又接着出征了，一路上穿越原始森林，攀登冰川绝壁，途中，河水暴涨，一股急流突然把他卷走，幸好旁边的战士迅速将他捞起才幸免于难；《走向海拔5000米以上的边防哨所》的系列报道中，三九隆冬，他两次到最寒冷的东北边防，和战士们一起在零下49度潜伏，新疆阿拉山口狂风呼啸，他在11级大风中和边防战士一起执勤；《伽师：第七次强地震这一天》，是他在伽师地震重灾区，冒着6.3级强余震的危险现场采写的；《孤礁六日》是他在最南端的哨所华阳礁，与水兵一起坚守海上6天6夜中的亲身经历；而2003年"非典"疫情高发时期，他在小汤山一蹲就是20天，采写报道25篇，真实地记录了北京市民抗击"非典"的全过程。他说："有时出去采访，真有点'风萧萧兮易水寒'的感觉，常会犹豫再三，要不要带家门钥匙，因为不知道自己还能不能平安回来。"

3.廉洁自律，真实报道

★ 第十一届长江韬奋奖获得者黄雄

黄雄同志2002年6月任中国安全生产报驻湖南记者站记者，十年来以对党和人民事业高度负责的精神，不顾个人安危，勇于履行舆论监督的职责。用他自己的话说，"我始终认为：正义力量的支持是我坚强的后盾，群众的信任是我力量的源泉"。2003年，他得知新化县桑梓镇瞒报多起煤矿事故。而那个地方黑恶势力横行，去采访要冒很大的风险。为了掌握第一手资料，他乔装打扮，只身深入现场采访，发现仅1个坪烟村就有11家煤矿，相隔近的仅10多米，最远的也不过100余米，各煤矿对雷管炸药的管理非常混乱，事故一触即发……他及时采写内参《新化桑梓镇安全严重事故隐瞒不报》，引起各级党政领导的高度重视。一个又一个威胁电话接踵而至，有要他死得很惨，还有要报复他全家的。更为艰险的是他采写关于湖南郴州官煤勾结的系列报道。2006年8月，他根据举报，赴郴州临武县采访调查发现，临武县1000多家矿非法开采多年，地方政府采取保护政策，收取保护费；各级政府官员纷纷入股非法矿，充当保护伞，每年非法煤矿所需上千吨的雷管炸药都由县公安局提供。其中一座山上有200个非法矿，唯独炸了外地投资商的矿。而在离该矿不足10米处，就有县公安局长、地矿局长、执法大队长等入股的非法矿正在大张旗鼓地开采。他在临武暗访一个星期。以郴州市纪委书记为首的一伙人，私下做他的工作，只要不发稿，给他100万元好处费。他没有答应，那位官员就直接打电话威胁："你再管郴州的事，叫你在湖南待不下去！"为此，他写了一封"遗书"——《我的恐惧与希望》,他的这篇文章参加第七届中国记者节征文,获一等奖。

黄雄在威胁面前无所畏惧,在金钱面前不为所动,他多次拒绝高额金钱的贿赂。他认为,一张安全生产领域的报纸,只有敢于揭露重大隐患和官商勾结等丑恶现象,才会受广大读者的欢迎;一个记者,只有为人民群众的利益和正义说话,积极参与对安全生产工作的社会监督和舆论监督,才算是尽到党的新闻工作者之责。2006年他被中央纪委、监察部驻国家安监总局纪检组、监察局聘为安全生产执法特邀廉政监督员;2007年被国家安监总局授予"全国安全生产监管监察系统先进个人"称号;被中国产业报协会授予"十佳记者"称号;被人民网2007年度评选为"最受网友关注的十大本色人物",是十名获选的本色人物中唯一的记者。

★ 沃尔特·克朗凯特(1916—2009)

美国著名节目主持人沃尔特·克朗凯特,1950年加入哥伦比亚广播公司,并从1962年起,主持新闻节目,开始报道并评论美国大大小小的重要事件。1972年水门事件爆发后,有着敏锐新闻嗅觉的克朗凯特打破了通常每条新闻不超过2分钟的限制,在10月27日的新闻节目中用了14分钟来报道这一事件,接下来的4天里,他每天对这一新闻的报道都长达8分钟,使得上百万的美国电视观众持续而清楚地了解事件背后隐藏的真相。克朗凯特的晚间新闻节目陪伴着美国人民经历了整个20世纪六七十年代的动荡与起伏,在几乎所有具有重大历史影响的新闻事件中,如总统选举、越南战争、种族冲突、暗杀事件、水门事件及阿波罗号登月等,都有他的身影。他不仅播报消息,而且揭示真相、解释事实,将主播的角色从"读稿机"提升到"真相仲裁者"的高度。根据1972年的一个民意调查,称克朗凯特是"全美最受信任的人"。这还远远不够,事实上,在许多问卷调查中,他的被信任程度都超过了美国总统和副总统、美国参议院和众议院议员、民主党总统候选人和所有的其他记者。在那些充满愤怒和分歧的岁月里,美国人坚信,沃尔特·克朗凯特绝不会欺骗他们。

4. 正确导向,服务公众

★"金话筒奖"终身成就荣誉获得者罗京

罗京是中央电视台新闻播音员,新闻采编部播音组副组长,播音指导,中国共产党第十七次全国代表大会代表,中央电视台播音主持人业务指导委员会副秘书长。2003年,当选全国十佳岗位能手。自2004年到2008年,连续五年被评为央视最佳播音主持人。他还曾获国家语委、全国语音文学工作"先进工作者",人事部

“杰出专业技术人才”等光荣称号。2009 年 11 月 14 日，罗京被追授 2009 年中国播音主持“金话筒奖”终身成就荣誉、“播音主持界终身成就奖”、“全国德艺双馨电视艺术工作者奖”三大奖项。

罗京同志在长期工作中，形成了沉稳、大方、庄重的播音风格，深受全国电视观众喜爱。从事播音主持工作 25 年，罗京承担了无数次大型活动的现场报道和重大新闻播报工作，经历 3000 多次大大小小的主持，无一次出错纪录。在所有播音员眼中他都是一个业务标杆，在央视，几乎所有最重大、最难的新闻播报都由罗京担当。一次两会期间，直播中的《新闻联播》要播报大量即时完成的新闻稿，编导蹲在主播台下，将稿件一张张递给罗京的同事李瑞英，因为是临时写的稿件，内容比平常“乱”，李瑞英大概看一下文字中有没有特别不通顺的地方，递给罗京，罗京一张张地念，口播稿件十几页。当时导播间聚集了台里很多领导，大家心都悬着，怕罗京出错，虽然都知道出错是正常的——即使播音员在充分备稿的情况下，连续口播十几页稿件也难保不出差错，然而，直至播报完毕，罗京未出丝毫差错。

罗京在一次接受媒体采访时坦言，自己从来没有轻松过，责任就是压力，压力无时不在。他说，“从事这个节目首先应该有脚踏实地的精神，因为日复一日重复同样的程序，保持住一种对一份工作的热情，严谨的工作状态，是对我们的一种要求。”①

★ 安德鲁·马尔

安德鲁·马尔，英国记者，时政评论员，电视主持人。1995 年曾获年度专栏作家，英国新闻奖(British Press Awards)，年度政治记者，年度广播人，年度有创造力的媒体记者，年度观众听众奖之最佳个人贡献奖。安德鲁是一个很有特点的记者，如果你一早八点钟往他家打电话，十有八九要扑空，“他在干活，或者在去干活的路上”，他妻子一般这么回答，“我不知道他在哪里，也许你可以打开电视或者广播去找一找。”有人评价安德鲁最大的优点是他能把十足的激情和奉献带到工作中去。他说：“记者是贩卖思想和经验的商人，我们很担心人们不买。所以当你还年轻的时候，就好好干吧。我们的身后能听到年轻人追赶的脚步。英国小说家迈克尔·弗雷恩(Michael Frayn)曾经说过，四十岁是记者的终点，而我已经快五十岁了。”因为有时间紧迫感，他睡得少，不参加耗时的午宴，在地铁或者公车上记节目的串词。

安德鲁通过自己不断地思考、实践和坚持，让人们忘掉了他那不俊美甚至有些

① 冉彪：《罗京，我为你骄傲》，来自人民网 http://opinion.people.com.cn/GB/9466284.html

怪异的长相，带着观众走进一个又一个人物，穿越一段又一段历史，发现一个又一个新的景观。

★ 奥普拉·温弗瑞

奥普拉·温弗瑞，美国企业家，电视节目《奥普拉·温弗瑞秀》的主持人。她主持的电视谈话节目“奥普拉脱口秀”，平均每周吸引3300万名观众，并连续16年排在同类节目的首位；奥普拉在1996年推出的一个电视读书会节目在美国掀起了一股读书热潮；她利用业余时间在大导演斯皮尔伯格的电影《紫色》中客串角色，还荣获当年奥斯卡最佳女配角的提名。喜欢奥普拉的人甚至认为如果她去竞选美国总统，获胜的把握也很大。美国伊利诺斯大学更开设了一门课程专门研究奥普拉。

就是这样一个成功的人物，在工作中仍然凡事力求亲力亲为。2000年哈普集团开始发行一本名为《O》的杂志，据杂志的主编讲，她作为集团董事长，“在杂志付印前，奥普拉会仔细阅读每一个字，彻底检查每一张图片。没有节目的时候，她就一直待在办公室的电脑前，她可以从周一下午3点一直干到周四晚上8点，再搭上周五一整天，就连一个标点符号也不放过。”结果，仅一年时间，杂志的月发行量就达到250万册，而以往最成功的杂志也要五年才能达到这一成绩。美国《名利场》杂志评价她说：在大众文化中，她的影响力，可能除了教皇以外，比任何大学教授、政治家或者宗教领袖都大。

在全球媒体队伍中，像以上这样的传媒楷模不胜枚举，他们以自己对职业的忠诚推动社会道德的更趋文明，以自己的身先士卒起着比常人更显著的道德表率作用。

思考题

1. 你如何理解大众传媒的伦理意蕴？
2. 简述大众传媒的道德功能。
3. 结合书中事例谈谈大众传媒工作者的道德责任。

第四章　传媒业道德失范评析

- **本章要点：**

1. 虚假新闻的表现形式和特征、危害及原因分析
2. 有偿新闻的分类和特征、危害及原因分析
3. 新闻侵权的分类和特征、危害及原因分析
4. 传媒歧视的表现和特征、危害及原因分析
5. 传媒中的色情、暴力的表现和特征、危害及原因分析

传媒业道德失范是指传媒业违背传媒伦理道德的行为。传媒业道德失范主要表现为信息失真，侵犯权益，色情、暴力，传媒歧视，有偿新闻等方面，这些失范现象严重影响了传媒自身的发展。

法国社会学家涂尔干认为，社会失范现象的产生说明社会控制机制在两个维度上出现了问题：一是集体意识失去了社会规定性，在日常生活中隐匿了起来；二是个体意识失去了自我规定性，使欲望本身从日常生活中凸现出来。涂尔干认为，集体意识作为一种具有独立地位的社会实在，它来源于个体意识，又游离于个体意识之外，可以通过散布的方式存在于个体意识中，引导个体的行为取向；集体意识的物质力量表现为道德规范或法律规范，是从外部对个体的行动所作出的规定①。在社会转型期处理好个人与社会、个体与集体、行业自律与他律之间的关系显得十分重要。

从 20 世纪 70 年代末以来，中国进入社会转型时期，这是一个计划经济时代与社会主义市场经济时代、传统社会与现代社会两种生活方式、社会价值体系的交替

① 渠敬东：《缺席与断裂——有关失范的社会学研究》，上海人民出版社 1999 年版，第 29 页。

过程。这种生活规范与价值体系的更替，一方面是一个历史进程，另一方面也是一个价值批判过程。在这个过程中，人们所面临的道德现实是：我国自 20 世纪 80 年代改革开放以来，虽然在经济建设上取得了巨大的成就，但不可否认，一些领域存在道德失范、诚信缺失，一些社会成员人生观、价值观受到扭曲，社会主义传统道德价值体系一次次被冲击乃至被颠覆，新的为大众所普遍接受和认同的道德价值体系还未完全建构起来。历史学家汤因比曾指出，在社会道德失范的状况下，单靠知识和技巧并不能使人幸福和高尚。因此，我们需要的不仅是智力行为，更是伦理行为，因为人的德性是问题的关键。只有当人具有充足的道德自觉意识时，问题的辨识和解决才会比较容易；只有当外在的东西内化为人自身的文化构成因子时，它才会持续地起作用。汤因比进而指出，人类有充分的理由把那些崇高的道德标准和道德价值的发现者置于客观真理的发现者之上。

由此看出，社会转型导致社会道德重建是传媒伦理学生成的一个必要条件，因为社会转型后新的社会范型不可避免地需要一种新的道德规范与价值体系的引导、规范和支撑。与此同时，重塑社会的道德规范与价值体系，只有在深入而广泛的信息沟通基础上才有可能。大众传播媒介可以、也应当在当前我国的社会道德重建中担任一个更为积极的角色。大众传媒通过有选择地提供信息或突出某些问题，使受众能体会或知道什么是社会上所赞同或认可的规范、信仰和价值，并借其强势影响使受众接受这一套“定义”或“解释”的约束和指引，采取社会文化所共同认可的行为①。

第一节　虚假新闻

信息失真在新闻传播中表现为虚假信息的传递，形成虚假报道，这不仅侵犯了公众合法的知情权，造成对公众误导，而且在社会上还会混淆视听，严重损害媒体自身的形象、公信力和影响力。

一、虚假新闻的表现形式及特征

当下，在新闻传媒伦理方面仍然存在着一些不容忽视的问题，主要表现是虚假

① 郑根成、潘会贤：《论传媒伦理的重要性》，《湖南大众传媒职业技术学院学报》2008 年第 6 期。

报道时有发生，有偿新闻屡禁不止，低俗之风滋长蔓延，不良广告问题突出。而虚假新闻、有偿新闻和低俗之风正是传媒伦理道德失范的三大表征。其中信息失真（虚假新闻）成为传媒伦理道德失范的重灾区。

虚假新闻是指为了达到某一目的而欺骗受众，采用发布未能真实反映客观事物本来面貌，带有虚假成分的报道[①]。

虚假新闻的表现形式五花八门，例如：唯利是图，编造新闻；道听途说，捕风捉影；知识贫乏，不懂装懂；偷梁换柱，移花接木等等，但概括起来主要表现为以下四种类型：

1．捕风捉影的疑似新闻

有些新闻从业者在新闻报道中完全不顾事实真相，不负责任地把道听途说、没有事实依据的小道消息不加核实地当作新闻来发表，有的甚至涉及国家政治、经济生活中的重大话题，导致不良后果。例如2005年5月某媒体以“水利部与俄罗斯有关方面商谈，将贝加尔湖引入北京”为题进行报道，水利部针对此事进行辟谣，称根本没于此项计划。

2．凭空编造的虚假报道

有些新闻从业者为了完成采访任务或造成轰动效应，无中生有，根据想象编造“故事”，把子虚乌有的“事件”写得活灵活现，欺骗受众。

3．文题不符的标题造假

有些新闻从业者为了吸引读者眼球，不顾文章的内容，通过夸张、刺激的题目增加点击量。或者把芝麻大的事情说得地动山摇，张冠李戴，混淆视听，严重误导受众。

4．夸大其词的失实报道

有些新闻从业者对一些基础新闻事实进行再加工，再创作，完全抛开事件的真实发展过程及事物的客观发展规律，按照编者的主观臆想，任意解释，夸大事件的性质或影响。结果造成新闻报道和真实情况严重不符。

虚假新闻的共同特征体现为，新闻报道者离开新闻赖以产生和依存的客观事实，任凭个人的主观愿望或依据他人的意志去报道“新闻”，这不仅践踏了新闻的

---

① 百度百科 http://baike.baidu.com/view/1027976.htm

真实性、客观性性原则，危害了群众的知情权，污染了新闻报道的纯洁性，更违背了新闻报道者的职业道德和职业精神①。

事件回顾：《鄌县城内家家户户纺纱声》

1941年9月4日，《解放日报》刊登消息《鄌县城内家家户户纺纱声》："该县数月来发动民众纺纱颇有成效，从前在本县很难找到纺纱者，现在每家妇女都在摇着纺纱车。本县生产合作社借车给民众，以两斤棉花向群众换一斤纱，故民众皆愿从事纺纱。该社织布产量渐增，以前每人每天只能织布两丈五尺，现已能织布五丈。"后来发现，这个县城内一架纺纱车都没有。这也是我国党报新闻史上第一例完全虚构出来的假新闻。

事件回顾："纸馅包子"事件

2007年7月8日，北京电视台《透明度》栏目以"纸做的包子"为题，播出了记者暗访朝阳区一无照加工"纸馅包子"的节目。节目播出后，北京市政府高度重视，王岐山市长批示："如属实要严办，如属虚假要公开澄清事实！"调查初期，北京工商部门与该栏目制片人和记者进行了核实，并调阅了记者拍摄的原始录像带。调查人员发现节目有六大疑点：一是虚构了举报人；二是对包子和肉馅未进行法定检测；三是使用了"用纸箱做肉馅已成为业内公开的秘密"等未经查证的主持词；四是虚拟跟踪情节和送纸箱出入非法加工场所的画面；五是制假画面是制售者应记者要求进行演示的画面；六是执法人员在执法现场未发现有制作包子的工具和原料，询问中相关当事人也未承认其加工制作过包子。

由于调查人员对节目的真实性和可信度表示怀疑，北京市食品安全办公室据此决定将初步调查情况提交公安机关。7月15日，北京市公安局刑侦总队成立专案组对此进行立案侦查。侦查发现，此节目内容是北京电视台2007年新聘用人员訾北佳一手策划、编造的虚假新闻报道。

北京市食品安全办公室有关人士指出，"纸馅包子"事件导致公众对首都食品安全工作的不信任，不仅损害了新闻舆论监督的声誉，而且影响了党和政府的形象。北京市将进一步加大食品监控力度，及时查找和消除食品安全隐患，强化对违法行为的打击力度，全面提升首都食品安全水平②。

---

① 郑保卫：《新闻职业道德误区之虚假新闻——新闻伦理学讲座之五》，《军事记者》2001年第7期。

② 刘浦泉：《京城"纸馅包子"假新闻出笼前后》，新华网，央视国际，2007.07.19

事件回顾:假新闻竟获艾美奖

乔伊·斯卡哥斯是全世界最为臭名昭著的假新闻制造专家,由他炮制的假新闻多次让包括美国广播公司(ABC)、有线新闻网络(CNN)、《华盛顿邮报》这样的权威媒体上当。可是他却"不思悔改",甚至表示"要将造假进行到底"。他所制造的假新闻"胖子突击队"闻名全球;"狗妓院"新闻竟获美国新闻界最大奖项——艾美奖。

乔伊·斯卡哥斯曾使用笔名"乔·邦斯博士",制造了假新闻"胖子突击队"。当时,他向美国各大通讯社发了一则关于"胖子突击队"的新闻,该报道称一间减肥公司为顾客准备了一份专用菜单,顾客们只能按菜单上所列食物进食。如果顾客额外吃其他的食品,就会被"胖子突击队"暴打,直至把所吃的东西吐出来。据顾客表示,这一方法的疗效非常明显。通讯社将这则新闻传到各大报纸的编辑部,《华盛顿邮报》和《费城问讯报》刊登了此条消息。美国广播公司 ABC 的强档节目《早安,美国》还把"乔·邦斯博士"邀请到节目现场进行了专访。

"胖子突击队"很快引起全球媒体的关注。日本一家电视台的记者专程来到纽约,给斯卡哥斯录制专题节目,并称其为"胖子突击队"的突击队长。

斯卡哥斯制造的假新闻"宠物狗妓院"在全球范围内也"大获成功"。为了引起各界媒体的关注,他为自己那间并不存在的"狗妓院"大做广告——"来吧,和法国狮子狗'菲菲'小姐共度一夜良宵!"他还找了 25 个专业演员和 15 条宠物狗,专门拍了一部介绍"狗妓院"的电视宣传片。

媒体对这间"狗妓院"进行了"消费者"调查,想知道是否有其他宠物来"嫖娼",美国防止虐待动物协会也加入到调查者的行列。人们似乎从来没有怀疑此新闻的真实性,一名兽医在接受采访时竟义愤填膺地谴责这种为狗开妓院的行为。纽约州健康部竟也发表声明,说斯卡哥斯的"狗妓院"没有办理营业执照,还可能使用了一些违禁药品。

斯卡哥斯因为报道"狗妓院"新闻荣获全美新闻业最大奖项——艾美奖。

虽然《早安,美国》节目后来就"胖子突击队"的失真报道向观众道歉,《华盛顿邮报》、《费城问讯者》等媒体都相继承认中了斯卡哥斯的圈套,可是并非所有媒体都敢于承认错误。面对众多媒体的谩骂,斯卡哥斯居然称自己将会把造假进行到底,直到所有的新闻媒体都能够审慎对待自己的报道①。

① 袁海:《金羊网—新快报》2002 年 7 月 15 日,http://news.sohu.com/78/58/news202155878.shtml

事件回顾:"美国医生操刀换人头"

2001年7月22日,《北京青年报》刊登了一篇颇为吸引眼球的大特写《美国医生操刀换人头》(以下简称《美》文),随后各大媒体纷纷报道了这一事件。这则新闻随即引起医学专家的怀疑和批评。专家指出,抛开伦理问题不谈,在现有技术条件下,把一个人的头颅移植到另外一个人的躯体上是不可能实现的"幻想"。7月27日,以反对伪科学著称的方舟子博士把这则新闻收入了新语丝网站反伪科学专栏《立此存照》,并指出:"智力稍正常者都不会相信。"后经多方证实,这的确是一条错误百出的假新闻。

罗伯特·J.怀特是美国著名的神经外科专家,1953年获哈佛大学医学博士学位,1962年获明尼苏达大学哲学博士学位。

罗伯特·J.怀特曾于1999年9月在《科学美国人》月刊上发表一篇论述人类头颅移植可能性的文章,其后,包括美国广播公司在内的一些媒体都对怀特的研究作了深入报道。据怀特教授本人估计,真正的换头手术应该在20到25年后实现。这篇文章还指出,怀特经常感到奇怪,为什么各种媒体都热衷于他所提出的"换头术"的设想,而不去报道他真正的创造性的工作,即头部血液冷冻技术。这项技术是怀特对神经外科领域做出的重大贡献,已在美国一些顶级医院中运用①。

人民日报国际部副主任丁刚在《媒体应该为谁说话》一文中曾论述了对"换头术"报道的思考:"记得那是2001年的一个夏日,我在纽约任人民日报驻联合国记者。环球时报的编辑打电话来,要我调查'换头术'事件。当时,国内有些报刊根据美国的小报翻译了一则'换头术'的新闻,旅美华裔学者方舟子调查后认为这是'假新闻'。我通过多方联系,几经周折,找到了那个美国教授,写了一篇报道,不仅介绍了脑移植研究的情况,也证实美国小报的报道纯属子虚乌有。事后我就想,我们有些媒体犯这样的错误,首先是选择新闻的标准有问题,他们看重的是低级趣味、稀奇古怪的东西;其次是缺乏行业规范和职业道德,随意编译国外报刊或网站上的东西;其三是不具备基本的国际新闻报道素质,不了解新闻的背景和国外某些报刊的背景。"②

---

① 黄恒:《关于"美国医生操刀换人头"的调查》,《江淮晨报》,人民网,2001年7月30日14:46,http://news.sohu.com/56/71/news146057156.shtml.

② 丁刚:《媒体应该为谁说话》,《新闻与写作》2005年第3期。

二、虚假新闻的危害

“真实是新闻的生命”，这是新闻界的金科玉律，也是新闻从业人员必须恪守的基本原则。虚假新闻损害的是新闻媒体的公信力、人民群众的切身利益及党和政府的形象。

1. 虚假新闻损害新闻媒体的公信力和新闻界的信誉

媒体公信力是指新闻媒体本身所具有的一种被公众所信赖的内在力量。它是媒体自身内在品质和外在形象在公众心目中所占据的位置，是衡量媒体权威性、信誉度和社会影响力的标尺，也是媒体赢得受众信赖的能力。媒体公信力的高低，决定其舆论影响力的大小。媒体公信力是衡量、评判其舆论影响力最重要、最根本的标准之一。对于媒体来说，公信力就是以其主体业务为核心形成的能够赢得受众、占领市场、获得最佳社会效益和经济效益，并在众多竞争对手中保持独特优势的资源和能力①。

真实是新闻的生命，更是媒体形成影响力、公信力和权威性的基础。在市场化浪潮中，一些新闻从业者违背新闻的真实性原则，违背新闻的职业精神，践踏了新闻的职业道德。虚假新闻泛滥的背后，显示出的是千疮百孔的媒体信用，而信用的缺失则在受众中引发“破窗效应”②，当越来越多的人发现新闻媒体存在“说假话”、“乱说话”的情况时，媒体公信力会轰然坍塌。这种情形带来的后果不仅是个人身败名裂，更会让整个新闻行业为之蒙羞，也会加剧整个社会诚信的缺失和不信任。一旦媒体与受众间的“信任”被破坏，付出的代价将无法估量。

2. 虚假新闻损害人民群众的切身利益

为大众服务的新闻媒体进行虚假新闻报道，不仅是对新闻自身的亵渎，对公众的欺骗，更是对公众知情权的践踏。虚假新闻干扰正常的生产、生活秩序，造成严重的经济损失和恶劣的社会影响，严重影响社会诚信体系的建构。虚假新闻对社会的危害性在今天之所以越来越突出，是因为与过去相比，今天的信息传播速度更快、范围更广、影响力更大。此外，现今我们的新闻传播已逐渐由传统的媒体主导变为以平等为特征的双向传播，在这种环境下，媒体的任何失误和过错都会被放

---

① 百度百科名片 http://baike.baidu.com/view/2122898.htm

② 破窗效应，是犯罪学的一个理论，由詹姆士·威尔逊及乔治·凯林提出，此理论认为环境中的不良现象如果被放任存在，会诱使人们仿效，甚至变本加厉。

大，这种放大直接影响到人民群众的切身利益，因为新闻是普通大众获得信息的重要途径。

3. 虚假新闻损害党和政府的形象

新闻的真实性原则是新闻工作的基本准则，是党的实事求是路线在新闻工作中的具体体现。维护新闻的真实性是新闻工作者的崇高责任和义务。依据这个基本准则，新闻工作者不仅要真实准确地报道单个事实，而且要做到总体的、本质的真实。要真实，就必须客观、公正、有立场。所谓客观、公正，就是用事实说话，自觉考虑新闻的社会影响，通过事实本身的力量来说服人、引导人；有立场，就是站在党和人民的立场上，而不是从个人和小团体利益出发。真实、客观、公正、有立场，是同准确、鲜明、生动紧密结合在一起的。

新闻报道产生的舆论影响，或者说对舆论的干预能力，是执政能力的基本组成部分。因为执政能力的核心，是对人民个体与集体意愿的把握能力，或者说是对人心的凝聚能力。在现代社会，这样的努力一般都要通过新闻媒介来协助完成。

在中国，人民群众新闻媒介的公信力与权威性的认知，实质上已成为我们党和政府的执政基础；人民群众对新闻报道真实性的信任，实际上与对党和政府的信赖紧密结合在一起；能否保证最大限度地真实、客观、公正、有立场，与是否能够有效赢得人民群众最大限度支持联系在一起。虚假新闻报道不仅损害新闻的真实性原则，也损害党的实事求是路线，更损害党和政府在人民群众心目中的信任地位，严重损害党和政府的形象。

三、虚假新闻产生的原因

虚假新闻屡屡发生，对其原因分析至关重要。同时针对原因对症下药，根治假新闻，更是当务之急。分析假新闻产生的原因主要有两个方面：新闻单位主观方面的因素和社会客观环境的不良影响。

1. 主观原因

(1)马克思主义新闻观教育不够系统、不够牢固，新闻从业人员的职业素养、职业道德和职业精神不适应要求

目前，我国新闻从业人员的职业精神、职业素养、职业规范存在大力加强和有待提升的空间。1997 年，中国人民大学新闻学院的研究人员曾对全国的新闻从业人员进行过一次职业道德意识的调查。2003 年，研究人员再次进行了同类调查。

结果发现，6 年来我国新闻从业人员的职业道德意识竟然没有任何进步！近些年媒体用人制度趋于自由化，不少媒体大量聘用临时人员，从业人员急速膨胀。据《中国新闻出版概览》介绍，1960 年全国新闻从业人员仅为 1 万人左右，而到 2003 年已有 75 万人。对从业人员只使用、不培养，是许多用人单位的普遍态度。由此造成的直接后果，就是新闻从业人员素质的良莠不齐以及职业道德的严重滑坡。缺乏正规的新闻业务训练和职业道德教育，必然造成传媒队伍整体素质的滑坡。尤其是在实行工作量化考核、末位淘汰体制的媒体中，个别记者为了完成工作任务或者出于名利考虑，他们会添油加醋、捕风捉影、违反常识，杜撰新闻。他们不是把新闻工作当作一项神圣的事业，而是当作一个回报丰厚的职业。具体表现，一是追求离奇，制造轰动效应。一些虚假报道与新闻媒体的主观因素有关，个别记者为了制造轰动效应，会发挥想象，虚构情节，制造情节，制造虚假报道，明知有“硬伤”，模糊“巧”处理。少数编辑明知报道有问题，却利用编辑职权，对一些有“硬伤”的新闻进行技术处理，使之成为“合格”产品，蒙混过关。二是知识更新滞后，缺乏鉴别能力。有些记者不注意学习，不注意更新知识，尤其涉及经济、科技等专业领域的知识储备严重不足，跟不上形势发展，对于某些方面的虚假新闻，没有鉴别能力①。

(2)社会责任感消解，人文关怀缺失

拉斯韦尔认为，大众传媒的功能是监视社会环境，协调社会关系，传承社会文化。后来，赖特又补充了提供娱乐的功能。传播学大师哈贝马斯从传受互动的角度，提出了大众传媒是社会的“公共领域”，是大众的公共论坛，肩负着传承先进文化，以正确的理念和高尚的道德引导大众生活的崇高职责。但现实中的许多传媒在生存焦虑或利益驱动下，淡化了自己的社会责任，背弃了人文关怀的使命。在报道内容上将名人轶事丑闻、犯罪新闻、暴力事件、花边新闻等具有较强娱乐性的内容作为报道重点，减少对严肃新闻的报道；在报道手法上多数运用耸人听闻、哗众取宠的方式报道新闻事件，强化事件的悬念或煽情刺激，达到即时的轰动效应。媒体的过度庸俗化、娱乐化，消解了传媒的社会责任，影响了公众对社会环境的判断，丧失了新闻人文关怀的品格。

---

① 包东喜：《虚假新闻成因与治理对策》，《新闻前哨》2005 年第 8 期。

2. 客观原因

（1）管理有漏洞，造假有“市场”

虚假新闻报道的出笼，不乏新闻从业者的问题，但作为新闻业的管理机制如果缺乏应有的可操作性的程序规定，同样会给造假者提供可钻空子。记者采访要严格遵守新闻记者采访的基本规范，新闻机构要严格遵照“新闻机构管理的基本职责”运行，相关部门也要加强对新闻从业人员和新闻机构的监督和管理，并按照“虚假报道的处理规则”和“法律责任追究的基本原则”及时对虚假报道的当事人和机构进行处理，尽可能做到管理无漏洞，造假无“市场”。

（2）商业利益与社会效益的矛盾

党的十四大确立我国建立社会主义市场经济体制，新闻界面对改革开放以来政治、经济、社会各方面的深刻变化，重新界定了我国新闻媒体的性质，赋予了新闻媒体的双重属性，即事业单位和企业化管理。媒体进入市场化阶段后，经济创收者与舆论引导者的双重身份常常使媒体陷于传媒社会责任和经济利益的两难境地中。作为商业企业的新闻媒体，在面临生存压力而追求商业利润的情况下，就会使得传媒的社会责任意识淡漠。不可否认，市场经济发展是世界新闻事业发展的根本推动力。当新闻行业本身还没有建立成熟完善的行业规范和自律机制，这样的媒体行业在面对市场的残酷竞争时，为了赢得超常的收听率、收视率和市场份额，就会一味地迎合大众、取悦大众。

商业化的运作带来了商业化的行为方式，如同企业的经营目标是以最小的投入获得最大的产出一样。商业化媒体的最大目标就是在最短的时间里争取更多的受众，继而争取更多的财源。正是在这种商业利益的驱动下，媒体经济在某种程度上变成了“眼球经济”。为了自身的经济利益，有一些媒体常常采用标新立异的手法引发争议和关注，通过损害公信力来赢得收听率、收视率和市场份额，甚至在经营中给虚假广告放行，或以“新闻形式”进行广告宣传。一些媒体在竞争中丧失了良知，经营意识增强的同时，道德意识却在逐渐减弱。它们为了吸引受众眼球、制造轰动效应，追求高点击率，在竞争中求得一席之地，放松了对新闻的把关。① 为了追求发行量，各种媒体不断迎合受众，最终会使整个社会迷失道德方向。

3. 网络传播技术的错漏

在高新技术日益发展的今大，新闻造假已经非常便利。从线性编辑方式到非

① 杨楠：《当代传媒环境下新闻伦理道德失范问题辨析》，《新闻爱好者》2008 年第 12 期。

线性编辑方式,从单一图像剪接到图像、语言、音乐、音响、字幕等复合剪接,从实景拍摄到数字影像生成,以假乱真的技术足以使媒体方便快捷地“制假报假”、混淆视听。网络传播技术也让虚假新闻呈爆炸式扩散之势。①

第二节 传媒中的有偿新闻

有偿新闻是新闻公害之一,它使得本该秉持公平、公开、公正原则的新闻变了味道,传媒失去了在公众心目中应有的形象和社会公信力。

一、有偿新闻的分类及特征

有偿新闻是指“新闻机构向要求刊播新闻者收取一定费用的新闻。一些新闻机构为解决经费不足或赚钱,以及其他目的,按占用版面大小(报纸)、播出时间长短和录制费用(广播、电视)向要求刊播新闻者收费。”②

具体来说,有偿新闻可以分为以下两种情况。

第一种,有偿新闻按“有偿”形态分为六类:

一是,接受劳务费等红包、有价证券、礼品,获取各类消费、好处,如餐饮、旅游、入学、住房和为亲友解决工作问题等,这是最为典型的有偿新闻行为;

二是,以新闻为诱饵换取经营利益(如广告、发行)或赞助;

三是,以内参、曝光等为要挟,迫使对方提供钱、物、好处;

四是,媒体给采编人员下达创收指标,从而使有偿新闻堂而皇之地成为经营创收手段(如有偿组版、联办节目);

五是,不同媒体、新闻单位(包括记者编辑)之间以获取不正当利益为背景而互相交换新闻;

六是,某些中介、公关公司以赢利为目的,非法运作(实为经营)新闻。

第二种,把有偿新闻分为收费新闻和新闻广告两类。

一是,收费新闻,是指被金钱玷污了的新闻。它有各项新闻要素,也有一定的新闻价值,但新闻机构或工作人员在采编、刊播新闻时,向新闻来源收费,玷污了新闻的纯洁性。

---

① 谢凌燕:《浅析虚假新闻》,《赤峰学院学报》(汉文哲学社会科学版)2008 年第 5 期。

② 甘惜芬主编:《中国新闻学大辞典》,河南人民出版社 1993 年版,第 162 页。

二是，新闻广告，是有偿新闻的又一形式。新闻广告，是指以新闻的形式包装、制作和编排播发的广告。在报纸的信息专版、企业风采和广播电视的经济新闻、市场传真等版面或节目中，都可以看到其身影。

不论怎样分类，有偿新闻的实质是以权谋私，是新闻界的一种腐败现象。

商业利益对于媒体的侵蚀，成为有偿新闻的隐性表现。

西方传媒学界对于媒体的社会功用有两种理论，一种认为现代社会的媒体发展对于促进社会公平、推动社会进步起到了积极作用；另一种则认为，在商业化的浪潮下，媒体已经逐渐沦为利益集团的代言人。用这两种观点来观察我国媒体的发展历程和现状会发现，媒体在推动社会进步的同时，也出现了过度商业化的倾向。以广告为利润核心的经营模式虽然促成了媒体的繁荣，却也出现了广告商和企业在某种程度上影响甚至操纵媒体的现实。

香港出版的《中国传媒报告》2004 年第 4 期上，有一篇专门对大陆都市报和广告主之间如何互动进行个案研究的文章，在作者采访的这家报社中，广告主通常通过“选择性的提供新闻、购买版面发表软性广告文章、控制负面消息和与报社领导保持经常性沟通”等方式影响报纸的内容。报社的记者、编辑出于对新闻价值的坚持，虽然能够在一定程度上规避来自广告部门的压力，但最终新闻的内容往往还是会受到较大的影响。这种现象实质是有偿新闻的另一种表现形式。

二、有偿新闻的危害

有偿新闻的实质是以权谋私，是新闻界的一种腐败现象。有偿新闻是与新闻媒体担负的传承文明、宣传群众的职能是格格不入的，已经成为社会发展的公害之一。

1. 有偿新闻违背了社会公正原则

新闻从业人员在从事有偿新闻活动时，会接受一定的金钱或财物，当金钱或财物达到一定数额时，就成了一种犯罪行为。所以，有偿新闻已经成为法律问题。从传媒伦理的角度来看，有偿新闻首先违背了社会公正原则。

通常，公正有两个方面的含义：一是指一种应有的社会状况，反映社会生活中人们的权利和义务、作用和地位、行为和回报之间的某种适应的关系。这一意义上的公正，是通过社会制度和体制表现出来的；二是道德意义上的，指一种道德要求或品质，即坚持原则，按照一定的社会标准（法律、道德、政策等）实事求是地待人和处事。公正首先是制度上的，然后才涉及制度的实施过程。

新闻传播所涉及的公正问题，主要包括以下几个方面：新闻传播活动应有助于社会公正的实现；在进行批评性报道时，应当让当事各方都有同等地表达意见的机会；报道对象要公正，即一视同仁，尤其要给予社会弱势群体以更多的关注。

2. 有偿新闻违背了新闻的真实性原则

有偿新闻会给虚假新闻的出笼留下余地。因为在有偿新闻实施的过程中，拿人钱财替人消灾，新闻从业人员或者夸大事实，或者隐瞒事实，或者仅仅揭露一些无关痛痒的问题，甚至颠倒黑白，混淆是非，这就从根本上违背了新闻的真实性原则。

3. 有偿新闻对媒体的社会公信力和舆论导向力造成极大的损害

俗话说吃人嘴短，拿人手短。有偿新闻的媒体受控于利益提供者时，党管媒体的原则如何实现？媒体只为部分利益集团服务，社会的公众利益怎么通过媒体得到保护？媒体自身行为不端，又有什么资格去对别人进行舆论监督？这种情况被某些别有用心的人所利用，那我们的媒体到底是在为谁服务？这些问题关乎媒体的导向、公信力、影响力和舆论引导力，关乎我国新闻事业的健康发展，关乎我国和谐社会的构建，所以非下大力气解决不可。

事件回顾：沈太福长城机电科技产业公司非法集资案

1993 年沈太福长城机电科技产业公司非法集资案中，仅在北京就有 22 家新闻单位为其非法集资作过宣传。沈自称光宣传费就花了上千万元，其中有相当部分是用来收买新闻记者的，其中个人收受贿赂吹捧沈太福的编辑记者就有 8 人。

事件回顾：山西繁峙矿难案

2002 年 6 月 22 日下午 3 时 30 分左右，山西省繁峙县义兴寨金矿发生特大爆炸，38 名金矿矿工不幸罹难。时隔一年多，11 名新闻记者在采访该事故过程中收受当地有关负责人及非法矿主贿送的现金、金元宝等合计 7.46 万元的丑行被揭露。新华社公布了 11 名涉案新闻记者名单。原来，矿难发生后，矿主不是设法救人，而是与地方个别党政官员串通一气，隐瞒事故真相。据报道，事发当晚，涉案矿主殷三、杨海龙、杨治兴、王建勇等商定统一了“2 人死亡、4 人受伤”的事故口径。其后几天，当地政府有关负责人和职能部门置事实于不顾，按照矿主谎报出具了“2死4伤”的事故伤亡材料。其实早在6月24日，新华社山西分社的4名记者接到遇难矿工家属的举报后赶到繁峙县。但他们并未去矿难现场，而是先找繁峙县委、县政府，并受到地方政府的盛情款待。事后新华社披露了11名涉案新闻记者接收“闭口费”的详情。

4.“有偿新闻”败坏社会风气，涣散社会凝聚力，对社会主义现代化事业有着极大的破坏力

大众传播媒介承担着社会监督、舆论导向、社会教育等重要功能，而从事有偿新闻活动的媒体从业人员，眼睛只盯着个人和小团体的私利，根本就承担不起这些重要功能，其结果只能导致纵容社会丑恶现象的发生，对社会风气的腐化堕落推波助澜。传媒在公众心目中一直具有较高的权威和公信力，有偿新闻的盛行，只会使传媒的威信扫地，公信力丧失，其结果必定会加剧全社会的信任危机。

三、有偿新闻产生的原因

有偿新闻的产生有主客观两方面原因①。

1.主观原因

某些新闻工作者在市场经济利益的驱使下利欲熏心，在个人私利和小团体利益的驱使下，丧失了新闻工作者的社会良知，淡漠了新闻工作者的社会责任感，置法律和道德于不顾，把党和人民给予新闻工作者新闻报道的权利作为谋取个人私利和小团体利益的筹码，从而为有偿新闻的产生创造了主观条件。

2.客观原因

(1)新闻机构内在利益的驱动

新闻体制改革赋予媒体“事业单位，企业管理”的角色，政府要求媒体和新闻机构实行企业化经营模式，要为自己的员工发放工资，解决住房、福利等一系列问题，这无形中给媒介施加了经济压力，使“有偿新闻”的产生有了内在的利益驱动。

① 以下内容参见邓名瑛：《“有偿新闻”的伦理批判》，《伦理学研究》2005年第6期。

(2)市场经济使新闻产品成为商品变为可能

市场经济使媒介间竞争加剧。市场经济是商品交换经济，其特点是绝大多数劳动产品都作为商品的形式存在。作为商品只有在交换中才能实现自身的价值。媒体和新闻机构把新闻产品也直接当成了可以而且应该拿到市场上出售的商品，这样就为有偿新闻的产生提供了可能。

(3)企业间竞争加剧，力争规避对己不利的新闻

在市场经济条件下，竞争越来越激烈，企业或其他组织都希望通过广泛的宣传来提升知名度和美誉度，以此来提高自身的竞争力，因而乐于宣传对自身有利的信息，同时尽量规避对自身不利的信息。这样就形成了一个需要购买新闻的买方市场，为有偿新闻的产生提供了外在条件。

(4)大众传媒自身的传播特性的影响

大众传媒具有传播范围广、速度快、影响大等特点，为满足买方市场提供了条件。

附

关于禁止有偿新闻的若干规定

中央宣传部、广播电影电视部、新闻出版署、中华全国新闻工作者协会中宣发[1997]2号

1997年1月15日

各省、自治区、直辖市党委宣传部、广播电视厅(局)、新闻出版局、记协、中央各主要新闻单位：

《中共中央关于加强社会主义精神文明建设若干重要问题的决议》明确指出："建立健全规章制度，加强队伍的教育和管理。严格禁止有偿新闻、买卖书号、无理索取高额报酬。"为贯彻落实《决议》精神，加强新闻队伍职业道德建设，禁止有偿新闻，维护新闻工作的信誉和新闻队伍的良好形象，树立敬业奉献、清正廉洁的行业新风，根据中宣部、新闻出版署颁布的有关规定，结合新的形势，重申并制定如下规定：

一、新闻单位采集、编辑、发表新闻，不得以任何形式收取费用。新闻工作者不得以任何名义向采访报道对象索要钱物，不得接受采访报道对象以任何名义提供的钱物、有价证券、信用卡等。

二、新闻工作者不得以任何名义向采访报道对象借用、试用车辆、住房、家用电器、通讯工具等物品。

三、新闻工作者参加新闻发布会和企业开业、产品上市以及其他庆典活动，不得索取和接受各种形式的礼金。

四、新闻单位在职记者、编辑不得在其他企事业单位兼职以获取报酬；未经本单位领导批准，不得受聘担任其他新闻单位的兼职记者、特约记者或特约撰稿人。

五、新闻工作者个人不得擅自组团进行采访报道活动。

六、新闻工作者在采访活动中不得提出工作以外个人生活方面的特殊要求，严禁讲排场、比阔气、挥霍公款。

七、新闻工作者不得利用职务之便要求他人为自己办私事，严禁采取"公开曝光"、"编发内参"等方式要挟他人以达到个人目的。

八、新闻报道与广告必须严格区别，新闻报道不得收取任何费用，不得以新闻报道形式为企业或产品做广告。凡收取费用的专版、专刊、专页、专栏、节目等，均属广告，必须有广告标识，与其他非广告信息相区别。

九、新闻报道与赞助必须严格区分，不得利用采访和发表新闻报道拉赞助。新闻单位必须把各种形式的赞助费，或因举办"征文"、"竞赛"、"专题节目"等得到的"协办经费"，纳入本单位财务统一管理，合理使用，定期审计。在得到赞助或协办的栏目、节目中，只可刊播赞助或协办单位的名称，不得以文字、语言、图像等形式宣传赞助或协办单位的形象和产品。

十、新闻报道与经营活动必须严格分开。新闻单位应由专职人员从事广告等经营业务，不得向编采部门下达经营创收任务。记者、编辑不得从事广告和其他经营活动。

各新闻单位要根据上述规定，结合本单位实际，制定实施细则，认真贯彻执行。

要建立健全内部监督制度，发挥纪检、监察部门作用，确保规定落到实处。要接受社会监督，中华全国新闻工作者协会和各新闻单位要分别向社会公布举报电话，确定专人负责，认真受理。对违反上述规定的个人，由新闻单位和主管部门没收其违规收入，并视情节轻重，给予批评教育、通报批评、党纪政纪处分，直至开除，触犯法律的移送司法机关处理。对严重违反规定的单位，由广播电影电视部和新闻出版署给予行政处罚。要选择典型案例公开报道，推动禁止有偿新闻的工作深入持久地进行，务求取得实效。①

① 《中华人民共和国国务院公报》1997年第3期。

第三节 新闻侵权

新闻侵权一般是指新闻单位或个人故意或过失报道内容失实、违法的新闻，并且利用大众传媒传播，造成公民、法人或其他民事权利主体利益受损的行为。

近些年，以媒体为被告的新闻侵权案件数量不断上升，这些案件中的相当一部分以原告胜诉、媒体败诉而告终。案件的大量出现，一方面说明了受众法治观念的普及，另一方面也说明了新闻舆论在逐渐宽松的情况下，媒介如何自律问题已经摆到了媒体人面前。

一、新闻侵权的分类及特征

新闻侵权行为是指新闻单位或个人利用大众传播媒介，以故意捏造事实或过失报道等形式向公众传播内容不当或法律禁止的内容，从而伤害了公民和法人的人格权的行为[①]。也就是说，新闻侵权行为一般是指新闻单位或个人故意或过失报道内容失实、违法的新闻，并且利用大众媒体传播，造成公民、法人或其他民事权利主体利益受损的行为。

1.新闻采访、报道和评论中的新闻侵权

(1)新闻采访(暗拍、暗访)中的侵权

《宪法》保护公民和法人的言论自由，即公民和法人有接受采访的自由，也有拒绝采访的自由。采访者与被采访者是一种平等的关系。记者一定要尊重被采访者的权利，不能通过欺骗、威胁、利诱等手段来达到完成采访任务的目的。

根据1998年《最高人民法院关于审理名誉权案件若干问题的解释》(下称《解释》)："因被动接受采访而提供新闻材料，且未经提供者同意公开，新闻单位擅自发表，致使他人名誉受到损害的，对提供者一般不应当认定为侵害名誉权；虽系被动提供新闻材料，但发表时得到提供者同意或者默许，致使他人名誉受到损害的，应当认定为侵害名誉权。"被动提供新闻材料的情况较复杂，是否侵害他人名誉主要以"是否同意发表"作为是否承担责任的条件。被采访人同意发表，包括明示或默示，都要承担法律责任。如果被采访人明确表示不同意发表，而新闻机构擅自发

① 王利明等：《人格权法》，法律出版社1997年版。

表，被动提供新闻材料的人一般不承担责任。这一规定的意义就在于，应特别注意了解并尊重新闻材料提供者对“发表”与否表示的意见，务必考虑“擅自发表”的后果，加强自我约束。

最近几年，新闻记者在新闻采访（尤其是“暗拍”）中，经常发生和公民的隐私权相冲突的事例和案例。

“暗拍”在揭露腐败、违法、犯罪等社会丑恶行为和现象中成为一个 很有效的手段，但是这种手段的运用，并没有合法的法律依据[1]，这样难免会侵犯公民的隐私权、肖像权、名誉权等人格权益，由此也必然会带来与此相关的权利冲突问题。我们需要考虑的问题是：记者采访权的限度是什么，采访权合法行使的方式是什么，公民隐私权保护的限度又是什么。近几年来，北京、上海等地兴起的带有私人侦探性质的所谓“民事事务调查所”、“安全事务调查所”等都容易引发与公民的隐私权相冲突的事件。[2]

暗访是一类性质模糊的做法，介于“合法”与“不合法”之间，需要伦理和法规来引导和制约。[3] 只有那些各界反映强烈的、迫切需要解决的、不影响社会稳定和国家安全的事，才是隐性采访的首选，而且只有在正常采访无法进行或达不到预期目标、别无他法的情况下，才能考虑用隐性采访的手法。[4] 在隐性采访目的与手段的正当性上，陈力丹指出：“不得进行介入式隐性采访和偷拍偷录，这是为国际同行公认的职业规范，但是在我国却是随处可见，我国的传媒所以能够堂而皇之地采用这种采访方式而较少遭到谴责，在于存在这样一种逻辑：因为目的正当，就可以不考虑手段是否合理合法。这是歪理。”[5]

“作为一个负责任的传媒工作者，当面对是否使用欺骗手段的选择时，为规避和化解道德风险，首先需要摒弃个人私念，忠实于社会公众，从公众利益出发，谨慎考虑每一种结果，在道义上选择利益最大而损失最小的合理行为。”

(2)新闻报道中的新闻侵权

新闻报道中的新闻侵权主要表现为新闻报道内容失实。

《解释》第七条规定：“因新闻报道严重失实，致他人名誉受到损害的，应按照侵

---

① 张嘉林：《败诉，缘于违法取证》，《检察日报》2003 年 11 月 10 日。
② 王进、林波：《权利的缺陷》，经济日报出版社 2001 年版。
③ 郭镇之：《假暗访引出的真教训——简析“纸馅包子”案》，《新闻战线》2007 年第 10 期。
④ 杨军：《隐性采访应遵守新闻职业道德》，《新闻实践》2007 年第 5 期。
⑤ 陈力丹：《目的正当可以不择手段——歪理》，《新闻与写作》2007 年第 6 期。

害他人名誉权处理。”报道内容失实既可因捏造等故意行为所致，也可因报道失误、审查不严等过失行为造成。只要报道内容失实，不论是反面报道还是褒扬报道，都有可能侵害他人名誉权。失实的反面报道，会导致人们对当事人的社会评价降低；失实的褒扬报道，会使当事人受到社会的非议，同样降低了社会对他的评价。

最高人民法院在1993年发布了《关于审理名誉权案件若干问题的解答》，其中对新闻失实和侵权规定了这样的界限：“因新闻报道严重失实，致他人名誉受到损害的，应按照侵害他人名誉权处理。”对批评文章引起的名誉权纠纷规定了三项：“文章反映的问题基本属实，没有侮辱他人人格的内容的，不应认定为侵害他人名誉权。”“文章反映的问题虽基本属实，但有侮辱他人人格的内容，使他人名誉受到损害的，应认定为侵害他人名誉权。”“文章的基本内容失实，使他人名誉受到损害的，应认定为侵害他人名誉权。”

这条规定，对新闻侵权作了两种情况分析：一是什么情况下新闻失实构成侵权，这就是新闻严重失实或者批评文章基本内容失实，使他人名誉受到损害，也就是通常说的诽谤；二是什么情况下新闻并未失实也会构成侵权，这就是侮辱。

其中，新闻事实纯属虚构的，所反映的问题根本不存在的，是非完全被颠倒的，属于严重失实。

事件回顾：刘晓庆名誉权案

20世纪90年代初的刘晓庆名誉权案属于严重失实。当时，刘晓庆被某地税务部门查实偷税2907元，漏税7040.53元，已予处罚，而涉讼新闻却报道刘晓庆偷漏税款百万元。刘晓庆诉讼至法院。辩方承认新闻中所报道的偷漏税数字同实际情况有较大的出入，但辩方称刘晓庆有偷漏税行为这个基本事实却是存在的。法院认为这个数额上的失实“并非无碍大局的一般出入”，“从某税务机关已查实刘晓庆偷漏税款的情况和给予的实际处理看，性质上是属触犯税法的违法行为，应受追缴、罚款等行政处罚；而偷漏税款百万元，则性质上发生了根本变化，属应受刑法处罚的犯罪行为。”所以辩方的意见是缺乏说服力的，案件在认定侵权成立的前提下调解结案。

刘晓庆名誉权案告诉我们，如果新闻中失实的内容足以使人们对有关问题的性质产生不正确的认识，那就是严重失实或基本内容失实。《解答》中“反映的问题基本属实”和“基本内容失实”是一个概念的两面。问题属实，就是问题的性质与实际相符，问题的性质，也就是问题的质的规定性。每一个问题都是由具体事实构成的,有的具体事实的变化会影响问题的性质,有的则不会。偷漏税行为依照法律规定具有不同的性质,这种性质的区分主要是由数额或者其他情节决定的:在一定数额的范围内只是违法性质的问题,超过一定数额的界限就成为犯罪性质的问题。新闻中关于刘晓庆偷漏税数额的出入如果比较小,只是多报了几百元上千元,并不影响行为的性质,仍然在违法问题之内,这就是基本属实。而现在这个出入太大了,大到了足以使人们把刘晓庆原本是违法行为误解为犯罪行为了,致使问题的性质发生了变化,那就不能说基本属实了。如果人们只是指责刘晓庆有一般的偷漏税违法行为,这种评价是同她的实际表现一致的,因而是正常的。但是人们根据失实新闻提供的数字,会认为刘晓庆犯了偷税罪。但实际上刘晓庆并未犯罪,是失实新闻致使刘晓庆的社会评价降低,因此她的名誉权受到了侵害。

事件回顾:《夫妻轻生　假药"救命"》

1994年春季全国药品交易会在沈阳举行。当地一家电视台播出一条新闻:一对夫妻因为赌博输掉6000元决定自杀,两人吞下了6瓶河南驻马店制药厂生产的"佳静安定片"。由于安眠药是假药,侥幸生还。当地某报也在头版刊登出《夫妻轻生　假药"救命"》的消息。但事实上,该厂生产的这种"佳静安定片",是一种高效低毒的安眠药,服用量小,安全范围大,成人半数致死量在56瓶以上。新闻没有弄清这一情况,也没有把自杀者服用的药品送至药品检验部门鉴定,就轻率地说是"假药"。受这条新闻的影响,该制药厂在药品交易会上失利,直接经济损失达300万元。为此该制药厂对发表"假药"报道的新闻单位以侵害名誉权提起民事诉讼。经调解,两家新闻单位共赔偿65万元。

新闻本应只限于报道事实,是不应当对有关的人和事下结论的。如果只是客观报道有对夫妻服用6瓶安眠药而不死这一事件,"实在奇怪,究竟为什么,有待调查",不去轻率下一个"假药"的结论,那就不会招致如此重大的损失。由于"新闻审判"的积习,我们的新闻往往会越出传播新闻的角色定位,而去充当裁判,这就使得结论性的失实一度成为相当常见的新闻失实。由于结论是对事物性质的根本看法,所以结论性失实一旦发生,往往属于严重失实。随着法制的健全，越来越多的结论必须由专门机关作出，如：认定犯罪和侵权行为，必须由法院以判决宣告；各种违法行为，必须由相应的国家行政管理机关决定；企业法人的成立和撤销，要经国家工商行政管理机关登记公告；交通、医疗、生产等事故的责任，应当由有关的专门部门鉴定；假冒伪劣产品，应当由技术监督部门鉴定，等等。新闻擅自发表这类结论，就有可能承担不利的法律后果。①

(3)新闻评论中的新闻侵权

新闻评论中的新闻侵权主要表现为新闻评论不当。新闻评论不当是指评论者使用侮辱、谩骂或其他具有人身攻击性的言语，使被评论者人格受损，或者评论失实，造成他人对被评论者社会评价的贬损。《解释》第九条规定："新闻单位对生产者、经营者、销售者的产品质量或者服务质量进行批评、评论，内容基本属实，没有侮辱内容的，不应当认定为侵害其名誉权；主要内容失实，损害其名誉的，应当认定为侵害名誉权。"

2. 新闻侵权的特征

新闻侵权的主体为新闻媒体或新闻作者。新闻媒体包括报社、杂志社、广播电台、电视台、互联网站等；新闻作者包括记者、通讯员、其他作者等。

新闻侵权利用大众传播媒介得以实现。大众传播媒介包括报纸、刊物、广播、电视、互联网等，其特点为传播迅速，影响面广。

新闻侵权以新闻作品为载体。只有通过新闻作品的传播而导致的侵权行为才能称之为新闻侵权，与新闻作品无关的侵权行为不属于新闻侵权。

新闻侵权的客体是公民、法人或其他组织的人格权。包括名誉权、肖像权、隐私权、姓名权、名称权以及著作权中的署名权、修改权、保护作品完整权等。

新闻侵权的主体主观上有过错。过错包括故意和过失。故意是指明知自己的新闻作品可能发生侵害他人人格权的后果，而希望或放任这种后果的发生。如侮辱、诽谤等。过失是指应当预见自己的新闻作品会发生侵害他人人格权的后果，却没有预见到或者已经预见但存在侥幸心理。如报道失误、评论或用词不当、审核不严等。

导致新闻侵权的新闻作品主要是内容不当或内容为法律所禁止。如言辞不

---

① 魏永征：《新闻侵权法漫谈 刘晓庆名誉案的启示》关于新闻失实之四，http://www.zjol.com.cn/node2/node38/node58/node60/node85/node87/userobject7ai1978.html.

当、评论失实、诽谤他人、披露他人隐私等。

新闻侵权是一种违法行为。违反了《民法通则》及其他法律法规中关于人格权保护的有关规定。

新中国首例新闻侵权案件是发生在1985年的“疯女案”。《民主与法制》1983年第1期发表了《二十年“疯女”之谜》一文，该文作者后来又撰写了《“疯女”之谜的悬念》一文，并与前文同时发表在《妇女》杂志1983年第12期。文中所写的杜某1985年1月依照当时的《刑法》向上海市长宁区法院提起刑事诉讼。经审理，两名作者分别被判处剥夺政治权利一年和一年零六个月。这一案例的受理和判决，标志着新闻侵权纠纷开始进入我国的司法领域。1987年到1988年之间，被法律界称为新闻侵权案件的第一个案发高峰期，其中最著名的当属新疆喀什工会女干部奚某诉《人民日报》侵害名誉权案。该案经过8年的马拉松式诉讼，最后以《人民日报》以及文章作者向原告赔礼道歉并赔偿损失而调解告终。该案因被告为著名媒体而在法律界轰动一时，并且在客观上为各类新闻侵权损害寻求司法救济扫清了观念上的障碍①。

二、新闻侵权的危害

1.新闻侵权是违法的

新闻侵权从本质上讲是违法的，它所造成的影响不利于法治社会的建设。这与人们心目中新闻媒体理应成为法治社会建设的中坚力量的定位和期待大相径庭，应引起新闻界的高度关注和深刻反省。

2.新闻侵权违背了“为人民服务”、“为社会主义服务”的宗旨

新闻侵权是通过大众传播媒介的渠道，造成对公民、法人或其他民事权利主体利益受损的行为，这种行为和媒体的天职是相违背的，即违背了“为人民服务”、“为社会主义服务”的宗旨。

3.新闻侵权影响媒体的公信力

新闻侵权对于媒体行业的声誉会造成很大的影响，进而影响到媒体新闻报道的公信力。在我国，新闻媒体既是党和政府的舆论阵地，又是人民群众的喉舌，在

---

① 李俊峰：《法律视野下的新闻侵权》，中国新闻传播学评论(CJR)http://www.cjr.com.cn。

这种特殊的国情下，媒体自身失去信誉无疑将产生严重的负面影响。

三、新闻侵权的原因

新闻从业者应该是法律的模范执行者。新闻从业者拥有进行社会议程设置和放大社会声音的媒体报道优先权，这既是一种为公众服务的权力，也意味着一种巨大的社会责任。新闻从业者一旦不能正确运用媒介公权，就可能造成新闻侵权行为，影响社会公平。新闻侵权究其原因，主要有以下几个方面。

1.新闻宣传工作长期以来被当作意识形态领域斗争的工具

新闻媒体习惯于以居高临下的权威姿态进行抽象的说教和严厉的批判，根本容不得辩驳。这种“一言堂”、“一边倒”的做法滋长了部分新闻工作者的优越心理，惯于在批评报道中上纲上线，火药味十足，甚至搞“新闻宣判”。

2.有些编辑记者缺乏法律知识

我国具有法律知识背景的记者实在不是很多。在一些综合性媒体中，甚至连专门采访“政法口”的记者中也有大批“法盲”，他们遇到涉及法律问题的采访内容不是让“新闻通稿”牵着鼻子走，就是拍脑袋想当然。一些编辑记者缺乏法律知识，甚至说连起码的自我法律保护意识都没有。

3.新闻报道当事人的不良心理

有时候，新闻报道本身并无失实之处，争议内容也很容易澄清，但是当事人为了先发制人，以蒙冤受屈的形象争取社会舆论的同情与支持，明知最终会败诉也仍然坚持诉诸法律，以便向新闻媒体施加压力，取得主动。另外，有的当事人怀有不健康的“出名”心理，他们把与新闻媒体打官司当作自我炒作的绝妙良机，为此不惜搭上时间和诉讼费。

4.新闻立法存在空白

迄今为止，法院审理新闻侵权案件的法律依据主要是 1982 年《宪法》第 32 条关于“公民有言论、出版、集会、结社……的自由”的规定，第 38 条关于“公民的人格尊严不受侵犯，禁止用任何方法对公民进行侮辱、诽谤和诬告、陷害”的规定，第 51 条关于“公民在行使自由和权利的时候，不得损害国家的、社会的、集体的利益和其他公民的合法的自由和权利”的规定，《民法通则》第 101 条关于“公民、法人享有名誉权，公民的人格尊严受法律保护，禁止用侮辱、诽谤等方式损害公民、法人的名誉”的规定，以及最高人民法院1993年8月7日发布的《关于审理名誉权纠纷若干问题的解答》中的若干类似规定。这些规定应用于新闻侵权案件审理时，显得过于抽象空泛，可操作性差。对一些涉及新闻行业特点的法律问题没有明确统一，导致出现新闻媒体在从业过程中缺乏法律参照，许多新闻侵权纠纷无法可依，法官自由裁量权过大，判决结果可预测性低，难以让当事人心服口服等问题。这些问题的解决，有待于新闻法的出台，法制建设的完善，以及包括政治体制改革在内的一系列举措的逐步推进。①

第四节　传媒歧视

传媒歧视是传媒道德失范的表现之一。传媒作为社会公器，本应一视同仁，但在现实传播过程中普遍存在着关注上的偏向，存在着不公正评价等歧视现象。

一、传媒歧视的表现及特征

传媒歧视指传媒“不能够平等地对待分布于不同社会地位上的人群，歧视弱势群体即处于阶层低端和社会边缘位置的人群”。② 例如，在新闻报道中农民工的社会形象错位问题，媒介的城市视角是其重要原因。信息的不对称流动使社会弱势群体的“公平发展权”不时遭受侵害，中国传媒存在关注上的偏向、不公正评价、渠道过少、监督乏力等痼疾，非一日能除。

传媒歧视主要表现在以下几个方面。

1.大众传媒目标受众的锁定失当

在市场经济迅猛发展的社会转型期，当今中国社会阶层的分布更明显地表现为一种经济地位的等级序列，弱势群体主要处于经济地位的中下阶层，具体包括尚未脱贫的广大农村人口、改革过程中出现的城市贫民、收入甚微的农民工等。中国当下的大众传媒都自觉地避开这些人群，不约而同地将目标受众锁定为社会的“强势人群”、“主流人群”，主要是除城市贫民之外的城市市民阶层和白领、中产阶级等。当代中国传媒是城市传媒而不是农村传媒，是富人传媒而不是穷人传媒，已经

---

① 李俊峰：《法律视野下的新闻侵权》，中国新闻传播学评论（CJR）http://www.cjr.com.cn。

② 谭诚训：《农民工社会形象错位与媒介的城市视角问题》，《新闻爱好者》第3期，2007年3月。

是一个不争的事实。从报界来看，面向城市人群的都市报业发展迅猛，当前几乎每个省会城市至少拥有一至两家都市生活娱乐类的报纸，而占人口绝大多数的农村受众只拥有一家全国性的日报。

2. 社会弱势群体信息获取的不对称性

随着大众传播媒介的普及，社会弱势群体与其他群体在拥有媒介上的差别正在缩小：一份几角钱的报纸，他们基本上可以承担起；电视机在农村的拥有率已大大提高，因此更本质的差别是他们能够从媒体中得到什么。传媒总是自觉地按照目标受众的信息需求、价值观、审美观来选择传播内容和传播形式，那么作为非目标受众的弱势群体即便能够平等地拥有传播媒介，也未必能平等地拥有媒介所提供的服务。

3. 为社会弱势群体提供的信息资源有限且日益被边缘化

大众传媒不仅给社会弱势群体提供的信息资源有限，而且总是有意无意地将他们置于社会注意力的边缘地带，使他们成为媒介的"缺席者"和"失语者"。社会政要、明星、富豪等群体，其身份本身就包含了"显著性"价值，极易吸引传媒的注意，而农民、下岗工人这些小人物在传播领域无疑被再一次"弱势化"和"边缘化"了，他们很少有机会在媒体上抛头露面，更不可能占据媒体话语体系的中心。大众传媒作为公共论坛很少向弱势群体开放。由此可以看出，传媒歧视的实质就是在较大程度上剥夺了弱势群体的媒介接近权，迫使他们陷入多重尴尬之中。

二、传媒歧视的危害

1. 使新闻传媒丧失应有的社会功能，背离应尽的社会责任

传媒歧视把目标受众锁定到并不占人口大多数的"主流人群"，却忽视甚至排斥最大多数人对信息的需求，从而造成公共信息平台的倾斜，这无疑有悖于新闻传媒的根本性质和任务，使新闻传媒有可能沦为被少数利益集团垄断的工具。

2. 对新闻专业精神的消解和新闻队伍的腐蚀

传媒歧视深层次的原因是受利益驱动。一位报社老总曾直言："主流人群是社会财富的拥有者，不断优化和吸纳这个阶层，就等于拥有了取之不尽用之不竭的'注意力资源'，印刷机就会往外吐钞票而不是废纸。"爱"富"就必嫌"贫"、趋"强"就必弃"弱"，谁有钱就向着谁，这就使新闻传媒在新闻报道中很难保持客观、公正，不

能真实地反映事物的本来面目，而成为权力和金钱的奴隶。

3.加大和扩宽信息“富有者”和信息“贫困者”之间的信息鸿沟

传播学“信息沟”假说指出，大众传媒虽然对信息富有者和贫困者都会带来知识量的增加，但由于前者获得信息和知识的速度大大快于后者，就会产生强者恒强、弱者恒弱、老沟未平、新沟又起的“马太效应”①，使两者之间在拥有信息和知识的差距不是缩小而是增大。从而加快了两者之间在拥有财富上的两极分化，不利于和谐社会的建设。

三、传媒歧视的原因

1.“城乡二元结构”带来的城乡差异

长期以来，中国在城乡实行的是“城乡二元结构”政策。所谓“城乡二元结构”政策，就是在工业化进程中，国家对城市和乡村、工业和农业、市民和农民实行不同的经济政策，国家的资源配置和收入分配，长期向城市、工业、市民倾斜，农业基础地位的政策涵义是服务于或服从于国家工业化，服务于城市发展要求，农业、农村、农民的发展要服从于或滞后于工业、城市、市民的发展，总体上不能“错位”或颠倒。中国社会经济“城乡二元结构”的不平衡性，带来的是城市化水平严重滞后于工业化水平，导致了国内区域差距和城乡差距的出现。区域间的差距表现在各个方面，城乡差距是其中最具影响力的差距。而城乡最主要的差距之一就是城乡信息不对称，即信息差距。

施拉姆在《大众传播媒介与社会发展》一书中谈到信息差距问题：信息不仅在国家间流动失衡，在国家内的流动也很不平衡，信息水平总是随着与城市距离的增加而迅速下降，大城市比农村地区更容易得到信息，这种差距在发达国家要小一些，在不发达国家则非常明显。②

“知沟”理论对大众传播时代信息流通的均衡性和公众在知识获取方面的平等性提出了质疑，认为“随着大众传媒的信息进入社会体系的增多，人群中具有较高社会经济地位的那部分人会更多地接受信息，这两部分人的信息差距就会增加而

---

① 赵志立：《传媒歧视，正在倾斜的社会公器》，国际在线 http://www. sina. com. cn 2006、12、25。

② 参见 Wilbvr Schramm(1964) Mass Media and National Development，The Stanford University Press & UNESCO。

不是减少”[①]。

知沟的形成原因，一方面是由于接收者所具备的智能、教育、技术等掌握信息的先决资源有差别；另一方面也与传播者如何分配信息资源有关。政治经济学派就曾指出，媒介机构作为经济结构的一部分，因为害怕承担风险，这无疑会忽视那些经济实力较弱的受众。

2. 中国传媒发展的不平衡性

中国传媒发展的不平衡性表现为地区间及城乡间传媒普及率的差距。一方面，成熟的媒介均集聚在城市，农村缺少成熟媒介；另一方面，面向城市的媒介发达，面向农村的媒介落后，同时，开放地区较发达，落后地区处于弱势。例如，北京和上海等发达地区报纸普及率是贵州、云南等落后地区的 10 倍。全国城镇每百户居民彩电平均拥有量为农村的 2 倍。此外，传媒定位角度也有差距。

与西方发达国家社会阶层的排列呈菱形、中产阶级占多数的情形不同，中国的社会阶层排列更像一个塔形，处于塔基的人占大多数，不仅是经济资源、文化资源的缺乏者，也是信息资源的缺乏者，传媒对他们的歧视无疑是在排斥最需要信息的多数人，这样就导致信息需求与信息供应发生极大的错位，造成社会信息生态环境严重失衡。在经济、技术、文化等方面的原因和传媒歧视的合力下，信息流通中的“马太效应”会更加突出，“信息富人”和“信息穷人”的分野会更加明显。现代信息社会，知识信息资源与经济资源有着极强的可转换性，正如知识管理权威学者彼得·德鲁克所说，“知识已经成为关键的经济来源，甚至是唯一的来源”，这就是所谓的“知识经济”。“尽管所有经济制度都是建立在‘知识经济’之上，但以往未被记入成本，只有信息化时代，这种资源才成为主要资源。它可以共享；可以倍增；可以‘无限制地’制造。知识取代资本：人力资本比货币资本更重要”。财富的新基础是信息、知识，信息贫困往往意味着经济贫困，这是信息贫困与经济贫困的内在联系。传媒歧视剥夺了一些人获得信息与知识的平等权利和机会，造成他们的信息贫困、知识贫困，而这又是他们物质贫困的一大原因。他们挣扎于双重贫困之中，并陷入恶性循环。无形的信息鸿沟和有形的财富鸿沟共同作用，带来社会的两极分化，其背后容易潜藏和滋生各种问题，如社会不稳定因素增加、社会整体进程受阻等。

---

① TICHENOR. (1970) Mass media flow and differential growth in knowledge Public Opinion。

第五节　传媒中的色情、暴力

被誉为“数字化生存之父 ”的尼葛洛·庞蒂在其著作《数字化生存》中称互联网为“地球上最肮脏的地方”，原因在于里面充满了大量的欺骗性信息、色情信息和暴力信息。自制力较弱而好奇心较强的青少年容易成为网络色情信息的最大受害者。

一、传媒中色情、暴力的表现和特征

近年来，个别媒体的低俗现象有所抬头，社会公众反应强烈。个别媒体为了追逐经济利益，大肆炒作明星隐私、渲染色情暴力、注重感官刺激、迎合猎奇心理。

1. 传媒中的色情、暴力界定

传媒中的色情、暴力是指新闻报道中有关色情、暴力的传播内容，其中色情以性为主要载体，暴力主要是指传媒内容画面血腥、场面充满暴力色彩。

2. 传媒中色情、暴力的表现

一是个别媒体以性为卖点打擦边球。个别网站、图书、报刊频繁刊登露骨的色情信息，把读者的注意力吸引到明星的隐私、绯闻上，内容极其低俗。

二是个别媒体对抢劫、凶杀等暴力内容津津乐道。许多报道不加选择地播出犯罪人在镜头前的“刻意表现”，误导观众，缺乏社会责任。

三是色情、暴力进入主流电影。英国《卫报》曾刊登题为《供你消遣》的文章，对色情、暴力开始汇入主流电影的趋势表示担忧。

二、传媒中的色情、暴力对社会的危害

1. 污染社会环境

传播媒介具有传递信息的功能，在社会发展过程中，媒介传递不同的信息对社会的影响是不一样的。传媒中的色情和暴力信息直接带来的恶果就是污染社会环境。

2. 影响青少年健康成长

中央电视台曾在上海举行的中国“媒体与未成年人”论坛上披露了一部采访内

地七省市近二百名青少年“实话实说看媒体”的电视短片，该电视片显示，色情、暴力和恐怖对内地未成年人的影响不容乐观，其中有的孩子坦言“就喜欢看爱情片，最好是‘三级片’”，也有的孩子称“最喜欢看的就是《我和僵尸有个约会》，因为它很恐怖”。①

论坛还发布了《上海未成年人的媒体需求调查》。其结论显示，青少年对影视和互联网上暴力、享乐主义、色情等内容，几乎毫不设防。目前上海18.3%的家长对孩子在互联网上可能会接触不良信息感到非常担心。

众所周知，影响青少年成长的主要因素有家庭、学校、社会、同伴还有媒介。随着我国信息化的步伐加快，媒体也越来越发达。目前80%左右的网络使用者是青少年，图书报刊消费群体中青少年也占相当大的比例，青少年平均每天要看电视节目，而他们本身也正处在一个求知若渴的成长阶段，媒体所传递的信息内容必然成为影响青少年成长的重要因素。青少年教育专家孙云晓表示，优秀的媒体不仅能满足受众的审美需求，还能提高受众的审美水平。而目前一些媒体存在的低俗之风已严重污染了青少年成长的文化环境，导致相当一部分青少年的人生目标出现偏差。“比如，明星报道本身无可厚非，关键是媒体不要光盯着文艺明星，也要报道科学家、学者、社会活动家等其他明星，因为三百六十行，行行出状元，行行出明星；即使是对文艺明星的报道，也要偏重于他们为什么成功、如何面对失败，这样对青少年的成长才会有益。”“但目前有的媒体太出格了，像苍蝇逐臭一样大挖明星的隐私，把青少年的追星引向了歧途。”②

相关职能部门的调查也证实了孙云晓专家的判断。2003年9月，北京市海淀区法院少年法庭随机调查的100名在押未成年犯中，经常看含暴力内容的音像制品并受影响的占75%，经常进入电子游艺厅的占66%，经常进入网吧的占30%，经常看色情内容书刊、音像制品的占61%。“在辨别能力不强、模仿心理普遍存在的未成年人看来，能印到书刊报纸上，放到网站上，能上电视，可能就是时尚的，是得到成人社会认可的，是社会普遍提倡的。”孙云晓说，不负责任的媒体内容很容易把未成年人引上人生的歧途。“当前媒体的低俗之风，污染了青少年的成长环境，完

① 《色情暴力影响未成年人，专家呼吁对媒体内容分级》，中国新闻社2004年12月13日电 http://www.people.com.cn

② 新华视点：《低俗“拷问媒体社会责任”》，http://news.sinhuanet.com/newscenter/2004—12/09/content_2313997htm

全是一种要钱不要下一代的行为。”①

3.传媒导向迷失，影响自身形象

在社会转型时期，社会生活中常常出现一些道德“失范”的乱象，会有一些与社会风气格格不入的个体行为。面对这些极端的个体行为，作为承担一定社会责任的传媒，应该用客观、适度的报道或评论指出其行为、现象的不合理性，引起社会公众的关注和思考，引导正确的社会舆论。但如果失去应有的原则和尺度，用炒作的方式追求趣味低下的所谓“卖点”，就会违背社会公德，侵犯公众利益。

三、传媒中的色情、暴力内容充斥的原因

1.盲目炒作和过度娱乐

当下“炒作”和“娱乐”似乎已成为媒体制胜的法宝。媒体炒作，是指媒介在较长时间内对不具有很高新闻价值的事实作过于密集的报道，或诸多媒介一哄而上对某一新闻事件进行报道。在激烈的市场竞争中，媒体意识到“卖点”之重要，刻意寻求和突出能够吸引受众的因素本无可厚非。在“艳照门”事件的报道中，一方面指责明星私生活不检点；另一方面却乐此不疲地不放过事件的每一个细节，甚至记录下当事人的一言一行，并争先刊登不雅照片。表面上看，似乎是为了让新闻真实、全面，实际上是为了扩大报道版面，追求“眼球效应”。进入 21 世纪，中国的传媒业发展迅速，然而在市场经济的“ 利诱”下，个别媒体渐渐弱化了自身的免疫力而发生了异化。

新闻娱乐化应该引起国人的高度重视。“明星取代劳模，美女挤走学者，绯闻顶替事实，娱乐覆盖文化，低俗代替端庄”。过度娱乐化泯灭了媒体的良知，倘若媒体一味追踪“喜闻乐见”，而忽视了社会责任，恐怕不但不能承担社会监督的责任，反而可能会成为低级趣味的帮凶。有些传媒在大方针不出错误的情况下，热衷于报道一些骇人听闻的事件，这些事件也在一步步冲撞着人们的道德底线。如传媒对“杨丽娟追星事件”的过度参与、萨达姆被执行绞刑全程的过度渲染等，这些事件的背后无不透露着一个问题：传媒的道德底线在哪里？

凤凰卫视董事局主席刘长乐在“首届中国传媒领军人物年会暨第三届中国传

① 新华视点：《低俗讽“拷问媒体社会责任”》，http://news.sinhuanet.com/newscenter/2004—12/09/content_2313997htm

媒创新年会"上发言时说:"媒体应该掌握在有社会责任感的人手中!"① 他认为责任感和使命感能使我们透过红尘之中那些令人迷乱的种种现象看到问题的本质,就不会以"裸体加尸体"等哗众取宠的短视行为办媒体。无论我们的愿望是提高中国的文化竞争力,是向世界发出华人的声音,还是强化国家的软实力,都需要我们首先具备让世界尊重的品德、诚信和行业规则,这就是对良知的追求与传播。

2.利益驱动导致媒体的社会责任迷失

在市场经济发展的今天,经济效益是现代传媒活动无法忽视的问题,市场经济利益的刺激是传媒发展的推动力之一。但是,无论在什么样的社会环境中,经济效益都不应该成为传媒活动的首要目的甚至是唯一目的,这是由传媒角色的社会性质决定的。客观地说,"艳照门"事件不是传媒直接造成的,但自"艳照门"事件以来,海内外网络、电视、广播、报纸、期刊争先恐后、推波助澜、竞相热播,已逐步将报道演变成一种话语暴力,残酷地逼视着每一位受众,深度伤害了当事人及其家庭、朋友、"粉丝"和无法计数的未成年人。作为具有社会良知和担当意识的媒体,如何在类似事件面前坚守媒体的正确立场,不能不令人深思。大众传媒成为社会生活的一支重要力量,主要是因为它的社会功能。正是由于传媒的内容具有示范的作用,是构成社会文化环境的重要组成部分,对社会道德风气和价值观的形成,尤其对未成年人的健康成长具有很大的影响,所以,传媒在新闻传播活动中需要明确自己的社会责任,无论在什么情况下,都不能为了追求所谓的"眼球效应"、经济利益,而忽视甚至彻底放弃传媒应该承担的社会责任。

传媒的社会责任与新闻自由的权利一样,都是新闻业良性发展的立身之本。20 世纪中叶,美国哈钦斯新闻自由委员会认为"新闻自由处于危险之中",并围绕新闻自由和防止新闻界滥用权力的问题,发表了题为《一个自由而责任的新闻界》的报告,宣告了社会责任理论的诞生。从此,社会责任逐渐成为全世界新闻职业道德的基本原则。社会责任论认为,人类并非在任何时候都能合乎理性地作出正确判断,所以必须先有好的教育机制、好的新闻工作者激励人们运用理性,"真理"才有可能出现。

① 刘长乐:《中国媒体的视力、实力与压力》,《传媒》第 2 期,2008 年 2 月。

事件回顾:“软色情”

2009年,中国“扫黄打非”工作小组办公室联合十部委在全国组织开展了打击网络淫秽色情专项行动,其中对“软色情”网站进行了封杀。中国的互联网在貌似繁荣的景象之下,其实隐藏着巨大的危机状况,因此需要我们每个人增强判定和鉴别的能力。

“软色情”又称“温和色情”。与“硬色情”相对,指在图片、小说或其他文艺作品中出现的男女裸体形象,或其他包含能激发性兴奋或性刺激的场景。这些色情形象没有暴力或虐待,也不会使人产生暴力的联想。外国性学家认为这类“温和色情”基本无害,一些夫妻甚至可以此作为夫妻生活的辅助品。

中国是一个社会主义国家,因此色情产业将永远只能是一个“地下产业”。在其他国家的互联网上,由于存在专业的色情网站,因此任何一个互联网公司,除非打算做色情网站,否则单纯靠“软色情”,很难吸引到足够的眼球;而在中国则不然,由于色情网站的限制和屏蔽,促使这样一个有需求而没有供给的市场空间产生了,这必然会导致一批互联网从业人员为了追求利益而打“擦边球”的行为。以致屏幕、书籍、影视、广告、娱乐新闻到处都充斥着“软色情”的东西,甚至延伸到了朋友或同事之间偶尔讲的“荤段子”。

公安机关在中国重点网站、论坛设立网上“报警岗亭”和“虚拟警察”,这些举措对于净化网络,尤其对保护未成年人不受网上淫秽信息毒害大有好处。然而,网络色情又的确是个很复杂的问题。譬如,从法律角度究竟如何界定哪些行为、哪些内容属于网络色情?

大量视频网站充斥着‘软色情’内容。时下,诸如“巨胸美女”、“半裸照”、“走光”等相当露骨的词汇在多数合法的网站上可随处可见,点击进去则是大量虽未赤裸但却衣着暴露、举止不端的真人照片。上述照片虽然可能还构不成色情,但却显然均属“意识不良”。

对于这些大打“擦边球”的“软色情”内容,对缺乏独立辨别能力的青少年毒害最大。

“软色情”是互联网“浮躁”的根源和体现。“软色情”本来是色情穿上比基尼,同时也作践了互联网行业。网站运营者脑袋里已经认为软色情才是救命草,你技术再好,没点软色情你也发展不好,多种草可以长期不倒。这也是互联网的一个痼疾。

从监管来看，以往有关部门的打击范围均集中在法律能够确定的“硬色情”上，而对于“软色情”却鞭长莫及，这就变相鼓励了从业者大搞“软色情”，低风险地从广告中谋取巨大利益。“裸聊”必须依托相应的视频聊天软件，“软色情”也必须依托大型网站，谁是这些“网上毒菇”，大家看得一目了然。虽然打击“软色情”就震慑力而言不如破获几个色情网站团伙，但是其作用绝不逊于后者。尤其在法律相对滞后，类似“裸聊”这样的行为当前难以定罪的情形下，打击和彻底封杀“软色情”显得尤为重要。

《刑法》在“制作、贩卖、传播淫秽物品罪”中第三百六十七条对于“淫秽”给出的界定是：“具体描绘性行为或者露骨宣扬色情的淫秽性的……包含有色情内容的有艺术价值的文学、艺术作品”不算。这是作为法律定刑的犯罪构成予以认定的标准，也是打击网络淫秽色情的最为刚性的认定依据。但在一个“挂到网上就算发表”的个性化网络时代，在一个受众的信息汲取已几乎实现 P2P 模式的现实中，在缺乏传统媒体那样前置性编辑剪裁手段控制的网络环境里，认定什么叫“具体描绘”、“露骨宣扬”、“文学”、“艺术”，或者什么又称得上“文学作品”，“艺术作品”，这其中可能会存在很大的解释弹性。也正是这些弹性的客观存在，无法界定，为网上淫秽色情提供了躲避打击的说辞。

所谓的“软色情”、“打色情擦边球”的事情，每天都真真实实地发生在每个人的身边，因此，在鉴别那些隐蔽的、改头换面的“软色情”内容时，我们不能仅限于运用那些基于传统媒体介质建立的法律认定因素，还需要创新认定标准，提高鉴别技术，尤其对于那些隐蔽的“软色情”内容，需要更为严谨、理性且不失睿智的审视，把真正的感性和情调还原给生活，把真正的低俗和淫秽交给道德和法律。

思考题

1. 试析传媒道德失范的界定及表现形式。
2. 试析虚假新闻产生的原因及危害。
3. 试析有偿新闻的分类、特征及危害。
4. 试析新闻侵权的危害及产生的原因。

第五章　传媒道德规范与建设

● **本章要点：**

1. 重点把握传媒道德规范与建设的基本原理
2. 掌握传媒组织道德规范、传媒人职业道德规范、传媒道德环境建设
3. 正确认识传媒人职业道德建设基本观点，并在实践中不断提高传媒人的道德修养和素质

19世纪以来，传媒职业道德在许多国家都受到重视。进入20世纪以后，很多国家都制定了传媒职业道德规范，联合国也制订了国际新闻道德规约。像这样受到全世界普遍关注和重视的道德规范制订和职业道德建设，其他行业是不多见的。这一现象的出现，说明没有哪一种职业能够像传媒这样，对社会的稳定和发展以及人民的生活有着极大的影响；也没有哪一种职业的道德状况，对职业自身的生存发展有着如此密切的相关性。尤其在现代社会，传媒已成为国家政治、经济、文化生活中不可缺少的部分，人们对传媒业的关注程度超过了任何一种职业。因此，传媒职业的道德建设不得不引起社会和传媒自身的高度重视。

第一节　传媒组织道德规范

在全面建设小康社会的历史进程中，中共中央提出了以德治国的基本方略，其中特别要求思想政治战线更好地担负起以德治国的历史责任。就一个行业来说，“德治”的含义就是要“以德治业”，即用良好的职业道德来规范行业行为，来培育行业文明。传媒行业的“德治”，就是要用马克思主义的传媒职业道德观来规范职业

行为，培育传媒行业的精神文明之花。

在我国，传媒在国家的政治、经济、文化和社会生活中，在社会主义的物质文明和精神文明的建设中承担着特殊的功能，在引领社会风气、塑造社会风尚方面承担更多的责任。人们对新闻传媒寄予比其他行业更多的期许和厚望。每一个传媒组织和传媒工作者的职业行为直接关系到整个传媒事业的社会功能的发挥。因此，树立良好的职业道德，自觉地用马克思主义的传媒职业道德观来规范自己的职业行为，是社会主义传媒组织行使职业权利，完成职业使命和任务的基本条件。

一、传媒组织职业道德的基本内容

在中国革命和建设的实践中，我们党和政府十分重视传媒职业道德建设。在取得全国政权以前，我们党通过媒体宣传自己的思想和主张，并引导整个传媒界不断向前发展，形成了优良的道德传统和鲜明特色。主要表现为：马克思主义传媒伦理思想是其基本理论；为党和人民的利益而奋斗、自觉接受党的领导是其基本核心；维护传播的真实性是其基本立足点；依照党的意志办事，全心全意为人民服务是其基本的出发点和归宿。在马克思主义传媒伦理思想的指导下，我们党领导的传媒事业始终坚持无产阶级的党性原则，开展全党办报活动，坚持真理与正义，真心实意为人民大众服务、为社会服务，维护新闻的真实性，成为传媒道德伦理建设的典范。

新中国成立后，社会主义传媒事业得到快速发展。但是，经历了十年“文化大革命”的破坏，传媒界的不正之风日益严重，传媒职业道德建设问题引起党和政府以及社会各界的高度关注。1981 年，中共中央宣传部和首都各新闻单位共同研究制定了《记者守则(试行草案)》。这一试行草案是新中国成立后第一个成文的社会主义新闻职业道德规范。1991 年《中国新闻工作者职业道德准则》的颁布，成为中国社会主义新闻职业道德建设的一项具有里程碑意义的举措。1994 年、1997 年分别又对这一《准则》进行了两次修改。随着改革开放的不断深入，社会主义市场经济制度的建立，中宣部、广电总局、新闻出版总署、中国记者协会多次研究部署加强中国传媒职业道德建设问题，对新闻、出版、广告、网络等媒体的职业道德问题提出了新的要求和规范。

目前，中国社会主义传媒道德规范虽然尚未有一个全面系统的文本，但对其内容的界定已经有了一个共同的标准。具体内容可以概括为以下几点：

1. 坚持全心全意为人民服务的宗旨

这是社会主义传媒伦理道德的核心，也是我国社会主义传媒的根本宗旨。传媒组织要坚持对党负责与对人民负责的一致性。传媒组织及其从业人员应充分运用媒体，把党和国家的决策、主张，及时、准确地向人民群众传播，讴歌人民群众的创造才能和劳动业绩，正确反映他们的愿望、呼声和要求。

2. 坚持正确的舆论导向，把社会效益作为工作的最高准则

这是社会主义传媒伦理道德的灵魂。传媒组织及其从业人员要有高度的政治意识、大局意识、责任意识和导向意识，自觉为维护社会稳定，做好信息传播和舆论导向工作。正确处理经济效益和社会效益的关系，并始终把社会效益放在第一位。

3. 遵守宪法、法律和党的宣传纪律

这是社会主义传媒的政治道德。我国社会主义传媒在国家的政治、经济、文化生活中具有重要影响，因此，必须自觉维护传媒组织在社会中的信誉，在公众中树立遵纪守法的楷模形象。传媒组织及其从业人员必须在宪法和法律规定的范围内活动。要自觉维护国家安全，决不做有损国家利益的事情。

4. 坚持传播内容的真实性

这是社会主义传媒的基本道德要求。我国社会主义传媒事业始终坚持马克思主义世界观，坚持把客观事实作为大众传播的本源，依据现实生活，依据物质存在，依据客观事实来反映和传播信息。传媒组织及其从业人员要培养诚实公正的品德，要具有客观公正的职业态度。

5. 保持和发扬清正廉洁的作风

传媒组织的权力是人民赋予的，传媒组织应是人民利益的忠实代表者和坚定的维护者。传媒组织的清廉准则，是由传媒组织的党性原则所决定的。在传播活动中，传媒组织要严格自律，要自觉抵制拜金主义、享乐主义和极端个人主义思想的侵蚀，坚决反对有偿新闻和低俗传播。

6. 坚持公正客观原则

传播内容的公正客观性是传媒的生命力所在，它直接关系到社会主义传媒在人民群众中的信誉和声望，也直接关系到党和国家的威信。传媒组织及其从业人员不仅要真实反映客观事物，而且必须恪守公正准则，做到胸怀天下，不偏不倚，诚

实无私，永远保持公正的形象。

7. 发扬团结协作精神

社会主义传媒事业是党和人民的事业。团结协作是社会主义传媒组织的优良传统和作风。传媒组织之间以及传媒内部员工之间，应发扬互助友爱、团结协作的精神。在此基础上，开展正当的业务竞争。要尊重同行的劳动成果，反对抄袭和剽窃他人的劳动成果。在同国外同行的交往中，自觉维护祖国的尊严，维护我国社会主义传媒及其从业人员的尊严。

二、用马克思主义传媒道德观统领行业道德建设

马克思主义的传媒职业道德观，是马克思主义对传播媒体及其从业人员道德品质和行为准则的基本看法，是马克思主义的世界观、人生观和价值观在传媒职业道德领域的反映与体现。马克思主义传媒职业道德观的内涵十分丰富，它包括马克思主义对传媒职业道德原则、道德权利、道德义务和道德规范等一系列问题的基本看法。在马克思主义关于传媒职业道德的一系列观点和理念中，全心全意为人民服务是其基础和核心，它是决定和统率其他内容的东西。全心全意为人民服务是共产党人的根本宗旨，同时也是社会主义职业道德建设的基石。全心全意为人民服务不但体现着社会主义传媒事业的工作方针和工作宗旨，也包含着党和国家对社会主义传媒战线的道德要求，它是马克思主义传媒职业道德观的基本内涵和核心内容。

在现阶段，坚持马克思主义的传媒职业道德观具有特别重要的意义。

1. 它是传播媒体履行党和人民赋予的使命和任务的需要

坚持用正确的舆论引导人，是社会主义传媒义不容辞的政治责任和社会责任。准确、生动、鲜明地宣传党的路线、方针、政策和主张，及时、如实、充分地反映人民群众的呼声、愿望和要求，积极做好新闻宣传、热点引导和舆论监督是社会主义传媒必须承担的政治使命和社会任务。传播媒体要完成党和人民所赋予的这些使命和任务，就要自觉地把自己的全部工作同党和人民的需要，同国家的政治稳定、经济发展、民族团结和社会进步联系起来，就要有良好的道德观念和道德情操，就要时时、事事、处处以大局为重，以是否符合党和人民的利益作为衡量和检查职业行为的标准。这是党和人民对传播媒体最基本的道德要求。

2.它是树立媒体良好形象，纠正传媒行业不正之风的需要

从总体上说，新中国成立以来，我们党领导的传媒事业有着良好的职业道德传统，树立了较好的职业形象。但是也要看到，传媒行业也存在着一些不正之风。有些媒体在思想上和作风上背离了社会主义传媒事业的使命和道德责任，引起了公众的不满。突出表现是：有的工作敷衍，导致新闻报道失实；有的追逐私利，搞“有偿新闻”；有的无视法律法规，侵犯他人权益；有的猎奇求异，传播低级庸俗的东西。虽然各级传媒组织通过采取措施，加大思想道德建设力度，使得行业之风有所好转。但从当前一些媒体单位反映出来的情况看，问题依然不少，甚至有些还比较严重。因此，确立马克思主义的传媒职业道德观，并用其指导传媒行业的职业行为，依然是每个传媒组织必须重视的课题和必须实现的目标。

3.它是传媒战线有效应对当前所面临的国际传播环境挑战的需要

自上世纪80年代以来，国际社会在政治、经济、科技和社会文化等领域发生了前所未有的深刻变化。当今世界已进入信息时代，信息的竞争已成为国家之间控制舆论、争夺话语权的较量。面对国家软实力“西强我弱”、面对两种意识形态对立的格局，各级传媒组织应当保持清醒的头脑，打好牢固的思想基础。要注意加强作风和道德修养，坚持用马克思主义的传媒道德观武装自己，自觉抵制西方不健康文化的影响，特别是西方传媒价值观的侵蚀。要始终坚持社会主义传媒事业为人民服务的正确方向，绝不能在激烈的全球传媒竞争中乱了阵脚，迷失方向，丢弃自己安身立命的好道德、好传统。

用马克思主义传媒道德观统领职业道德建设，关键在于强化思想认识，把职业道德作为媒体建设的基础工程来抓。搞好传媒职业道德建设，说到底，是如何教育传媒从业人员做合格传媒人的工作。当前，传媒组织应当把职业道德建设工作放在思想教育的重要位置，提高认识，加强举措，下大工夫，花大气力，把职业道德建设搞上去。宁肯业务学习的时间减下来，也要保证职业道德建设活动的开展；宁肯其他工作安排得紧一些，也要保证职业道德建设工作的落实。要教育传媒从业人员树立崇高的理想和坚定的信念，坚持正确的行为取向。没有崇高的理想和坚定的信念，就不可能有良好的职业道德。有些人之所以职业道德素养不高，根本原因就是在理想信念上出了偏差。要教育传媒从业人员提高道德认识，认真学习和掌握道德理论，增强道德判断能力和道德行为控制能力，将道德行为升华为日常行为习惯，做合格的社会主义传媒工作者。

三、开展经常性制度化传媒伦理和职业道德教育

职业道德的树立与养成，最终还要看人自身的素质和觉悟。因此，任何情况下都要把人的思想教育放在第一位。加强传媒职业道德建设，主要有组织教育和自我学习两种方法，而组织的教育、帮助和引导是重要的途径。传媒单位的党、团组织以及行政、业务领导机构，要坚持对传媒从业人员进行经常性制度化的道德和理想教育，帮助他们树立马克思主义的传媒道德观和理想观。要通过富有成效的思想素质和道德素质教育，引导传媒从业人员明确自己的责任和义务，认清自己的身份和职责，时时自尊、自爱、自省、自悟，严格审视自己的言行，自觉地对其行为进行自我限制和自我约束。

1.职业道德教育的主要内容

(1)加强政治理论学习

认真学习马克思主义唯物史观与辩证法，认识历史发展规律，增强辨别是非的能力，认清事物是否顺应历史潮流。认真学习马克思主义传媒道德观，认清生活中的正确与错误，弄清什么行为是道德的，什么行为是不道德的，懂得为什么应该做一个合乎道德的人，正确评价自己和他人的行为是否道德。在道德规范与法律法规未涉及的领域，也能做到洁身自好，自省自律，牢固树立正确的道德观念。

(2)加强传媒理论修养

认真学习党和国家关于传媒工作的方针、政策，学习贯彻科学发展观。学习党中央和各级党组织关于加强传媒队伍思想建设的一系列重要指示，用科学的理论武装头脑，保持政治上的清醒与坚定，树立正确的世界观、人生观和价值观。认清传媒工作的性质和传媒工作者的责任，认清自己肩负的历史使命，在心中确立正确的道德观念和道德界限，在工作中树立良好的思想作风和工作作风。

(3)加强道德修养，提高道德境界

教育引导传媒工作者明确与牢记工作宗旨和自身应有的职业道德，以先公后私、先人后己、大公无私的道德境界来规范自己的言行，抛弃自私自利的思想和行为，时刻把祖国和人民的利益放在第一位。在工作实践中，坚决杜绝以权谋私的行为，并同违反职业道德的行为作斗争。

2.职业道德教育的主要方法

(1)身教与言教相结合

言教是品德形成的前提与指导,但言教只能使受教育者懂得为什么应该做一个合乎道德的人,而不能使受教育者完全想做、愿做、自觉去做一个合乎道德的人。而身教则是引导受教育者自觉践行道德的重要方法。古人说,“正人先正己”,“己不正焉能正人”。媒体及其管理者作为有约束力的组织和个人,不仅要求受教育者讲道德,而且自己应该首先讲道德。只有这样,受教育者才会产生同感,才会认为教育者公正、言行一致,从而自觉自愿地讲道德。反之,如果领导者、教育者只有言教而无身教,只要求别人讲道德,而自己却不讲道德,受教育者就会反感,就会认为领导者、教育者是把自己不愿意做的事让别人去做。于是,受教育者也就不会自觉自愿地讲道德,而会极力逃避道德。

(2)树立典型,发挥榜样的作用

榜样的力量是无穷的。道德要用道德榜样来培养。运用典型、开展向先进模范人物学习,是引导受教育者模仿、学习高尚品德的基本教育方法。这种方法基于人的模仿本性,每个人总是自觉不自觉地以现实和历史中的某些人为榜样而模仿他们。经过30多年改革开放和现代化建设实践的锻炼,我国传媒战线涌现了一大批先进模范人物,这些先进模范人物是职业道德建设的鲜活教材。开展向先进模范人物学习,会使高尚的职业道德和行业正气得到发扬。如果每一个传媒工作者都能以先进模范人物为榜样,我们的传媒职业道德建设就会出现新的气象。

(3)奖优惩劣,弘扬正气

对合乎传媒职业道德的行为给予褒奖,对违反传媒职业道德的行为给予惩戒,这是加强传媒职业道德建设的又一个基本教育方法。严格奖惩,可以使受教育者认清什么行为是正确的、高尚的,什么行为是错误的、可耻的,从而产生遵守道德的欲望、愿望。这样,道德就会由社会外在的规范而成为受教育者内在的需要。奖惩可以分为物质奖惩、精神奖惩、社会奖惩,应以精神奖惩、社会奖惩为主,物质奖惩为辅。通过奖惩,陶冶受教育者的职业道德情操,提高履行道德规范的自觉性。

(4)坚持不懈,持之以恒

加强传媒职业道德建设要克服一些模糊观念。如果认为抓业务、搞经营是硬指标、硬任务,是媒体赖以生存的东西,而从业人员的道德修养和思想作风建设是软指标、软任务,是无足轻重的东西,这种思想认识是极端有害的。那种职业道德和思想教育时有时无，时紧时松，想起来抓一阵，出了问题抓一阵，或是上级要来检查抓一阵，不能坚持不懈、持之以恒的做法，也是极不负责任的。如果仅靠开几个会，学几篇文章，定几条规矩就解决问题是不现实的。职业道德建设属于一种思想政治工作，需要通过长期的、经常性的、潜移默化的思想教育和引导才能收到良好的效果。要靠做深入细致的思想工作，靠科学的教育引导方法，善于抓住一些典型事例，让大家从中悟经验，找教训，受教育，只有这样才能收到实效。

四、建立与完善科学的可操作的职业道德规范

我国传媒职业道德失范的状况值得高度重视，需要我们采取积极有效的举措加以调控。改革开放以来，有关部门和部分媒体制定了相关的行为规范，但是，这些规范偏重于相对抽象的职业道德原则的概括，而且过于简略，缺乏可操作性，传媒职业道德建设多是停留在呼唤的层面。要改变这一现状，应从以下几方面着手。

1.规范条文要明确具体

在利益多元化和价值标准多元化的今天，个人的道德责任感和社会舆论不足以防止反道德行为的发生，需要有较大强制力的行为规则和原则予以调控。过于笼统、原则的规则，往往被人视为一般性的要求和号召，引不起思想上的重视，在行为上缺乏约束力。例如，有些对虚假报道、有偿新闻的惩罚措施规定："情节严重的，一律吊销记者证。"那么，如何界定"情节严重"？什么情节算是"严重"？有的规定"采访对象属于素有来往的关系"要回避。如何界定"素有来往"？有的规定"文责自负"，究竟自负什么责任呢？在市场经济环境下，纠正传媒职业道德失范，一般性的规定只能起到观念上的警示作用。加强职业道德建设，需要制定具体的、可感知的、明确的规范条文，需要提高传媒职业道德规范的水准。世界上许多国家对传媒职业道德规范的要求都是十分具体的。例如，韩国的《新闻道德实践纲要》，从采访准则、报道准则、评论原则、编辑方针，到对采访对象的公开和保护、报道保留时限、禁止情报的不正当利用以及出版物的转载引用等，都作了细致的明确的规定。英国广播公司(BBC)2005年制定的《工作手册——制播规范》，详尽地规定了节目采集、编辑、制作、播出的要求，对每道工序、每个工作岗位都有明确的操作规范，对违规行为都提出了明确的禁止性要求。实践表明，制定细致、具体的规范条文，对是与非、对正确与错误、对提倡什么禁止什么作出明确的界定，有利于传媒从业人员遵循，也便于相关部门监督管理。

2.规范条文要便于操作、易于执行

多年来，由于历史上的传媒组织一般由党政机关领导，视为党政机关的一个部分，因而传媒组织习惯于服从他律，而自律意识薄弱。无论是领导传媒的部门，还是媒体本身，遇到属于职业道德规范的问题，仍然习惯于通过发布党政文件或行政规章、执行文件和规章来解决。现在急需改变这种状况，需要制定出可操作性强的、细致的、区分明确的规范条文。规范条文要易于理解，便于操作，尽量避免抽象的政治化的道德要求或工作规定。在人们的思想觉悟还没有达到高度自觉的情况下，缺乏操作性的规范条文往往流于形式，无法得到落实。实践表明，规范条文具有可操作性，能够增强监督管理者的责任心，能够强化对从业人员的约束力。从世界各国情况来看，传媒职业道德规范条文都有较强的操作性。例如，美国新闻职业道德规约中，关于《记者道德律》就规定：新闻记者报道犯罪新闻时，对于有犯罪嫌疑的人，在法庭判决其有罪之前，只能当他为无罪者看待。犯罪新闻的写法，不可使受众引起误解或产生偏见。《瑞典舆论家联谊会出版规范》中，关于"尊重考虑"一节中规定：如与案情无关，在新闻标题写作上，不强调嫌疑犯或判罪者的种族、国籍、职责、政治主张和宗教信仰。这些规范条文非常明确，便于监督和执行。

3.规范条文要与时俱进，不断修正完善

当前新兴媒体大量涌现，大多数媒体已成为自负盈亏的经营主体，政治新闻不再是传播的主要内容，在民生新闻、娱乐新闻报道方面迅速发展，且变化速度极快。这种传媒角色的急速转变，使得一些传媒组织和从业人员来不及形成职业意识，不知道应当遵守什么样的职业道德规范。虽然政府管理部门和行业组织制定颁布了一些规范条文，但由于传媒事业发展很快，规范的针对性和及时性相对缺乏，因而约束力、执行力不强。为了促进传媒事业的健康发展，需要根据变化了的情况，对原有的职业道德规范进行补充和完善，不断制定和提出新的职业道德规范。在世界范围内，一些西方国家已在实践中逐步建立起新闻传媒业以道德规范进行自律的制度，其中一点就是不断地修正和补充道德规范的内容。例如，英国的新闻工作者《业务准则》自 1991 年 1 月正式发表以后，迄今已作过 10 余次修改。其中 1992 年到 1996 年期间，年年根据社会发展情况进行修改。1997 年戴安娜王妃死于车祸三个月以后，业务准则委员会对《准则》作了其六年历史中最重要的修改，将有关尊重隐私的条款列为重要的一条。

4.媒体要制定自身的实施细则

加强传媒职业道德建设,需要发挥两个方面的积极性:一个是政府管理部门的积极性;一个是媒体自身的积极性。政府管理部门要制定宏观的职业道德规范,媒体自身还应根据自身的实际情况制定具体的实施细则,把宏观的全行业的道德规范细化为具体的实施要求。政府管理部门制定的职业道德规范是针对全行业的普遍现象而制定的,不可能包括或代替每个媒体的具体行为准则。如果只是号召遵守上级颁布的职业道德规范,而无自身的具体的有针对性的实施要求,职业道德建设就难以落到实处。近年来,一些媒体针对自身实际制定了职业道德规范或行为准则,在职业道德建设方面取得了好的效果。如有的媒体规定,从业人员违反了媒体制定的道德伦理规范,并造成一定后果的,就要受到降职、降薪、解雇、开除等处分。这些规定对违规者和其他人员形成了深刻的教育与警示,有效地遏制了违反职业道德现象的发生。实践表明,在目前还不存在一个大多数从业人员认可的细致约定的职业道德规范的情况下,各传播媒体依据自身实际制定科学有效的职业道德规范,并采取严格措施加以贯彻执行,是加强职业道德建设的一条重要途径。

五、加强内部有效监管

现实告诉人们,如果传媒组织的领导者和管理者只看重经济效益或只对上级负责,不重视传媒内部监管,就会造成传媒从业人员道德失范现象的普遍发生。因此,加强内部有效监管是加强传媒职业道德建设的一条重要措施。

1.强化职业道德教育

传媒职业道德建设过程中,思想教育永远是第一位的。在传媒业发达的很多国家,传媒伦理道德教育向来都备受重视。我国媒体管理部门要克服重业务学习,轻伦理道德;重业务骨干培养,轻理念素养培养的片面认识,把职业道德教育渗透到传媒日常工作中去。可采取会议传达,集中讨论;上岗培训,日常教育;案例警示,纪律整顿等方式,抓好职业道德教育。要教育在一线的传媒工作人员树立终身学习的理念,除了认真遵守《公民道德建设纲要》等基本道德规范外,还必须遵守传媒职业道德准则。要廉洁奉公,正确使用手中的笔,自律自勉,抵得住诱惑,经得起考验。要激励从业人员深入社会实践,在实践中学习人民群众的好思想、好品格、好作风。要着眼创造一个良好的道德氛围,促进从业人员的道德素养达到一个新的境界。

搞好传媒职业道德建设，要重视抓好岗前培训。世界上传媒业发达的国家十分重视对传媒从业者的岗位培训。日本的传媒机构对招收的新成员，无论学的是什么专业，都要经过岗前培训才能上岗。不仅是业务培训，更重要的是进行爱岗爱社教育。各报社或有“社训”，或有“宗旨”，或有“伦理纲领”之类，对新成员进行这方面的教育，实质就是进行传媒伦理道德教育。从我国的情况看，从事传媒工作的人员一般都接受过高等教育。然而，对于职业道德方面，往往存在着“教育不足”的问题，普遍缺乏的是职业道德教育和法制教育。岗前准入教育是解决这个问题的好方式。在吸纳招聘传媒从业人员之后，上岗前进行系统的强化教育，能够收到事半功倍的效果。这不仅有利于为工作岗位提供优质的人才补给，而且有利于年轻人不走弯路，尽快成为优秀的传媒工作者。

2.建立严格的职业道德考评机制

任何道德都是制度环境中的道德，传媒职业道德受制于制度环境的影响。开展各种形式的伦理道德教育是提高传媒工作者道德素养的重要环节和必要条件。但教育并不是万能的，要想收到好的教育效果，还要有一系列日常的检查监督制度相配合，把教育和管理结合起来，把自律和他律结合起来，其中建立严格的职业道德考评机制就是有效的途径。

要定期召开思想、业务、作风讲评会，述职会。每个传媒从业人员都要进行述职，开展自我批评。这是职业道德考评的核心环节，是职业道德提升的关键步骤。具体可以从以下几个方面进行自评或互评：检查自身是否有强烈的社会责任感、历史责任感；是否立场（观点）正确、准确；是否捍卫了公众的正当权益；是否为个人、小集体谋取了不正当的利益等。

要建立媒体内部的评议制度。这种制度主要通过建章立制以及建立奖惩机制来实现。可定期召开内部的民主评议会，在自我批评的基础上，开展民主评议，相互监督，相互取长补短。民主评议的形式多种多样，可以采用问卷式调查，针对个人业务行为中的职业道德进行民主评议。这种形式可以把一些抽象的道德规范条文化为一个个具体生动的实例，从而在潜移默化中提高从业人员的道德素质。要实施严格的奖惩制度。媒体内部应每半年或每个季度对那些模范履行职业道德、认真按章办事的人员给予一定的物质奖励，同时在内部以及媒体上进行广泛宣传，提高和强化先进人物在公众中的形象。而对于那些没有认真履行职业道德的人员，轻者给予批评教育，重者给予严厉处罚，并在内部通报批评或在媒体上公开曝光直至除名。媒体内部的批评机制要有连续性，要严格按章办事。

要建立社会、公众对媒体和从业人员的批评制度。这是一种重要的、具有群众基础的传媒职业道德考评机制。可定期开展受众调查，了解传媒从业人员履行职业道德的情况。受众既是媒体信息的消费者，又是媒体报道的关注者，因此最有发言权和评判权。可定期召开公众座谈会，邀请普通受众、专家、学者参会并对传媒职业道德建设发表意见，提出建议。也可设立监督、举报电话。公众对传媒从业人员的非道德行为有权通过一定的渠道向有关管理部门投诉、举报。媒体要为公众的监督权创造条件，同时也要根据公众举报的线索进行受众调查以及相关责任人的调查，核实情况属实后，依据有关道德法规进行处理。目前个别媒体成立了专门机构，指定专门干部负责调查核实受众对媒体报道和从业人员违规行为的批评，每件事情调查核实后都应及时写出报告，媒体管理部门及时研究处理，这样才能有效地促进职业道德建设。但是，多数媒体还没有健全这样的机制，因此我国传媒职业道德建设任重道远。

3. 创新职业道德建设的管理机制

加强传媒从业人员的管理，既是党和人民的要求，也是广大传媒工作者的共同愿望。对传媒从业人员的道德行为进行制度调控，比开展思想教育、通过批评与自我批评调控具有更强的约束力。实践表明，如果对违反职业道德的现象做到有纪可依和违纪必究，就会把传媒工作者的行为严格控制在制度许可的范围内，道德行为就势必得到制度的约束。譬如，有的媒体单位创立了“职业道德承诺宣誓”、“礼品拍卖和礼金上缴”等管理制度；有的媒体与从业人员签订了“道德规范承诺书”，等等。这些管理制度，体现了传媒公平、公开、透明的管理原则，可使各种隐形收入、有偿新闻等非道德行为无处藏身。从有些媒体单位的经验看，要彻底消除违反职业道德的现象，就要建立和完善采编分离和编营分离制度。

采编分离，就是设立单独的编辑中心和各个采访部，对来路不明的稿件或有有偿新闻嫌疑的稿件，编辑有权拒发。

编营分离，就是严格执行新闻采编和广告经营分开的政策。采编工作和经营工作互不交叉、互不隶属，各司其职。经营人员专职做好经营工作，不涉及和干预采编业务。坚持“两条线”运作，坚决禁止向采编人员下达广告指标，坚决分清新闻和广告的界限。

具体做到“十不”：

- 不得以记者、编辑、审稿人等身份拉广告；
- 不得以新闻换广告；
- 不得以变相新闻形式播发广告；
- 不得为经营谋利操纵新闻报道；
- 不得以收听收看、订阅报刊为条件进行新闻报道；
- 不得以批评曝光为由强迫被采访报道单位或个人投入广告或提供赞助；
- 不得利用采编报道谋取不正当利益；
- 不得接受可能影响新闻报道客观公正的馈赠；
- 不得向采访报道对象或利害关系人索取财物和其他利益；
- 不得从事与职业无关的有偿中介活动。

实践表明，采编分离制度的优点就在于让编辑与采访前端脱离利益关系，保持对稿件的独立判断，强化编辑的自主性，使采访人员对自己的稿件是否能够发出来完全没有把握，切断有偿新闻和关系稿件的后路。编营分离制度则从流程上杜绝了非经营性收入的产生，使谋取不正当利益者达不到目的。

第二节 传媒人职业道德规范

传媒工作者是职业传播者和职业舆论反映者、引导者，要担当起这样的社会角色，完成所肩负的使命，需要具有较高的思想政治水平，公正、独立的道德品格，无私无畏捍卫真理的勇气和关键时刻为国家和公共利益敢于牺牲的精神。在大众眼里，传媒工作者又是一个广泛影响社会的群体，其言行往往关乎社会风尚和社会形象。所以，每一个传媒工作者都应当牢记自己应尽的义务，模范地遵守职业道德，谦虚谨慎，遵纪守法，踏踏实实地为人民为社会服务。

一、传媒人职业道德的基本内容

改革开放以来，我国的传媒事业发展迅速，空前繁荣。为加强社会主义政治文明、精神文明建设，党和政府加强了对传媒事业的管理和引导，陆续颁布了一系列关于新闻、出版、广告、网络等媒介的管理规定，对传媒从业人员的职业道德规范提出了要求。传媒从业人员应自觉履行以下职业道德规范。

1.服务人民,忠诚事业

传媒工作者属于知识分子阶层,他们有权享有生活给予每一个公民的基本权利。同时,他们又有着其他公民所没有的职业权利,这些权利就是采访权、舆论监督权、编辑权、传播权以及著作权。在我国,社会主义传媒事业是面向人民群众,服务人民群众的,是让人民群众通过传播媒介认识自己的利益和任务,表达意志和声音的。为人民服务、为社会服务既是传媒工作者的义务,同时也是传媒工作者的权利。要做到权利与义务的统一,就要与人民群众同呼吸、共命运,及时、准确地为他们提供各种各样的信息服务;就要热爱岗位,热爱本职,满腔热情地开展工作,用手中的笔,鼓励和支持人民群众的创造精神,并把他们的智慧集中起来,传播开去;就要接受人民群众的监督,帮助人民群众运用新闻媒介发扬社会主义民主,开展舆论批评,增强人民群众当家做主的责任感。

2.正确导向,恪尽职守

在我国,党、政府与人民群众的根本利益是一致的,传媒工作者理应当好党和人民的耳目喉舌。这既是传媒工作者承担的引导舆论的使命,也是传媒工作者的政治道德。所谓耳目,就是对上报真情、讲实话,有喜报喜,有忧报忧,及时向党和政府提供国内外的新信息、新情况。所谓喉舌,就是全面、准确、及时地宣传党的路线方针政策,传播党和政府的声音,充分发挥正确引导国内舆论、积极影响世界舆论的作用。传媒工作者要把握好正确的舆论导向,深刻、完整地反映人民群众在社会实践中涌现的新情况、新经验、新问题、新动向,及时地将公众所关心的现实问题和意见反映出来,真正肩负起“社会利器”、“国民向导”的历史重任。

3.真实报道,客观公正

准确真实的传播信息是传媒工作者应当认真履行的职业义务,也是最基本的道德规范。传媒工作者要做到“根据事实来描写事实”。所报道的事实必须做到准确无误,人要有其人,事要有其事,时间地点也要毫无差错。新闻中引用的材料,包括引语、数据、事例等必须准确可靠,即使是每个细节也必须完全与客观实际相符,既不夸大,也不缩小,更不应该弄虚作假,生编硬造。要从事实总体上、内在联系中把握事实,努力透过现象揭示事物的本质,对客观事物做出真实的反应。传媒从业人员要坚持公正的原则,从人民群众的根本利益出发,而不是从个人或小团体的私利出发。不得利用自己掌握的舆论工具发泄私愤,或作不正当报道。不偏听偏信,要多方面听取意见，若发现有不同的意见，在报道中要尽可能全面反映各种意见，不以自己的观点为取舍标准。

4.遵纪守法，廉洁自律

作为社会舆论的代言人和社会环境的监控者，传媒工作者在社会上具有相对独立的地位，这是社会的民主化生活给予传媒工作者的位置。传媒工作者作为社会公民的一部分，其活动本身也要受法律的监督和约束，超出法律的新闻自由和传播自由是不受法律保护的。传媒工作者并不因职业而获得超越于一般公民的权利。传媒工作者要严格遵守政治纪律，在思想上、政治上与党和政府保持高度一致，凡是涉及党的路线、方针、政策以及重大政治性的理论问题和宣传问题，对外必须统一于党中央的决定和口径，与党的步调一致。在社会主义市场经济条件下，传媒工作者要树立正确的传媒清廉观，在处理与传播相关的各种社会关系时要保持清正廉洁。要自觉抵制拜金主义、享乐主义、极端个人主义思想的侵蚀，培养清廉的道德人格和职业素养，树立传媒行业新风。在工作中，不得以任何名义索要、接受或借用采访报道对象的钱、物、有价证券、信用卡等；参加各种会议和活动不得索取和接受任何形式的礼金；不得在企事业单位兼职以获取报酬；不允许个人擅自组团进行采访报道活动；不得利用职务之便谋取私利。

5.学习群众，尊重同行

传媒工作者作为人民的公仆，要牢固树立群众观点，虚心向人民群众学习，密切联系群众，满腔热情地做好群众工作。在坚持宣传党的纲领路线和方针政策的同时，一定要当好人民群众的学生。在传播活动中，要深入基层，贴近实际，贴近生活，贴近群众，关心群众的生产、生活、工作和学习；热情反映群众的愿望和呼声，想人民之所想，急人民之所急，言人民之欲言，搞好新闻报道和信息传播工作。在工作中，要尊重同行和其他作者的著作权，反对抄袭、剽窃他人的劳动成果。

6.坚持正义，团结协作

传媒品格贵在公正。坚持真理，主持公道，支持正义，揭批邪恶，是传媒工作者赢得人民群众欢迎和尊重的根本所在。传媒工作者在传播报道时，不能“攻其一点，不及其余”；不能为尊者、贤者、亲者讳，更不能挟私报道，做“风派记者”。要为人正直，主持公道，判断公允，不怀偏私。传媒工作者不仅仅是事实的记录者，而且应该不为事实表象所惑，善于透过表象掌握事实的本质，勇敢而公正地用好自己手中的笔，揭露黑暗和腐败，伸张公理与正义，发挥舆论监督的作用。传媒工作者应当成为社会活动家，有胆有识，利用自身掌握政策和信息的优势，勇敢地揭露各种危害人民和社会的行径，自觉履行传媒工作的正义原则。传媒工作者要有宽阔的胸怀，强烈的大局意识、团队意识。要头脑清晰，思想敏锐，善于发现新事物，报道新现象，不人云亦云。在工作中要团结协作，互相配合，形成合力，建立平等、友爱、互助的同志关系。提倡互相支持、互相学习，开展正当的业务竞争。

二、传媒人职业道德责任

践行职业道德，关键在于具有强烈的道德责任感。在现阶段，我国的大众传媒拥有两个职责：一个是党和人民喉舌的职责，一个是赢利企业的职责。因此，在传媒业有两种文化：一方面，记者和编辑传统上视自己为揭示和传播真相的人；另一方面，媒体所有人、发行人以及管理层，则寻求在商业中不断赚取利润。市场经济最重要的道德基础是“责任感”，这种责任感源于对自己的一切后果负责的道德感。没有基于道德感基础之上的责任感，任何职业都将失去它的社会价值。随着现代传媒制度的建立，强化传媒道德责任已成为传媒经营管理中的重要措施凸显出来，已成为关系到媒体生死存亡、社会信息系统健康运行和精神文明建设的重大问题。在整个社会职业道德建设不尽如人意的情况下，传媒职业道德的进步显得尤为重要。这是因为，传媒具有社会监督的功能，它的失效会给社会进步带来负面影响。一个犯罪分子可能只会危害有限的受害人，但是媒介及其从业者的失误或失信，会给整个社会带来巨大的伤害，甚至于引起社会的动荡。所以，每一个传媒从业人员都要明白自己工作的重要性，明白自己所处岗位的巨大责任，而这就需要大力强化传媒人的道德责任感。

1.加强传媒人的职业精神培养

在社会转型时期，市场机制引发了传媒从业者行为的多种选择。我国的传播媒体在很长的时间里主要发挥着宣传喉舌的职能，这种职能无形中给传播媒体披上了“权力”的外衣，给一些媒体从业人员赋予了“官记者”、“代言人”的地位。改革开放后传播媒体虽然进入了市场，但对于必须具备的职业精神和职业工作规范却思想准备不足，对于传媒业的基本职业规范不甚具备，没有形成必要的职业规范约束机制，因而在实践中发生了许多涉及职业操守的问题。有偿新闻、封口费、软广告、人情稿、关系稿等等，都是传媒权利出卖给商业利益的直接表现。传媒从业人员的急剧扩充和频繁流动，社会的浮躁氛围，使得职业道德教育难以作为经常性工作来做，而容易倾向于追求实际利益。因而，我们需要强化传媒工作者的道德责任和职业精神培养。要采取多种方法，通过多种渠道，使传媒工作者认清自己的职业精神是担负着转型期的社会责任；传播媒体的道德义务是认清监视环境，守望社会，消除弊端，增进社会福祉。引导传媒工作者把握自己在社会中的角色，认清传媒的责任是瞭望者、监测者，而非参与者，切记不要把党和人民对传媒人的爱护与信任变成谋私的“权力”。要用崇高的职业精神，推动社会政治进步、维护文明公正、建设先进社会秩序。

2. 锤炼传媒人的道德情感和道德意志

欲望和感情是一个人行为的唯一动力，而道德感情则是道德行为的唯一动力。一个人如果没有道德感情，便绝不会有道德行为。对一名传媒工作者来说，讲真话、说实话是其天职，但在有的时候，讲真话、说实话是要担很大风险的。因此，一个传媒工作者要想做到任何时候都能讲真话、说实话，必须怀着深厚的感情，以及具有把任何风险都置之度外的对党对人民的高度责任感。有了道德感情，还必须有坚定的道德意志，才能把道德感情转化为实际的道德行为。因为道德行为是在一定的道德意志支配下完成的。作为一个传媒工作者，当面对丰富的大千世界和复杂的社会生活进行新闻报道时，首先就要选择运用什么样的手段去接近被报道的对象。作为报道行为的主体，既可以选择不同的采访手段、不同的报道时机；也可以选择不同的报道媒体、不同的报道语言、不同的报道形式。正是在这一系列的选择过程中，传媒人的主观能动性得到了最大限度的发挥，展现出许多具有主观认识意义的因素，这其中就包括了道德评价和道德冲突。一个人的道德意志主要表现在对动机冲突的解决、对道德行为的选择上。善的、道德的动机战胜了恶的、不道德的动机，就是有道德意志，就是道德意志坚强；恶的、不道德的动机战胜了善的、道德的动机，就是没有道德意志，就是道德意志薄弱。面对社会生活中的种种诱惑，面对利益多元语境下伦理道德的种种现象，传媒工作者必须要不断锤炼自己的道德意志，要知道自己的位置在哪里，要坚守基本的职业价值观念。在需要做出道德决断的时候，能够自觉地使道德的思想动机克服不道德的思想动机，能够克服履行道德动机的内外困难，从而做出道德行为。

3. 强化传媒品牌与传媒从业者个人道德品质的联系

传媒品牌是传媒组织及其从业者思想水准、艺术造诣、职业道德等诸多因素形成的产物，它反映着传媒组织和从业者的形象。把传媒品牌与传媒从业者个人道德品质联系起来，是强化传媒人道德责任的一条重要方法。传媒业出现违背职业道德的现象，部分原因在于，媒介个体的整体利益与每个个人的利益无关，个人的行为没有被规范在整体的行为模式之下，没有被视为整体品牌形象的延伸。这种状况导致人人都无视对媒体品牌、荣誉、公信力或者对职业道德的坚守。如果把个人利益同媒体整个品牌联系起来，把个人遵守职业道德同媒体的生存发展联系起来，就会有更多的人不能容忍类似情况出现，就会产生大家互相监督的职业氛围，就会增强道德责任，减少违反职业道德的可能性。实践表明，在激烈的市场竞争中，媒体的优良品牌对从业者的职业道德可以起到催生和固化作用。在媒体内部，要形成一种运作机制，防止个人只是把整体品牌当作自己获得私利的筹码，而意识不到自己的行为也会给整体品牌带来何种不良影响。传播媒体要有成熟的品牌意识，要建立起自己的品牌形象，并要求从业人员从一点一滴做起，维护品牌的公信力和信誉度。从这个意义上来说，传播媒体加强对从业者在维护品牌方面的教育引导并建立奖惩制度，对于树立良好的职业道德，维护传媒工作的严肃性和声誉，对于建设一支政治强、业务精、纪律严、作风正的传媒队伍，是具有显著作用的。

三、传媒人职业道德自律

传媒人的职业道德自律，是传媒从业者在道德上所进行的自我约束。马克思主义伦理学认为，道德规范的他律性如果不能转换为道德主体自己的自律，那么，对道德主体是毫无道德意义可言的。只有当外在的约束力转换为道德主体的内在约束，即道德主体的意志约束，才能从根本上提高道德水准。传媒从业者的道德自律体现在：一方面，传媒从业者不再把传媒职业道德规范、传媒工作管理条例等外在约束当作一种义务，而是从内心深处认识到遵循道德规范和有关法律是完全应该的，反之不遵循便会产生内心的痛苦和良心上的自责；另一方面，即使没有道德规范条文和法律条文涉及的领域，即使没有组织和他人的监督，传媒从业者在从事职业活动时，也会遵循职业道德，只要认为自己的行为有损于职业形象，便会自觉停止。我们的社会对传媒工作者寄予的希望比任何国家都大，因而传媒人的形象；传媒人是否意识到自己的职责，自觉遵循而不是靠外在力量控制自己的职业行为，就成为全社会瞩目的事情。为此，传媒工作者必须进行自我控制、自我调节，将义务感、荣誉感和尊严感结合起来，使自己能意识到对社会、对国家、对他人所承担的道德责任。只有强化了传媒人内在的道德良心、道德意志，传媒工作者的职业道德修养才能升华，才能在传播活动中自觉地遵守传媒工作者的职业道德规范和行为准则，切实地做到全心全意为人民、为社会服务。

1. 自觉遵守职业道德规范和法规条例

我国虽然尚未出台专门的传媒法或新闻法，但经过改革开放以来的实践和探索，我国法学界、司法界和传媒业界对有关传媒法、新闻法的研究已取得了一定的成果，各级政府和传媒管理机构也出台了一系列有关传媒工作、新闻工作的规章条例和制度，初步形成了一个较为完整的法律法规和规章制度体系。这些法律法规和规章制度散见于《宪法》、《民法通则》、《刑法》、《未成年人保护法》、《治安管理处罚条例》，以及《关于禁止有偿新闻的若干规定》、《中国新闻工作者职业道德准则》等有关规定中，共同构成了我国相关传媒法、新闻法的法律体系，为传播媒体和传媒从业人员把握职业活动的行为界限提供了行动指南。这些法律法规和规章制度是现阶段我国传媒事业的基本法律规范和职业道德规范，它们需要传媒从业者严格遵守。只有严格地遵守既有的法律法规和规章制度，才能规范传媒界的行为，才能保证传媒事业的健康发展，防止少数传媒从业者以身试法，从而更好地履行职责，为广大受众服务。

2. 强化自律意识，内化传媒人的职业角色

自律是一种精神境界，它主张人的道德精神的实现，要通过主体意志，自己给自己立法。自律不屈从于外部的压力和规范，否则就不称其为自律。有无自律意识，自律意识强还是弱，是传媒工作者能否履行职业道德的关键所在。传媒职业道德只有在传媒工作者真心诚意地接受，并转化为个人的情感、意志和信念时，才有可能发挥作用。

那么，什么是传媒工作者的自律呢？就是传媒工作者个人运用传媒道德准则及严格的专业标准，对其职业行为进行理性的自我约束和自我管理。它是传媒工作者崇高人格的体现，它直接指向传媒工作者的职业道德理性，把职业道德落在自律者的精神深处，从而转化为自觉的行为，自觉地对不良行为进行理性的抑制。

传媒工作者怎样才能形成道德良心，加强自律呢？第一，要在自己内心建立一个道德法庭。只有在内心真正存有道德法庭，才能在任何时候，任何地点都自觉地遵守职业道德。第二，要在内心建立正确的道德法庭。只有内心中的道德法庭以人民的利益为评判标准，才能使个人行为不偏离正确的方向。否则，即使能运用道

德良心来约束自己的行为，但如果约束方向偏离了群众的利益，也不能算是真正地干好了本职工作，说到底，就是要有正确的世界观指引。第三，要具备正确的判断能力。传媒职业活动是一个不断运动的过程，在这个过程中，各种新现象、新问题层出不穷，传媒工作者必须头脑清醒，具有准确判断事物对错的能力，这样才能使自己从事的职业成为推动社会进步的力量。

在当前，传媒从业人员要强化对自己角色的认知。要清醒地认识到，传播媒体是党和人民的耳目喉舌，但传媒人拥有的采访权和报道权是一种"权利"而不是"权力"。传媒工作者只有服务于公民的言论出版等权利，才拥有自己的工作权利。传媒从业者的权利归根到底是人民赋予的，是直接服务于人民大众的。在市场化条件下，传媒工作者仅仅坚守职业道德底线是不够的，还应该具有神圣崇高的理念，自觉抵制商业主义对信息传播的侵蚀。传媒工作者要有敏锐的政治眼光和强烈的责任意识，在繁多纷乱的社会表象中，挖掘出对于大众利益的影响最为重要的事件，并能洞察提炼出新闻事件背后所隐含的社会意义，从而为社会起到预警作用。传媒工作者应该具有无畏奉献的精神，能够在为社会公众守望时不怕困难，甚至敢于牺牲。全世界每年以身殉职的传媒记者有几百名之多，受到伤害和遭到精神打击的就更不计其数。因为社会大众需要传媒工作者去发现危害社会的因素，去揭露危害社会的现象，而这种发现和揭露必然带有一定的危险性。缺乏对于这种危险性的价值认知，缺乏无私无畏的精神，是很难履行好传媒工作者的职业角色的。

3. 自觉追求"慎独"的精神境界

传媒工作者的职业特点是流动性大，独立性强，一般情况下进行单独采访，独自处理稿件，因而具有"慎独"精神境界极为重要。

"慎独"是先贤倡导的一种自我约束方法，也是传媒工作者特别是传媒管理者应该具有的一种修养境界。

"慎独"一词最早出自《礼记・中庸》："道也者，不可须臾离也，可离非道也。是故君子戒慎乎其所不睹，恐惧乎其所不闻。莫见乎隐，莫显乎微。故君子慎其独也。""君子慎其独"的意思是，在独处、无人注意的时候，也要小心谨慎，严格要求自己，不做违背道德的事。"慎独"以自省作为起点和基础，强调道德修养必须在"隐"和"微"上下工夫，认为在最隐蔽的言行上能够看出一个人的思想，在最微小的事情上能够显示一个人的品质；强调道德修养必须达到这样一种境界，即在无人监督、无人知道的情况下，也能严格按道德原则办事；强调在社会公利和个人私利的对抗中要自我教育、自我监督、自我克制、自我完善，始终保持“慎独”的坚定性和自觉性。有些传媒从业人员之所以违反职业道德，一个重要原因就在于面对各种私欲时没有“慎独”克己的能力。

传媒从业人员“慎独”，具体应做到“六慎”：

一是慎始，把好“第一次”关口，防止“千里之堤，溃于蚁穴”。

二是慎终，做到一生精神支柱不倒、权力期权不用，防止晚节不保。

三是慎欲，不被钱、色、名等私欲俘获，做到“体民之情，遂民之欲”。

四是慎友，交有德之朋，绝无义之友，防止被“拉下水”。

五是慎言，要敢于讲真话，伸张正义；讲话要利于团结，防止口无遮拦。

六是慎断，要深入一线，挖掘事实真相，防止主观武断，弄虚作假。

“慎独”的要义在于勤勉自修，日日不辍。要常修从文之德，常怀律己之心，常思贪欲之害，常弃非分之想。既要以贤人的高风亮节怡情养性，又要以反面典型自省自警。要堂堂正正做人，清清白白做事。传媒从业人员要达到“慎独”的精神境界，不是靠几次学习和教育活动就能解决的，要坚持长期的修养和学习。传媒组织也必须不断完善制度和规范管理，纯洁从业人员队伍，坚持不懈地抓好思想道德建设。这是一个长期的艰巨的任务。

四、传媒人职业道德修养的主要途径

传媒职业道德修养，不仅是一个理论问题，更是一个实践问题。要使传媒职业道德规范成为传媒工作者行为的准则，必须依靠自己长期不懈的努力，自觉地进行修养和锻炼。因此，掌握正确的传媒职业道德修养的途径和方法是十分必要的。

1. 树立正确的世界观、人生观、价值观

传媒工作者的个人道德修养对传媒活动具有重要影响，很难想象一个思想道德素质低下的传媒工作者能在工作中体现出高尚的职业道德。因此，加强传媒职业道德修养必须从思想入手，树立正确的世界观、人生观和价值观。一个人在思想意识和品质上的锻炼和修养，反映出他的事业心和责任感。传媒工作者肩负着“以科学的理论武装人，以正确的舆论引导人，以高尚的精神塑造人，以优秀的作品鼓舞人”的神圣责任。传媒工作者应当具有政治上的敏感性、预见性和坚定性。政治敏锐性是传媒工作者政治素养的灵魂，是衡量传媒工作者政治是否合格的首要标准。只有具备了强烈的政治敏锐性，才能从宏观和微观上正确把握社会现状；才能

透析新闻事件，从理论的高度和政治的高度判断、分析问题；才能透过现象看本质，发掘出平凡事件中的重大线索和深刻主题。政治预见性是传媒工作者的政治洞察力，是观察问题、分析问题和解决问题的综合能力。传媒工作者只有站得高，看得远，不为假象所迷惑，才能正确地把握客观事物发生、发展的运动规律，增强新闻报道的科学性和先见之明。传媒工作者是社会舆论的引导者，要具备铁一样的政治坚定性。要坚定对马克思主义的信仰，对社会主义的信仰，坚定走中国特色社会主义道路的信心。政治坚定性，说到底就是政治信念和政治立场问题，无论什么时候，都要坚定社会主义方向不动摇，坚持党的领导不动摇，坚持党的基本路线不动摇，确保传媒工作的正确导向。传媒工作者要把担负的工作看成是一种崇高的社会事业，看成是一种为国家服务、为社会服务、为人民服务的社会工作，用一种执著的事业追求精神和职业热情努力工作。在市场经济条件下，腐败案件发生的原因有很多，但说到底，是人的世界观、人生观、价值观出了问题。传媒工作者只有在平时加强世界观、人生观和价值观的学习改造，加强个人操守修养，才能自觉抵制拜金主义、享乐主义和极端个人主义的诱惑，才能识别和抵御各种错误思潮的侵蚀，才能经得起各种风浪的考验，做人民满意的宣传鼓动员和监督员。

2.加强学习修养，用科学的理论和知识武装头脑

一个人的道德认识是可以提高的，道德情感是可以陶冶的，道德意志是可以锻炼的。但是，这都离不开学习。对于传媒工作者来说，通过学习，一方面可以使自己成为一个合乎道德的人，因为学习是获得道德知识的修养方法。另一方面，可以将学习作为提升自己职业道德水平的手段。马克思说过，只有用人类创造的全部知识财富来丰富自己的头脑，才能成为共产主义者。注重学习、钻研知识，不仅包含着重大的政治意义，而且也体现了社会主义传媒工作道德的基本要求。传媒工作者要让学习成为一种习惯，成为生活的一部分。学习要从三个方面入手：

(1)学习理论知识

加强理论知识素养是由传媒工作的性质决定的。这是因为，传媒工作带有强烈的政治色彩，传媒工作者无法回避政治立场、政治方向、以何种方法去认识世界和分析事物等问题。社会主义传媒事业的从业人员理所当然地应该认真学习马列主义、毛泽东思想基本理论，同时，在当前尤其要学习和掌握好中国特色社会主义理论体系和党的路线方针政策。传媒工作者政治素质的根本问题是坚定政治信念。只有具备较高的理论素质，才能做到政治头脑清醒和政治信念坚定。要做到

这一点，停留在口头上或凭朴素的感情是不行的。感觉只解决现象问题，理论才解决本质问题。只有不断提高理论素养，才能把崇高的理想、信念建立在理性的基础之上，才能保证在任何时候任何情况下，思想上、政治上和行动上都不会出现偏差，都符合社会主义传媒事业的规律和要求。

(2)学习传媒专业知识

这方面主要是指传媒专业基础知识的修养，包括社会主义传媒理论基本体系，中外传媒发展史以及传媒心理学、传媒伦理学、现代传播学、新闻采访学、新闻编辑学等专业知识。传媒工作者要有出色的文字表达能力。虽然广播电视、数字媒体有更丰富多样的信息传递方式，但写作技巧和文字表达能力仍然是传媒工作者最主要的基本功之一。传媒工作者要有驾驭现代采编工具的能力，这是一个传媒工作者不可缺少的技术能力。要学会熟练地掌握摄像机、录音机、照相机、电脑、电子照排、扫描仪以及其他先进的数码仪器设备。要能够掌握用外语采访与写作的本领。只有这样，才能满足日益激烈的传媒竞争的需要，才能更好地尽到一个传媒工作者的职责。

(3)加强相关基础知识修养

传媒职业不仅涉及各行各业、国计民生，而且传媒工作者还承担着社会教育者的角色。知识修养影响着传媒工作者的形象、气度，进而影响到信息传播的最终效果。这就要求传媒工作者的文化知识素养要达到一个比较高的水准。因此，传媒工作者要出色地完成本职工作，就必须以广博的知识为基础。传媒职业涉及和实际运用的学科十分庞杂，传媒工作者不仅要了解一些必要的自然科学知识，还要懂得文学、语言学、美学、哲学、经济学、社会学、公共关系学以及法学等人文和社会科学。实践表明，一个传媒工作者具备了良好的知识修养，就能够有效地提高自身对于各种事物的综合分析能力和写作能力；能够有效地打通采访通道，顺利地接触到社会各个层次的人物，提高采访活动的效率；能够很好地满足受众的求知欲望，提高所在媒体的威望和品位；能够有效地避免常识性错误的发生，从一定程度上确保信息传播的准确性。

3.改进作风，促进高尚道德养成

作风是一个人在思想上、工作上、生活上表现出来的状态和行为。看一个人的作风，就可以看出其道德是否高尚。传媒工作者的作风修养包括思想作风修养和工作作风修养。一是要树立敬业奉献的作风。要把爱岗敬业、甘于奉献作为自己的职业准则，对党的传媒事业有诚恳的工作态度，饱满的工作热情，旺盛的工作斗志，强烈的工作责任感和事业心。要淡泊名利，埋头苦干，在本职工作上默默奉献。二是要树立实事求是的作风。想问题，办事情，必须尊重客观实际，不能从主观愿望出发。要躬行实践，深入基层，深入群众，深入生活，做到报实情，讲真话，鼓实劲，力求信息的真实性，从而在全社会形成新闻报道真实、准确、生动、可信的良好作风。三是要树立艰苦奋斗的作风。要时刻保持清醒的头脑，从工作、生活的小事入手，规范自己的一言一行，努力做到防微杜渐。要努力维护和发展好群众利益，保持与群众的鱼水深情。作为党和群众的桥梁，要时刻想着群众，多到困难多、问题多、矛盾多的地方去，倾听群众的呼声，体察群众情绪。要努力学习人民群众勤劳朴素、不畏艰难、自强不息的精神，在工作实践中磨炼意志，锻炼情操。四是要树立清正廉洁的作风。坚决摒弃享乐主义、极端个人主义思想，坚决反对和杜绝见利忘义、权钱交易、徇私枉法等不良行为，用实际行动影响和营造良好的社会风尚。五是要树立严谨细致的作风。正确的舆论导向是传媒工作的生命，引导群众关注的问题离不开细致周密的工作。要有计划有步骤有重点地改进新闻宣传，不断提高舆论引导水平。要把思想性、指导性与可读性、可视性、可听性结合起来，把媒体办出特色，办出风格，有效地引导群众，更好地服务群众。六是要树立勇于创新的作风。传媒事业是与时俱进、常干常新的事业。传媒工作者需要树立创新意识，注重培养自己的创新能力。只有创新，传媒工作才有活力，才有吸引力；只有创新，传媒工作才能发展和进步。

4.努力躬行，自觉实践道德规范

良好的道德是一个人长期遵守道德的行为所形成和表现出来的心理自我。立志是道德形成的开端，学习是道德形成的指导，只有通过躬行，良好的道德才能养成。躬行，是道德养成的唯一途径、过程。只有躬行，把道德规范落实到实际行动上，一个人才可能具有高尚的道德，才可能成为一个合乎道德的人。俗话说，正人先正己。传媒工作者既宣传别人，又监督别人，自身应该成为建设和实践社会主义精神文明的模范。传媒工作者应该经常对自己恪守职业道德的情况进行对照检查，发现不足，及时弥补，发现问题，及时纠正，真正筑牢思想防线，在任何情况下都自觉实践职业道德。一是在不但自己知道，而且别人也知道的情况下，即在有别人监督的情况下，自觉按照道德规范做事；二是在他人不知道的情况下，即在无人监督的情况下，仍然按照道德规范做事。后一种情况更加可贵。偶尔地、时有时无地、时断时续地躬行和慎独所形成和表现的是偶尔的、多变的道德心理，只有恒久地、经常地、习惯性地躬行、慎独所形成和表现的才是稳固的道德心理，才能形成牢固的高尚的职业道德。

5. 克己自省，从点滴做起

荀子说："积土成山，风土兴焉；积水成渊，蛟龙兴焉；积善成德，而神明自得，圣心备焉。故不积跬步，无以至千里；不积小流，无以成江河。"①

高尚的道德人格和优秀的职业道德品质，不是一夜之间养成的，它需要一个长期积善的过程。在职业道德修养领域中，善恶之别，泾渭分明。善虽小，仍然不失其为善；恶虽小，也终究是恶。在职业生活中，只有不弃小善，才能积成大善，只有从点滴做起，才能有高尚的职业道德品质。平时不检点，不积善，只幻想有朝一日碰上一个紧要关头挺身而出，一个早上成为英雄人物，是根本不可能的。所以，要从大处着眼，从小事做起，从一言一行、一举一动做起，勿以善小而不为，勿以恶小而为之。这种防微杜渐的修养方法是职业道德养成的必经之道。

道德修养贵在持之以恒，长期坚持不懈。一时做到人人都可以，难的是时时处处都严格要求自己。这就需要传媒工作者对自己的道德行为不断进行自我反省、自我剖析和自我批评，如古人说的那样，"见贤思齐，见不贤而内自省"。只有坚持自省，才能知道自己的道德认识、道德情感、道德意志的实际情况，才能知道自己哪些行为是不符合道德要求的。这样，道德修养就有了依据，就可以有的放矢地改过迁善，从而自觉地成为一个真正合乎道德的人。

第三节 传媒道德环境建设

加强传媒职业道德建设，除传媒组织和传媒工作者的努力之外，还需要创造良好的环境氛围。人是社会的人，传媒工作者离不开社会大环境。道德环境对道德情感的培育起着至关重要的作用，道德环境好坏会改变人的认知取向进而影响人的情感认知。实践表明，在现实生活中，传媒工作者对道德的觉悟，在很大程度上受到环境的影响和制约。一个人在良好的道德环境中，会感到一股催人奋进的力量；相反，一个人在不好的道德环境中，也会潜移默化，沾染不良风气。风气能树

---

① 荀况：《荀子·劝学》。

人，风气亦能移人。因而，传媒职业道德建设应当与道德环境建设、道德治理同步进行，相互促进，共同发展。

一、建立和完善传媒职业道德监督机制

事物发展的规律告诉我们，内因是变化的根据，外因是变化的条件，外因通过内因而起作用。把传媒职业道德内化为思想和行为，不是空泛的，不是传媒从业人员想当然的事情，也不是光靠传媒单位领导教育就能行得通的，它需要依赖于一定的机制和制度。只有在这些机制和制度作为外界环境和条件的作用下，内化才能很好地发挥作用，才能收到良好的效果。改革开放以来，尽管我们已经有了一些相关的规章制度，尽管我们一直在对媒体组织和传媒从业人员进行职业道德教育，但是效果却不尽如人意。一个重要原因，就是缺乏完善的传媒职业道德监督机制。由于缺乏监督机制，道德教育、道德自律往往流于形式。实践证明，仅靠一些媒介机构和传媒从业者的自省、自查和自纠，许多违反传媒职业道德的行为是得不到有效制止和纠正的。因此，当前我国的传媒职业道德建设应当在完善监督机制上多下工夫，强化对媒体和从业人员职业行为的检查监督，从制度上建立起有利于传媒职业道德内化的外部环境。

1. 行政监管

传媒职业道德建设，离不开宣传部门和行政部门的监管。这种监管对于扼制传媒职业道德中的不良倾向，促进传媒职业道德的内化，是十分必要的。宣传部门和新闻出版、广播电视管理部门，要制定和完善这方面的监管制度和法规，加强这方面的监管力度。改革开放以来，宣传部门和政府有关部门制定了一些文件规定，强化了对媒体和传媒工作者职业行为的检查监督，取得了一定的成效，但还没有从根本上改变传媒职业道德滑坡的问题。主要表现在：一些监管制度不够细致，还有待进一步完善；一些监管法规没有出台，还有待制定；一些监管措施不够到位，还有待进一步加强。随着社会主义市场经济的发展和媒介市场的繁荣，需要不断补充和修改现有的职业道德规范。要根据出现的新情况、新问题，尤其要针对新兴媒体的快速发展，及时补充和完善《中国新闻工作者职业道德准则》的内容。适时召开会议，交流职业道德建设情况，组织机关部门经常检查职业道德履行情况，以促进中国传媒事业的健康发展。比如：北京某电视台“纸包子事件”发生以后，党委和政府部门责成该媒体迅速澄清事实真相，向社会公众作出深刻道歉，并对相关责任人

进行了严肃处理。实践表明，传媒只有真正存在于自律与他律的双重制约中，才能成为社会道德的表率。

2. 社会监督

传媒工作是一项社会性很强的工作，传媒职业道德建设必须置于社会的监督之下，特别需要社会公众的广泛参与，通过有影响力的社会舆论和行动进行辅助监督。这是因为，社会是新闻信息采访的源头，而新闻采访、信息采集大多是在离开单位的情况下由一个人或少数人在社会上进行的，因此传媒组织对传媒从业人员的约束和监管是有限的，这就需要全社会来共同监督和约束。然而，目前社会对传媒职业道德缺乏有力的监督。甚至有的个人和单位为了在新闻媒体发稿、播出以获得名利，给记者或媒体送钱送物，助长了传媒行业的不正之风。社会监督是一项系统工程，需要由采访对象、采访单位、党纪政纪、行政司法等方方面面来进行监督。为了搞好社会监督，媒体要开展广泛的受众调查。这项工作既可由传媒自身去做，也可由相关的社会调查机构或行政机关去做。通过受众调查，广泛地收集意见，适时地、有针对性地改进传播内容和传播方式，以提高传播水平，增强传播效果。通过受众调查，还可了解和掌握社会公众对传媒从业人员职业道德的评价，及时发现问题，总结教训，改进作风。传播媒介应该将开展广泛的受众调查作为一项固定的、长期坚持的工作，根据受众调查的结果，规范传媒从业人员的道德行为。只要社会监督的机制完备了，传媒行业的不正之风在社会上也就没有了市场，传媒职业道德建设也就有了社会保障。

3. 组织监督

这项监督主要是指传媒行业组织或传媒组织之间的监督。在我国，对传媒工作者的行业监督管理主要由各级传媒主管部门和中华全国新闻工作者联合会、中国报业协会、中国广播电视协会等行业组织共同完成。虽然国内行业自律组织也制定了一些行业道德规范，但总体而言监督手段缺乏，监督渠道单一，难以形成全面而有效的约束。因此，在强化原有自律组织监督职能，加大对违反职业道德的行业制裁的同时，可以借鉴国外的经验，制定详细的行业规范，建立多层次的自律监督体系。譬如，推行新闻行业评议制度，定期对违反职业道德的严重行为曝光；聘请专家或行业资深人士担任传媒内部的监察员，在条件成熟的时候也可以考虑成立一个由政府部门、学术界和传媒界知名人士组成的投诉委员会，将虚假新闻、“有偿新闻”等违背传媒职业道德的行为在媒体上公布，以形成强大的社会舆论压力。

同时，媒介内部要严格监督把关，健全责任追究制度。在采访环节中要制定有具体指导意见的记者工作手册，确保把职业道德规范落到实处。在编辑环节要强化编辑责任，编辑过程要严格遵守职业准则，进一步完善稿件审核签发程序，健全编辑、部门负责人、总编三级审稿制度，使违反职业道德的行为没有机会和市场。

4.群众监督

我国的传媒事业是人民的事业，传播媒体和从业人员归根结底都是在为人民服务。传媒工作的职业特点决定了传媒工作离不开群众。传媒作为舆论宣传阵地，只有处于群众的监督之下，才能在社会主义精神文明建设中发挥应有的作用。当前网络媒体的迅猛发展为传媒自律体系引入群众监督、形成良性互动机制开辟了广阔的空间。近些年，有的媒体开门整风，广发调查问卷，真诚征求群众对传媒从业人员职业道德的意见。有的公布了职业道德规范的相关制度及监督电话、电子邮箱，诚邀社会各界举报和监督。有的开通了专门的职业道德监督电话和总编的电子邮箱，对每一个投诉都进行认真的调查和处理，并及时将调查处理结果反馈给投诉人。实践告诉我们，政府和传媒要给予公众参与和监督传媒活动的平台，公众的广泛、深入参与和监督有助于形成良好的传媒道德舆论环境，进而提升传媒及其从业者的道德责任感、荣誉感。所以，当前需要整合社会资源，形成一股监督传媒的力量，在可操作的制度下，对违背传媒职业道德准则的行为形成舆论压力和防范机制，以促进我国传媒职业道德建设。

二、完善法律法规，促进传媒职业道德法制化

道德体现的是人类精神的自律，主要靠个人的道德责任感和社会舆论来保障实施。然而，在利益多元化和价值标准多元化的条件下，仅靠道德责任感和自身的约束不足以防止传媒职业不道德行为的发生。这是因为，传媒从业者有其自身的弱点和不足，且媒介自身的自律毕竟还有盲点，容易在市场经济条件下为追求自身利益最大化而违反职业道德。这就需要有较大强制力的行为规则和原则予以调控，而这个具有较大强制力的行为规则和原则就是法律。从人类思想道德发展史来看，美德最初总是他律的，是由社会外在规范转化而来的个人人格的道德。利用法律手段使部分道德义务上升为法律义务，并以国家强制力为后盾予以强制执行，这是维护社会基本秩序的必要手段。传媒职业道德法制化是解决传媒腐败问题的一条有力途径。

从世界范围来看，20 世纪 40 年代以后，世界主要国家纷纷加快了传媒职业道德建设的步伐，相关的职业道德规范陆续出台，或者旧有的规范不断完善和修订。如英国、德国等国家通过议会立法建立了新闻评议制度，美国、法国、日本等国家在新闻媒体内部建立了严格的内部纪律。尽管西方国家对媒体传播活动进行调控的方式各有侧重，但人们在加强社会调控方面达成了共识：新闻自由是宝贵的，但新闻自由不能滥用，政党、政府对新闻传媒依法进行适度的调控是完全必要的。为了防止传媒进入无序状态，政党和政府要不断地调适同新闻传媒的关系。对于传媒的调控保持着有理、有节、有序、有效的良好状态是十分重要的，否则就是对民主对法律的懈怠与失职。

我国的新闻法制史表明，对传媒活动的社会调控，既有法律的，又有行政的，但更主要的是通过党和政府的一系列文件、指示，党和政府颁布的决议、决定对传媒工作实施统一的调控。改革开放以来，我国的传媒立法工作越来越受到党和政府的重视，传媒事业管理法制化已在业界和社会上形成共识，一系列的传媒监管行政法规和制度已经出台，制定专门的新闻法、出版法和广播电视法的呼声也日益高涨。但是，从已经生效的新闻传媒的行政法规来看，目前我国对传媒的管理仍以党政调控为主，而这种调控又主要依靠文件和领导人的讲话，不够明确，不够具体，操作性差，一旦发生传媒诉讼和违纪违规案件，进行司法解决就相对困难。同时，传媒行业协会和一些传媒自律组织的调控力也比较软弱，在市场经济和传媒竞争日益加剧的情况下，这给传媒职业道德的失范留下了空间。如果说，转型期中国传媒职业道德困境的根本内在原因在于道德情感缺乏，那么，这种困境的外部原因主要在于制度环境的滞后和断裂。针对这种状况，自 20 世纪 80 年代以后，我国传媒界、新闻界、司法界和政府主管部门开始了对新闻传媒立法的开拓工作。新闻传媒立法是一项艰巨和复杂的工程，涉及如何界定新闻自由，如何对待舆论监督、党的领导与新闻法制之间的关系，维护社会利益与保护个人隐私等多方面的重大而又敏感的问题，立法的难度是非常大的。但是，随着改革开放和市场经济的深入发展，传媒立法又是必经之路。

在当前，应首先着重将一些传媒职业道德的内容法律化。譬如，权利并不必然是法律所赋予的，应将存在着权利冲突而又能加以比较分析的道德法律化。因为，在市场经济的竞争中，仅凭道德感的增强和提升并不能解决一切问题，必须借助法律手段才能抵制某些毫无道德的新闻和传播行为，特别是涉及公民财产权和新闻传媒的经济权利的一些行为。在现实生活中，新闻侵犯公民的人格权、公开权；传媒工作者参与媒体的经济活动等问题，只有依靠法律手段才能加以解决。尤其急迫的是应以法律手段限制媒体工作人员的有偿新闻和虚假新闻行为，限制把媒体变成谋私工具的行为。按照国际惯例，有偿新闻和虚假新闻行为既是道德准则又是法律规则的规约对象。在当今有偿新闻和虚假新闻屡禁不止且传媒道德滑坡的情况下，使部分道德义务上升为法律义务是完全必要的。在道德法律化的过程中，要避免"泛道德论"和"规则论"两个极端倾向，既不能将一切道德规范都法律化，也不能忽视、否认道德对法律的引导作用，否认法律的伦理基础。在传媒道德的法律化过程中，要坚持适度原则，只能将那些能转化为法律的传媒职业道德，那些有助于使传媒工作有序进行的最底层的传媒职业道德法律化，让传媒从业者明确地知道什么该做，什么不该做，违反了相关道德将受到何种法律的惩罚。

三、不断提高受众媒介素养

传媒职业道德建设是一项复杂的系统工程，它既需要加强传播媒介和从业人员的自律，培养专业主义素质，完善行业的法律、法规和制度建设等，也需要通过"个人自律、单位管理、司法监督"相结合的工作机制的建立，通过教育和管理共同发挥作用来创建良好的媒介环境。同时，加强广大受众的媒介素养教育也是传媒职业道德建设的路径之一。正如施拉姆在《大众传播的责任》一书中指出的那样："若要鼓励或督促媒体作负责任的表现，必须由政府、媒体及大众三方面共同承担，单单是政府、媒体或是大众是无法完成这项使命；同样，三方面之中也不能有一方面对之有所诿卸。"①

什么是受众的"媒介素养"呢？它是指公民所应该具有的获取、分析、评价和传播各种形式信息的能力。开展媒介素养教育，就是针对普通公众包括教授他们如何科学地、正确地认识和理解大众传媒的角色、性质和功能；建立起对媒介信息系统的批判性意识；提高对不良媒介信息的免疫力和对不同价值的选择性；最终学会有效利用媒介为个人成长和整个社会向着民主法制方向发展服务。总之，媒介素养教育，就是培养受众认知媒介、分析媒介信息、有能力正确判断和解读媒介信息，以及能利用媒介参与民主化进程，营造健康的媒介环境。

按照媒介生态学方面的相关理论，媒介生态系统的基本构成要素是媒介系统、社会系统和人群，以及这三者之间的相互关系和相互作用。在媒介与受众的互动

① 施拉姆：《大众传播的责任》，人民出版社 2004 年版。

关系中，媒介与受众其实是一种协同进化的关系。在传播过程中，媒介向受众传递信息，而受众通过选择接受还是拒绝媒介传播，对媒介进行反馈。传播者针对受众的反馈信息，采取调整编辑方针、改换内容、撤换人员等方式，回应受众的反馈。在这一生态系统中，媒介和受众任何一方自身性状的变化都会影响到另一方的变化，而另一方的性状反过来又会成为此方性状变化的诱因，如此循环往复，实行着两者协同进化的关系。在市场经济条件下，媒介与受众之间是共存共荣的关系。大众传播不仅是信息传播活动，而且是经济活动。媒介与受众是一种生产者与消费者的关系。生产者与消费者是不可分割的对立统一体，一方面，媒介需要根据受众的特点和需求选择新闻进行传播；另一方面，作为消费者的受众具有主体性，可根据主体自我和生产、生活需要，有意识地、批判地、自觉地进行信息选择与吸收，即受众根据自身的需要而取舍媒体。受众对媒介最经常的、最权威的“反作用”，就是对各种媒介的接触程度，即报纸的发行量、广播的收听率、电视的收视率、网络的点击率等。从这里我们可以看出，受众的媒介素养的重要性，只有当受众自身具有了良好的媒介素养，才能自觉抵制一些低级趣味的信息。受众的价值取向是高尚的，作为生产者的媒介也应根据受众的需求传播高尚健康的信息。在本世纪初，香港《东周刊》刊登出一幅裸照，受众认为此刊的做法触犯了社会公德的底线，触犯了受众作为消费者的利益，许多市民积极投诉，最终使《东周刊》停刊，黯然退出香港市场。从这里我们可以看出，公众的媒介素养在传媒职业道德建设中扮演着重要的角色。媒介素养高的受众，能够辨别信息的优劣，并抵制不良信息的影响；能够凭借自己掌握的媒介知识以及对信息的分析方法，来判断虚假新闻、媒介侵权行为、新闻的庸俗化倾向、广告宣传的错误价值观等等，并能够在判断的基础上对媒介进行监督。

在现阶段，我国受众的媒介素养普遍偏低，媒介素养教育还处于一个缺失的状态。搞好传媒道德职业建设，迫切需要加强受众的媒介素养教育。

对社会和公众进行媒介素养教育应把握以下几个方面的内容。

1.引导受众建立对信息的批判理念，反思媒介信息内容

通过普及媒介素养教育，让民众知道在现代社会中媒介批评的意义，帮助民众确立媒介批评和监督的自觉意识，帮助媒介不断总结经验教训，减少缺点失误，更好地为社会为公众服务。学会如何理性地辨别信息的意义，辨别媒介真实与社会真实，不盲目相信或采用信息，并在此基础上决定自己的态度和行为。

2.引导受众形成对媒介性质和功能的正确认识

这是媒介素养的基础，直接影响甚至决定着受众对媒介利用、参与的态度和行

为。在信息社会里，认识媒介是生存的必要条件之一。要让民众了解媒介的一些基本知识，学会较完整、较客观地评价媒介的性质、功能和局限。媒介提供的所有信息都是政治、经济、文化等多种因素相互作用的结果。要教育受众，当决定利用大众传媒时，首先要在对媒介认识的基础上去发现信息对自己或对社会的意义。一个成熟的受众面对汹涌而来的信息，要具备一种思想过滤的能力，能够有效地处理信息，根据自己的需要有目的地选择媒介的种类、传播的内容及形式。

3. 引导受众提高分析媒介及信息的技巧，增强对负面信息的免疫能力

由于各种复杂的原因，大众传媒中经常存在着一些负面信息，即不被主流社会所接受的信息。媒介素养教育要不断地列举并评论这些负面信息，向受众传授和推广自我把关意识，以提高受众对负面信息的免疫能力。受众在接受媒介传送的信息之后，能够利用所学的媒介素养知识去分析去辨别，从众多的信息中汲取有益的信息，从表层的信息中发现相关的隐秘的意识形态的控制，从过去和现在的信息中推演出未来的信息。

4. 引导受众学会利用媒介促其成长进步

这是公众媒介素养教育的根本目的所在。认识媒介是为了运用。媒介素养教育的落脚点是使受众能从媒介传播中获得对自己劳动、学习、生活和娱乐有效与有益的信息；使受众知道怎样借助媒介完善自己、发展自我。具体说，就是要使民众知道怎样利用媒介来维护国家及相关法律所赋予自己的各种权利，如知情权、参政权、议政权以及名誉权、姓名权、肖像权、隐私权等；知道怎样利用各种媒体对国家机关及公务人员的决策、工作、作风等情况发表意见，开展批评，实行监督。

总之，开展具有中国特色的媒介素养教育，能够加强对传媒职业道德建设的他律，优化传媒环境，营造一个和谐、健康、良性的媒介生态环境，从而促进我国传媒事业的持续健康发展。

思考题

1. 如何理解传媒组织职业道德的规范？
2. 传媒职业道德教育的主要内容是什么？
3. 传媒人职业道德规范的基本内容是什么？
4. 传媒人如何努力自觉实践道德规范？

第六章　美、英、日及我国台湾地区传媒伦理规范

● **本章要点：**

1. 了解美、英、日及我国台湾地区传媒伦理规范的形成过程。
2. 了解美、英、日及我国台湾地区传媒伦理规范的特点。
3. 初步学会分析这些规范的价值和意义。

本章着重介绍美国、英国、日本以及我国台湾地区的传媒伦理的发展历程。

英国和美国是新闻传媒业兴起比较早、发展程度比较高、新闻职业道德建设比较完善的国家。相对而言，英国的传媒伦理规范内容详细，可操作性强，而美国的规范是概括而富有纲领性的。日本与我国在地域、文化等方面具有相似之处。台湾的传媒伦理比大陆发展的更加完善。

希望通过介绍美国、英语、日本及我国台湾地区的传媒伦理发展的现状，为我国传媒伦理道德建设提供借鉴。

第一节　美国传媒伦理规范的演进历程

一、美国传媒伦理规范的形成历史

美国是世界上新闻道德建设起步最早的国家，也是新闻道德建设最为成熟的国家。早在 1791 年美国国会制定宪法草案时就写明：“任何一州都不得侵犯言论自由或良心的平等权利。”后经参众两院通过的宪法第一条修正案规定：“国会不得制定关于下列事项的法律：确定宗教或禁止信仰自由；剥夺人民言论自由或出版自

由；剥夺人民和平集会及向政府请愿的权利。”因此，美国新闻界在行使新闻自由权利时几乎很少受到限制，新闻自由的确为美国新闻业的发展提供了很好的环境[①]。

然而，随着自由主义的泛滥，新闻业逐渐失去了道德约束。尤其是在进入政党报刊时期后，各政党均站在本党派的立场上，对政敌进行诋毁、指责、谩骂，报业渐失公信力。随后，当商业报刊成为报业发展主流后，强烈的经济导向又使得新闻媒介转而追求利润最大化，黄色新闻、庸俗新闻充斥版面，甚至虚造各种假新闻。例如《纽约太阳报》为达到增加报纸销量的目的，捏造了一系列英国天文学家发现月球人的报道，违背新闻立场的类似事例极为普遍。[②]

在美国新闻业遭到前所未有的危机之时，一些有识之士再度开始关注新闻道德问题，呼吁新闻从业人员在行使新闻自由权利时必须顾及自己的社会责任。从19世纪上半叶开始，美国新闻界就着手进行新闻道德建设。最初的新闻道德要求出现在报业主对其从业人员的要求之中。一些报纸在制订办报方针或工作守则时，对从业人员的社会责任与公德作出规定。例如，《纽约论坛报》的办报方针是："努力维护人民的利益和促进他们道德的、社会的和政治的权益"；"摒弃许多著名便士报中不道德的、下流的警察局新闻、广告和一些其他材料"；"尽心尽力地把报纸办成赢得善良的、有教养的人们嘉许的、受欢迎的家庭常客。"《纽约太阳报》也制定了13条规定，要求从业人员所采写的"人物访问记"在未经采访者许可时不得发表，引用已经发表的材料时须注明材料来源、严格区分新闻与广告等等。普利策关于《邮讯报》办报方针的声明是：不为党派服务，而为人民服务；不是共和党的喉舌，而是真理的喉舌；不追随任何主张，只遵循自己的结论；不支持行政当局，而是批评它；反对一切骗局，不管发生于何处，也不管它是何种性质的；提倡道德原则和思想，不提倡偏见和党见派性。[③]《纽约时报》提出"所有新闻都是适合刊登的新闻"，并且刊印在报眼位置上，时刻告诫工作人员重视职业道德问题。这些报业主制定的内部工作准则，是美国新闻道德建设的最初萌芽。

进入20世纪后，整个行业性的新闻道德规范开始出现。1908年，美国密苏里大学新闻学院创建人和首任院长沃尔特·威廉主持制定了《记者守则》，首次提出一个全面而又系统的新闻道德规范。《守则》认为，新闻事业是一种专门职业，其成功之道在于敬畏上帝和尊重人类，坚持超然地位，不为成见和权力的贪欲所动摇；

---

① 关岩德：《美国新闻道德建设简况》，《国际新闻界》1998年第1期，第28—31页。

② 黄瑚：《美国新闻道德建设及其理论基础》，《新闻大学》1995年第4期，第43—47页。

③ 埃德温·埃默里著：《美国新闻史》，展江译，中国人民大学出版社2004年版。

新闻报道必须真实、正确、公正、符合社会公益;一家大众报纸必须为大众服务。

1922年,美国报纸编辑协会成立,这是美国报业的行业性自律组织,其成立的目的是为了解决报业滥用自由而损害公众利益;解决与传媒职业道德相违背的普遍性问题。在其成立大会上就通过了《新闻记者规范》,强调新闻从业人员必须具有道德责任感。新闻自由是作为一项极其重大的权利而予以维护的,新闻记者不应为了任何私利或其他不正当目的而滥用其权力,要忠于其所承受的一种崇高的信托;新闻事业应该忠于读者、忠于公众利益;新闻报道应避免含有观点或成见以及损人名誉或传播卑劣行为的诱导因素。在美国报纸编辑协会所制定的《规范》的基础上,职业新闻工作协会也于1973年创立了自己的规范。此后一段时间,新闻道德规范建设受到广泛的重视。广播电视新闻主任协会、美联社主编协会、美国报纸主编协会和旅行记者、体育记者、社论作者以及商务记者等全国性的行为组织都修正或创立了自己的规范;新闻机构也开始制定规章制度。

这些行业性新闻道德规范的问世,标志着美国新闻道德建设向前迈进了一大步。这些规范也为世界上其他国家的新闻道德建设工作提供了依据。

二、美国有代表性的传媒伦理规范

美国报纸编辑协会在其成立初期就制定了《新闻记者规范》,这为美国新闻类其他协会制定相应的规范奠定了基础。

美国报纸编辑协会(ASNE)信条宣言

(本文件自1922年开始作为《新闻记者规范》被采用,1975年被修改,并重新命名为《信条宣言》)

绪言

第一修正案保护言论自由不被任何法律剥夺,保证人们通过媒体表达言论的宪法权利,并因此赋予报纸工作者一项特别的使命。所以新闻工作对其从业者,除了行业和知识的要求外,还要针对新闻工作者的特殊使命对其追求正直品质的情况有所要求。为此目的,美国报纸编辑协会制定本原则声明,作为职业表现和工作道德的最高标准。

第一条　责任。搜集和传播新闻与意见的最初目的是服务大众利益,将情况通知他们,使他们能对当时的情况作出判断。为个人私利或不值得的目的滥用自己专业力量的报人,将辜负公众的信任。美国新闻媒体是自由的,这不仅是为了告知大众,或作为一个争辩的论坛,也是为了能对社会中的力量,包括政府各级官员的行为,进行独立的检查。

第二条 新闻自由。新闻自由属于人民。必须保护新闻自由不受来自任何公共或私人集团的侵蚀与破坏。新闻记者必须时时警惕,关注公共事务是否在公开场合下讨论解决。他们必须同任何利用新闻媒体为自己谋私利的企图进行勇敢的斗争。

第三条 独立性。新闻记者必须避免任何表面或实质上的不适当、表面或实质上的利益冲突。他们既不应该收受任何东西,也不应该参加任何看起来有可能伤害他们正直性的活动。

第四条 真实与准确。来自读者的良好信任是优秀新闻的基础。应该不惜一切努力保证新闻的准确、没有偏见、平衡表达各方意见。社论、分析文章和评论,在准确性上应该与报道中的事实做同样的要求。严重的事实错误,和疏忽产生的错误,都应该做最快的和突出的更正。

第五条 公正。公正并不意味着新闻媒体不应该进行质问,或者不应该发社论表示意见。但是,它却要求媒体在新闻报道和媒体意见之间为读者画出一条清晰的界线。其中有观点和个人意见的文章应被明确标识出来。

第六条 正义性。新闻记者应该尊重被报道的人们的权利,遵守普通的正派的标准,对其报道的准确性和正义性向公众负责。被公开指控的人应该在最早的时间得到做出反应的机会。保证为新闻来源保密是要花很大代价的,因此不应轻易承诺。除非有十分清楚和急切的要求为新闻来源保密,他们应该被明确指出来。

这些准则是为了保持、保护和加强联结美国新闻工作者和美国人民的信任和尊敬,这种联结对确保这个国家的创始人委托给美国新闻工作者和美国人民的言论自由事关重大。

《信条宣言》与欧洲各国的自律规范类型不同,简短而富有概括性。六大条款都是以新闻自由为基础做出的规定,用以避免滥用新闻自由,保护真正的新闻自由。六大条款分别规定了责任、新闻自由、独立性、真实与准确、公正、正义性,并阐述了作为新闻工作者应当如何做才能符合社会赋予的特别使命及职业道德。这六大条款也显示出新闻职业道德的整体框架,影响了后来许多国家新闻道德规范的制定。

有研究者认为,美国的《信条宣言》是一部成熟规则的典范,是新闻事业长期繁荣、不断进步所积累的结果,并非面面俱到,但却处处关系整个新闻事业的秩序维持。也有研究者认为，《信条宣言》过于概括而缺乏操作性，趋近于道德指导而不利于自律指导。《信条宣言》的非操作性特点与美国的新闻业特点有关，媒体内部的自律并不需要规范过于体现操作性，《信条宣言》本身就是维持新闻业秩序的纲领性规范，因此也不需要更多的操作性，这也恰恰是美国《信条宣言》的最大特点。

在《信条宣言》的基础之上，美国又制定了各种规范，例如《广播电视新闻主任协会章程》和《美国职业新闻记者协会职业伦理规范》。

相比较而言，以《信条宣言》为基础，在其之后制定的各种规范更具操作性。例如，美国广播电视新闻主任协会于 1987 年通过的《协会章程》，规范了广播电视记者的职责，并且对记者的具体行为做了规定。美国职业新闻记者协会于 1996 年 9 月修订并通过了《职业新闻记者职业伦理规范》，对新闻记者也提出了较为详细具体的行为要求。例如，《美国职业新闻记者协会职业伦理规范》第一条规定，“追求真实并加以报道”，“新闻记者应该忠实、公正和勇敢地搜集报道和转述信息。”接着提出了“减少伤害”原则。这对记者的行为做出了具体规定，当记者面对救助生命与采拍新闻的矛盾时，该做何选择，新闻记者的职业伦理规范指出，新闻记者要放下手中的笔和摄像机，去救助岌岌可危的生命，这也是新闻界公认的伦理原则。1993 年，南非摄影记者凯文·卡特和西尔瓦一起去拍摄遍地饿殍的苏丹叛乱活动，他们拍摄到快要饿死的人的悲惨景象，并以作品《饥饿的小女孩》获得 1994 年普利策新闻特写摄影奖。尽管他获得了此奖，但最终还是因无法承担社会舆论的指责而选择自杀。因此，相对而言，美国职业新闻记者协会的职业伦理规范内容更具操作性一些，更有利于指导记者的具体行为。

广播电视新闻主任协会章程

（广播电视新闻主任协会董事会 1987 年 8 月 31 日一致通过）

广播电视记者的职责是准确、诚实、公正收集和报道与公众利益有关的重要新闻。广播电视新闻主任协会的会员接受以下要求并将：

- 努力以公正、准确和平衡的方法播出新闻资料。
- 评价信息的唯一标准是新闻价值，不追求轰动效应，不以任何形式误导着重点。
- 保证不用视听材料欺骗受众。
- 不把经过排演的新闻材料当作真实的新闻场景播出。
- 只在必要时才披露有关人士的种族、信仰、民族和身份地位。

- 意见与评论部分要加以注明。
- 迅速承认和改正错误。
- 行为举止得体，以避免陷入业已存在的初露端倪的利益冲突。拒收会影响或可能会影响其判断的礼物或纪念品。
- 尊重与之打交道的人的尊严、隐私和安宁。
- 保护消息来源。许诺为其保密就必须保证做到。
- 法律面前，人人平等。
- 转播其他台的节目需经允许。
- 积极鼓励所有记者遵守此规范，不论他们是否是广播电视新闻主任协会的成员。

美国职业新闻记者协会职业伦理规范

（1996年9月修订）

一、绪言

职业新闻记者协会成员相信，公众的启蒙是正义的先驱，民主的基石。新闻记者的职责就是通过追求真实，提供关于事件和问题的全面公平的叙述，达到启蒙公众的目的。来自所有专门领域和媒体的有责任感的记者，都努力彻底和忠实地为公众服务。职业正直感是记者信誉的基础，协会成员因此对于职业道德行为产生共同认识，并采用本规范作为协会实践原则和标准的声明。

二、追求真实并加以报道

新闻记者应该忠实、公正和勇敢地搜集报道和转述信息。新闻记者应该：

1）检验来自所有来源的信息的准确性，小心避免无意的错误。绝不允许故意扭曲。

2）努力找到报道的主体，给他们对于声称的错误行为做出反应的机会。

3）任何可能的时候，都要指明消息来源。公众应该有尽可能多的信息来判断消息来源的可靠性。

4）在承诺保证信息来源匿名之前，永远要质问一下信息来源的动机。要对为换取信息而作出的承诺中各种可能的情况都做出清楚的说明，一旦承诺，则保守诺言。

5）确保标题、导读和其他突出处理的材料、照片、音像、图表、声音和引语都表达无误。

6)避免在转述和连续性的报道中误导。如果有必要转述别的媒体一条新闻，可以这样做，但要标识清楚。

7)除非传统的公开的方法不能得到对公众至关重要的信息，不要采用秘密的或窃听式的方法获取信息。如果使用了这样的方法，在报道中应该加以说明。

8)永远不要剽窃。

9)勇敢地讲述关于人类经验多样性和广泛性的报道，尽管这些经验可能是不经常有的。

10)检查自己的文化价值观念，并避免将这些价值观念强加给别人。

11)观察人时不要被民族、性别、年龄、宗教、种族、地域、性取向、是否残障、外貌或社会地位这些因素框住。

12)支持公开的意见交流，即使这些意见自己很反感。

13)让无声的人们发出声音；官方信息和非官方的信息给以同样价值对待。

14)在鼓吹文章和新闻报道之间做出明确区分。分析性文章和评论应被明确标出，以免与事实和报道文本相混。

15)对广告和新闻做区分，避免出现模糊二者界限的杂交式文章。

16)认识到自己的特殊使命，要确保公众事务是公开处理的，而且政府记录可以公开查阅。

三、减小伤害

有职业操守的记者把新闻来源、采访对象和同事都看作值得尊敬的人。新闻记者应该：

1)对那些可能因为新闻报道而受到负面影响的人们表示同情。当面对孩子和没有经验的新闻来源或新闻主体时，要特别小心。

2)当采访和使用受到正在悲伤中的人们的照片时，要特别小心。

3)要认识到采集和报道信息会引起伤害和不适，报道新闻并不意味着你就可以傲慢自大。

4)要认识到，一般人比公共官员和追求权力、影响和希望引起人们注意的其他人有更多的权利保有关于自己的信息。只有当有十分迫切的公共需要时，侵入任何人的私人领域获取信息才是正当的。

5)品位要高。避免迎合任何低级趣味。

6)在指出青少年犯罪嫌疑人或性犯罪受害人时，要非常谨慎。

7)在正式控诉文件出来之前指明犯罪嫌疑人时，要非常审慎。

8)在公众被告知的权利和犯罪嫌疑人被公正审判的权利之间寻求平衡。

四、独立行动

除了公众的知情权之外,新闻记者不应该对任何其他利益负有责任。新闻记者应该:

1)避免自己的利益与采访发生冲突,不管是现实的利益还是可能的利益。

2)不参加任何可能伤害自己公正和信誉的组织和活动。

3)如果将伤害记者的正直感,拒绝一切礼物、好处、费用、免费旅游和特殊对待,并避免第二职业、政治涉入、在公共办公机构或社区机构工作。

4)如果这些冲突必不可免,那么将它们暴露出来。

5)勇敢地要求那些拥有权力者负起责任。

6)拒绝广告商的优厚待遇和特殊利益,抵制他们企图影响新闻报道的压力。

7)警惕为了好处或金钱而提供新闻信息。

五、可信

新闻记者在读者、听众、观众的眼中是可信的。新闻记者应该:

1) 澄清和解释新闻报道,就新闻界的行为邀请公众对话。

2) 鼓励公众说出他们对新闻媒体的不满。

3) 承认错误,并迅速纠正。

4) 揭露新闻记者和新闻媒体的不道德行为。

5) 遵守他们对于别人提出的高要求。

第二节　英国传媒伦理规范的演进历程

一、英国传媒伦理规范的形成历史

英国虽然不是世界上最早开展新闻道德建设的国家,但是它的新闻自治制度却是西方各国的榜样。英国在 20 世纪 30 年代开始尝试建立传媒伦理规范。英国全国新闻工作者联盟在 1936 年制定了新闻工作者《行为准则》,共 12 条内容,包括新闻工作者应有责任维护最高的职业和道德标准;新闻工作者应力求公正、准确地传播信息,不得歪曲事实;出现报道失实情况时,应迅速纠正,并在显著的位置刊载相应的更正与道歉;新闻工作者应采用正当的方式采集信息;新闻工作者应尊重人们的隐私;新闻工作者应保护不愿透露姓名的信息提供者,亦即应为之保密;新闻工作者应抵制各种诱惑,切实履行其职业责任,不得接收贿赂;新闻工作者不应参与广告活动等方面的条款。

在《行为准则》的推动下,1945 年英国成立了皇家新闻委员会,其目的在于推动报刊自由表达意见和尽可能地使新闻准确。1953 年 7 月 1 日,英国报业总评议会成立,这是英国报业的自律组织,其成员均由新闻界人士组成,并宣称其宗旨在于保护新闻自由并抑制对新闻自由的滥用。评议会的主要职能是受理和调查公众对报界的投诉,做出裁决,并对有损报业声誉的不良行为予以公布和谴责。但是由于没有非新闻界人士的参与,评议会很多时候难免会对新闻界有所庇护,因而在许多方面表现出懦弱与无能。直到 1962 年,第二届皇家新闻委员会的报告对这种局面进行了严厉批评,该评议会才吸收了 20%的业外人士。1977 年,皇家新闻委员会第四届会议公布的报告进一步要求将非专业人士提高到 50%,并对评议会的工作进行毫不留情的批评,要求评议会应该立足于公众的视角。

尽管评议会对英国报业的行为规范的完善作出了贡献,并成为西方其他国家进行新闻自律的榜样,但在英国,它饱受外界的批评,陷入了举步维艰的困境。1991 年,在评议会的基础上英国又建立了报刊投诉委员会,这个组织较好地发挥了自律组织的作用。其组织成员中非专业人士达到 40%,更加讲求对新闻界的规范,而不是对新闻自由的盲目维护。报刊投诉委员会成立之初,就公布了由 16 条章程组成的《业务准则》,但是由于这些章程均是由新闻界人士制定的,所以给报业带来很大的约束力。

二、英国有代表性的传媒伦理规范

报刊投诉委员会于 1991 年 1 月首次通过了《业务准则》,其中包括 16 项守则。之后,该《业务准则》经历了 30 多次的修订。

业务准则

(2006 年 8 月 7 日修订)

所有新闻从业人员都有责任保持最高的专业水准。本《准则》为这种道德标准设下了基准。它既保护个人权益,同时支持公众的知情权。《准则》是自律体制的基础,整个行业均受《准则》的约束。所有人应该不仅在文字上、更重要的是在精神上自觉按照这个大家一致同意的《准则》工作。既不能狭隘地解释《准则》,折中其承诺以尊重个人权利，也不能无限扩大，对表达自由进行不必要的干预，或阻止基于公共利益的出版物。

主编和出版商有责任执行准则，也必须保证出版物（包括印刷版和网络版）的所有编辑人员和外部供稿人（包括非记者）都严格遵守《准则》。

主编有责任尽快地与英国报刊投诉委员会（Press Complaints Commission，PCC）合作，解决投诉问题。任何被裁定违反《准则》的出版物，都必须在应有的显著位置（包括头条）发表英国报刊投诉委员会的全部裁决。

1. 准确性

（1）报纸和杂志不得出版错误的、误导性的或歪曲性的材料，包括图片；

（2）任何时候，一旦发现重大差错、令人误解的陈述或歪曲性报道，报纸或杂志必须在突出位置对它们尽快作出更正。

（3）报纸在拥有表达自由的同时，必须清晰区别评论、推测和事实。

（4）当一份报纸或杂志在报道某一诽谤案的结果时，如果它本身是该案的一方，它必须公平、准确报道其结果。

2. 反驳机会

当个人或组织提出合理的要求时，必须给他们对错误报道进行答辩的公平机会。

3. * 隐私

（1）每个人的私人和家庭生活、家园、健康和书信——包括数字通信都应该受到尊重。如未取得当事人同意而侵扰他的私生活，有关刊物应提出充分理由支持它的做法。

（2）未经同意拍摄处于私人场所的人是无法接受的。

4. * 骚扰

（1）记者或摄影记者不得通过恫吓、骚扰或持续追踪获取或企图获取信息和照片。

（2）未经同意，不得在私人场所拍摄人物照片；在被要求停止之后，不得坚持给对方打电话，坚持进行提问、追踪或拍照；在被要求离开后不得继续逗留在私人场所内或尾随对方；

（3）主编必须确保自己的员工遵守上述要求，也不得发表从其他途径得来的与上述要求冲突的材料。

5. 在当事人悲恸或震惊时侵扰他

(1)如拟报道的事件有人悲恸或感到震惊,采访和接触当事人时应有同情心和言行谨慎。在这种情况下必须体恤当事人的境况,对报道进行谨慎处理,但此举不应被理解为限制报道司法程序的权利。

(2)对自杀事件的报道不应过于详细,尤其是不应详细叙述自杀方法,以免读者效仿。

6. * 未成年人

(1)青少年在完成学业的时段里应该是自由的,不应该受到任何骚扰。

(2)未经父母或监护人同意,记者不得采访16岁以下儿童或对他们进行拍照。

(3)学生在校期间,未经学校当局允许,记者不得向他们问话或对他们进行拍照。

(4)除非确实是为了孩子的利益,不得向未成年人或他们的父母、监护人支付报酬以获取资料。

(5)在报道一位公众人物的孩子的私人生活时,应当优先考虑儿童自己的利益而不是其父母或监护人的名望和位置。

7. * 性案件中的儿童

(1)即使法律没有禁止,报纸也不得让人识别出16岁以下、涉及性侵犯案例的儿童,不管他们是受害者还是证人。

(2)任何涉及儿章性侵犯的新闻报道都必须:

- 不能透露该儿童的身份;
- 涉案的成人可以被指明身份;
- 当涉案儿童的身份有可能被识别时,不得用"乱伦"这个词;
- 报道中不得出现任何可能暗示被告与儿童之间关系的材料。

8. * 医院

(1)记者或摄影记者如要到医院或类似机构了解情况,必须向医院的主管人员表明自己的身份,获得他们的允许后才能进入非公共区域。

(2)上述对侵犯隐私的限制特别与询问个人在医院或类似机构的情况有关。

9. * 犯罪报道

(1)没有征得报道对象同意,报纸不得透露罪犯或被告的亲属、朋友的身份,除非他们确实与真相有关。

(2)必须特别尊重处于潜在易受伤害地位的涉案儿童,无论他们是受害者还是证人。但这不应被解释为对报道司法程序权力的限制。

10. * 秘密设备和欺骗

(1)报纸不得企图获得或发表依靠隐藏的照相机或窃听设备取得的资料;不得监控私人或手机电话、短信息或电子邮件;文件或照片只有经主人同意才能被修改。

(2)只有在出于公众利益、且无法通过其他任何方法获取有关资料的情况下,记者诈称身份或欺骗才是正当的。

11. 性侵犯的受害者

报纸不能透露性侵犯受害者的身份,或者发表任何有助于辨别其身份的资料,除非有足够的理由,且是法律允许的。

12. 歧视

(1)报纸必须避免以带偏见或轻蔑的词汇报道一个人的种族、肤色、宗教信仰、性别或性取向,或者任何生理、心理疾病和缺陷。

(2)报纸要避免发表一个人的种族、肤色、宗教信仰、性取向、生理或心理疾病和缺陷方面的细节,除非这些资料与新闻有直接关系。

13. 财经新闻

(1)即使在那些法律没有禁止的领域,记者也不得在他们获得的财经信息发表之前用这些信息谋取私利,他们也不能把这些信息告诉其他人。

(2)如果记者或者他们的家庭成员与某个股票或有价证券有重大的利益关系,那么记者不得在没有把这种利益关系告知主编或财经主编的情况下报道这些股票或有价证券的表现。

(3)他们不得直接或通过代理人买卖那些他们最近打算报道或打算在不久的将来报道的股票和有价证券。

14. 秘密来源

记者有保护信息来源秘密的道德义务。

15. 在犯罪审判中向证人支付报酬

(1)依据 1981 年制定的《藐视法庭法》的规定,当审判还在进行时,报纸不得向证人或那些很可能被传唤做证人的人支付报酬以换取新闻。这一禁令持续生效,直到犯罪嫌疑人被警察无条件释放,无需起诉、交保释会或司法程序由于其他原因而被废止;或者已经向法庭答辩;或者,案件进行无罪答辩,法庭已经宣布了其裁决;

(2) * 当司法程序尚未开始,但显然即将开始或是可以预见何时开始的时候,主编不得向那些很可能被传唤做证人的人支付或提出报酬以换取新闻，除非从公众利益的角度看，有关信息很有必要发表，且只有通过支付报酬才能获得。另外，还要采取必要的措施，确保这种交易对证人所提供的证据没有影响。

(3) * 在任何情形下，这种报酬都不应该影响审判结果。如果向某个人支付报酬或提出报酬后，此人被传唤出庭作证的话，那么这一报酬必须向原告和被告公开。必须向证人明确告知这一要求。

16. * 向犯罪者付费

(1)不得直接或通过代理人间接向罪犯或已经认罪的人以及与他们有关联的人士——包括其家庭成员、朋友或同事支付报酬以获取新闻、照片或信息，试图搜集一个特殊罪行，或赞美、美化一般罪行。

(2)编辑为了公众利益付给报酬，必须出示一个很好的理由让人们相信这将有助于维护公众利益。如果没有显露出公众利益，不论是否付给报酬，材料都不应被发表。

说明：《准则》标有 * 的条款说明该行为可以因为公众利益而除外。

1. 公众利益包括：

(1)检举或曝光犯罪或严重的不端行为；

(2)保护公众健康和安全；

(3)防止公众被一些个人或组织的声明或行为所误导。

2. 任何情形当公众利益被援用时，英国报刊投诉委员会将要求主编就他们如何服务公众利益做出一个全面的解释。

3. 自由表达本身就是一种公众利益。因此委员会将关注公众已经掌握、或将会掌握的资料的范围。

4. 为了防止把儿童卷入其中，主编必须能够说明有异常的公众利益可凌驾于特别重要的儿童利益之上。

迄今为止，其根据《业务准则》做出的裁决尚无一家报纸杂志敢于抗拒。自英国报刊投诉委员会成立以来，报刊投诉委员会平均每年收到 3000 多起投诉，其中大量投诉都直接由被投诉的报刊编辑迅速以令人满意的方式加以解决。1995 年后，报社准则列入与编辑记者的雇用合同中，凡是破坏准则者，报社可以依约处分，包括革职。这使得准则的实际效力得以强化。①

---

① 肖伟：《英国报业投诉委员会的运作机制》，《新闻记者》2006 年第 2 期。

英国的《业务准则》被称为“欧洲最严格的传媒业务准则”，它在英国报业自律体制中起着两种作用：一是作为自律体制的基石，为英国的新闻工作者提供了基础的职业道德准则，二是作为自律体制的基本法，为报刊订立一个行为框架，在 PCC 履行职责中有着重要的作用。经过多年的实施及修订，英国的《业务准则》已经成为世界各国新闻行业自律规范的范本。

第三节　日本传媒伦理规范的演进历程

一、日本传媒伦理规范的形成历史

日本新闻协会成立于 1946 年 7 月，其宗旨是提高全国新闻、通讯、广播的理论水平，维护共同利益。其成员包括通讯社、报社、广播和电视台在内的大部分新闻单位。该机构随后制定了《新闻伦理纲领》作为行为准则，并通过新闻协会实现自律，并于 1955 年对《新闻伦理纲领》进行修订，其内容共包括七条，分别论述了新闻自由、新闻与评论的界限、评论的态度、公正宽容、指导责任、荣誉、品格。

日本新闻协会虽然制定了《新闻伦理纲领》，却没有立即成为纲领的监督执行机构，《纲领》的实施情况完全依靠自律，即便有违反者，也并不会受到任何惩处。随着日本新闻业的快速发展，新闻协会逐渐设立了事务局、编辑局、国际部、总务部、业务部、经营部、开发部、研究所等机构，真正成为《新闻伦理纲领》的监督执行机构。1999 年开始，日本新闻协会着手重新制订新的《新闻伦理纲领》，并于当年 10 月 6 日设立伦理特别委员会和新闻伦理纲领检讨委员会，两个委员会在调查研究日本国内大众传播伦理问题的基础之上，起草新的新闻伦理纲领，并于 2000 年 10 月在日本新闻协会召开的大会上通过。

日本新闻协会不仅编制纲领，而且也成为纲领的监督执行机构。新闻协会通过设立审查室来审读全国的报纸，由有经验的编辑和新闻记者将发现的问题在编辑委员会上提出，并根据问题的严重程度，由协会采取提请注意、警告、上交协会理事会直到开除会籍的处罚措施[①]。这一系列的措施，加上新修改的《新闻伦理纲领》，使得日本新闻伦理自律机制真正有了自己的内涵。

---

① 梁关：《日本新闻媒介的自律与他律》，《国际新闻界》1998 年第 1 期，第 34—36 页。

二、日本有代表性的传媒伦理规范

日本新闻协会成立初期，就通过了《新闻伦理纲领》并将之作为自律规范。但是随着传播业竞争的加大，尤其是随着广电和网络媒体对报业地位产生日益巨大的威胁，日本新闻业逐渐发现旧纲领越来越不具操作性，需要将新的新闻理论在自律规范中有所体现，从而形成适合日本特色的纲领内容。因此，日本新闻协会于2000年修改并通过了新的《新闻伦理纲领》。

新闻伦理纲领

（2000年修订）

在迎来21世纪之际，日本新闻协会的加盟社重新认识报纸的使命，愿为富裕、和平的未来而尽力，为此而制订新的伦理纲领。

国民的“知闻权利”是支撑民主主义社会的普遍原理。这种权利是言论、表现自由的根基，具备高度的伦理意识，独立于一切权力而存在，是这种权利的基本保障。报纸应该成为与此最相适应的承当者。

在信息爆炸的社会，强烈要求准确地、迅速地判断什么是真实的，应该选择什么，新闻的责任就是要通过正确而公正的报道、负责任的评论来回答社会的这种要求，履行公共的、文化的使命。

从事编辑、制作、广告、销售的所有报人，为了完成这种职责，为了继续与读者保持信赖关系，在遵守言论表现自由的同时，应该严格自律，注重品格。

自由与责任　表现自由是人类的基本权利，报纸拥有报道、评论的完全自由。在行使这种权利之时，必须充分考虑到肩负的重要责任，不得有害于公共利益。

正确与公正　新闻是历史的记录，记者的任务是追求真实。报道必须正确公正，不应受记者个人的立场、信仰的左右。评论不能谀世，而应该贯彻信念。

独立与宽容　报纸为了保持言论的公正，应确保独立，排除任何势力的干涉，自戒不被利用。另一方面，对待即使是与自己不同的意见，报纸也应该有责任正确、公正、主动地为其提供版面。

尊重人权　报纸应对人类的尊严给予最高的敬意，尊重个人的名誉，保护个人隐私。误报时迅速更正，判断出无正当理由伤害对方名誉时，应采取提供申辩机会等适当措施。

品格与节度　履行公共的、文化的使命的报纸，应该是无论何时、何地、何人都能读的。报道、广告都需要表现高尚品格。报纸的销售者与人们接触时也应该具有节度和良识。

在制订《新闻伦理纲领》之前，日本新闻协会为了打破报业所面临的危机，重新获得市民和读者的信任，还公布了《新闻人良心宣言》，以此作为新闻从业人员的行为指针和伦理纲领。一个宣言，一个纲领，是在新世纪更为严峻的挑战和更激烈的竞争下，为大众传播界提出的有力对策。

除了官方机构之外，日本最大的民间行业协会，即日本广播电视协会也制定了广播电视播放标准。日本的商业广播电视主要遵从由日本商业广播电视协会（简称 NAB）制定的《日本商业广播电视协会播放标准》。NAB 于 1951 年成立，主要致力于"处理商业广播电视共通的问题"、"提高广播电视的伦理水平"、"达成商业广播的公共性使命"。截至 2008 年 4 月，该联盟已经有 201 个会员单位。NAB 早在 1951 年成立不久，就制定了《广播节目标准》，于 1963 年制定了《电视节目标准》，后于 1970 年将两个标准合并为《广播电视节目播放标准》，并经过多次修订，现在施行的是 2004 年的版本。

日本广播电视协会的广播电视节目播放标准

日本广播协会是一个民间行业协会。本标准是该协会为约束广播电视播放行为而制定的一个行业自律标准。协会提出，民间播放应发挥促进公共福祉、文化进步、产业与经济繁荣的作用，以促进和谐社会的实现为宗旨。各广播电视台应以这种自觉为基础，尊重民主主义的精神，尊重基本人权和社会舆论，保护言论和表达自由，尊重法律和社会秩序，维护社会对媒体的信任。

在播放广播电视节目时，应注意节目内容的协调和播放时间的安排，同时，尽力发挥广播电视的即时性、普遍性等播放特点，以达到节目内容的充实。为此该协会提出应重视以下各点。

1）准确迅速的新闻报道。

2）健全的娱乐节目。

3）促进教育、教养的发展。

4）给予儿童及青少年以积极影响。

5）广告的适度和知识性。

以下标准适用于广播电视（包括多重播放）的节目以及广告等所有播放。但不适用于第十八条“广告的时间标准”中的暂时性、重复播放条款。

第一条 关于人权

1)在节目的制作和播放中不采取轻视人生命的报道方式。

2)不采取伤害个人或团体名誉的报道方式。

3)使用个人信息时应当十分慎重,不得侵犯个人隐私。

4)不得对人身买卖及卖淫嫖娼持肯定态度。

5)不得因人种、性别、职业、境遇、信仰而有歧视对待。

第二条 关于法律和政治

6)应尊重国家法律政策,不得对妨碍法律执行的言行采取容忍和肯定态度。

7)不得损伤国家及国家机关的权威。

8)对涉及国家机关的审理案件的报道应十分慎重,应注意不妨碍司法机构对案件的审理。

9)在涉及国际关系的问题上,应注意不得损害国家之间的友好关系。

10)在涉及人种、民族、国民问题时必须尊重其感情。

11)在政治问题上应持公正的立场,不得偏袒一党一派的利益。

12)对选举之前的竞选运动,不得报道人们有疑问的问题。

13)对关系到政治、经济问题的意见,有必要明确其责任所在。

14)对有可能影响政治、经济混乱的问题应慎重对待。

第三条 对儿童及青少年的保护

15)应为儿童及青少年的人格养成作出贡献,尊重他们良好的习惯、责任感、正义感等精神。

16)面向儿童的节目,应以健全的社会观念为基础,必须避免有损儿童品行的语言和表达方式。

17)面向儿童的节目在对恶劣的行为和残忍、恐怖等场面进行处理时,应特别注意不能有伤害和过度刺激儿童的情绪的内容。

18)在儿童节目的播放时间段,应注意不对儿童及青少年的视听造成过度影响。

19)在表现武力和暴力时,必须考虑对青少年的负面影响。

20)在播放催眠术、心灵术等画面时,应特别注意避免使儿童及青少年能够轻易模仿。

21)在播放儿童节目的场合,应禁止不适合儿童的节目的播放。特别是在有报酬或奖品的儿童参加的节目里，应注意不能引发儿童产生过度的奢望和侥幸心理。

22）不得播放肯定未成年人抽烟、饮酒行为的节目和画面。

第四条　家庭和社会

23）尊重家庭生活，不得播放对破坏家庭生活加以肯定的思想。

24）不得播放对破坏婚姻制度进行肯定的思想。

25）不得播放对扰乱社会秩序、善良风俗和习惯的肯定性言行。

26）尊重公共道德，不播放对违反社会常识的言行产生共鸣或引起对这种言行的模仿情绪的节目内容。

第五条　教育和教养的健康向上

27）不论是面向学校或面向社会的教育节目，应全面地播放促使教育对象作为社会人发挥积极作用的知识和音像资料等。

28）面向学校的教育节目，应广泛听取意见并与学校协作，有效利用广播电视的视听特点，努力提高教育效果。

29）面向社会的教育节目，应促使受众在学术、艺术、技术、技能、职业等方面获得专门的知识，并能够培养受众学习和向上的兴趣。

30）教育节目的策划和内容，应以日本教育关系法为基准，并通过适当的方法尽量对视听对象能够有所了解。

31）教养节目，应不拘于形式和表达，对于深化视听者的生活知识，在培养其完善的常识和丰富的情操方面努力发挥作用。

第六条　新闻报道的责任

32）新闻是为市民的知情权服务的，必须以事实为根据进行客观公正的报道。

33）新闻报道应注意不能侵犯个人的隐私和自由，不得伤害他人的名誉。

34）在新闻的取材和编辑中，应注意不得偏向一方等，不得造成视听者的误解。

35）对新闻中的分歧意见必须指明其意见来源。

36）即使所报道的是事实，也必须避免对恐怖或阴暗场面的详细描述性报道。

37）新闻、新闻解说及实况转播等不得被利用做不正当目的的宣传。

38）对错误的新闻报道必须迅速取消或纠正。

第七条　宗教

39）尊重信教自由和各教派的立场，不得播放中伤、诽谤其他宗教、其他教派的言行。

40）在播放宗教仪式的场合、或处理包含宗教仪式的节目时，应注意不得伤害宗教的尊严。

41)在播放涉及宗教的新闻或节目内容时,应注意不得有无视客观事实、否定科学的内容。

42)不播放为特定的宗教进行募捐活动的报道。

第八条　在节目表现方式上的注意事项

43)在播放内容上,应注意考虑相应播放时间段的视听者的生活状态,不能给视听者带来不快感。

44)尽量使用通俗易懂和正确的语言和文字。

45)使用方言时要注意不要给日常使用这种方言的人们带来不快的感觉。

46)对于可能造成人们心理上的不稳定和动荡的恐怖性节目内容要慎重处理。

47)对于在社会公共问题上存在意见对立的内容,必须尽量从多角度来进行讨论。

48)要避免给人们带来不快感的低级下流的表现。

49)对于涉及自杀、情杀等节目内容,即使是古典作品或艺术作品也要十分慎重地处理。

50)在引进外国作品时和取材于海外的影视作品中,必须注意不得与时代、国情、传统、习惯等相违背。

51)在使用为达到戏剧性效果的新闻形式等的时候,不得使用容易导致和事实混淆的表达形式。

52)在节目播放中,不得有针对特定对象的通信、通知以及类似的内容。但是,在关系到人的生命的情况下或其他有重大社会影响的情况下可以例外。

53)不得对迷信持肯定态度。

54)对于占卜、算命等以及类似的东西,不得有判断或勉强让人们相信的内容。

55)在表现病态、残暴、悲惨、虐待等情景时,不要给视听者带来厌恶感。

56)在触及精神性的、肉体性的残疾问题时,须充分考虑为同样残疾所烦恼的人们的感情。

57)在播放有关医疗和药品知识以及保健信息时,须注意不能有给视听者带来不安、焦躁、恐怖或过于乐观等导向。

58)不得采用没有电台、电视台参与的私人性的证言及劝诱等。

59)对于所谓购物节目,在遵守有关法律的同时,应以简明通俗的语言进行客观真实的介绍,不得损害视听者的利益。

60)运用视听者通常难以感知的方法,企图传达某种信息(即所谓艺术性表现手法),对视听者是不公正的,也是不适合于播放的。

61)对于快速闪动和急剧变化、忽明忽暗的画面处理手法(或者称之为“心理感受效果的表现手法”)等,须充分考虑到对视听者的身体带来的影响。

62)在音乐的播放方面,须依据有关专门的规定(有关音乐播放等的内部规定)进行处理。

第九条　关于暴力表现

63)对于暴力行为,不管其目的如何,必须给予否定性的态度。

64)对于暴力行为的表现需限制在最小范围内。

65)对于杀人、拷问、暴行、私刑等给人以残暴感的行为,以及其他的精神的、肉体的痛苦不得有夸大或刺激性的表现。

第十条　关于犯罪表现

66)不得对犯罪行为和罪犯进行英雄式的表现方式。

67)在表现犯罪的言行时,应注意不能引起视听者的模仿心情。

68)对于赌博以及与其类似的行为必须谨慎对待,不得对其有诱惑性的表现。

69)对于使用麻醉药和毒品等题材须谨慎对待,不得给人以诱惑性的感觉。

70)对于使用枪、刀剑类的场面须谨慎对待,关于杀伤手段应注意不能使人产生模仿的动机。

71)在表现诱骗等行为时,不得详细表现其诱骗的言行和方法。

72)在表现逮捕嫌疑犯和审问的方法以及诉讼的程序和法庭场面等时,应注意进行正确的表现。

第十一条　关于性的表现

73)在有关性的表现中,应注意不得给视听者带来困惑、厌恶的感觉。

74)在有关性感染症和生理卫生的表现中,必须以医学上、卫生学上的正确的知识为依据。

75)应注意在一般作品中,即使是艺术作品中,也不能给人以过度的感观性刺激。

76)在表现性犯罪和性变态、性倒错的场面时,应注意不得给人以过度的刺激。

77)在表现有特殊性观念的少数群体时,应考虑对其人权的尊重。

78)原则上不得有全裸的人体表现。在表现肉体的一部分时,应特别注意不得给人以低级下流的感觉。

79）在出演者的语言、动作、姿势、衣着等方面，应注意不能给人以卑劣的感觉。

第十二条　视听者的参与和有奖节目的有关事项

80）在视听者参与的有奖节目中，尽量给予视听者参与的均等机会。

81）在视听者参加的有报酬或奖品的节目中，应当避免与主办者有关系的人参加有奖或有报酬的节目，以免引起误会。

82）对有奖节目的审查，应对出演者的演艺技能予以公正的评判。

83）对奖金及奖品等，应注意不要引起人们过度的侥幸心理，应限于社会常识的范围之内。

84）节目的策划和演出，主持人的语言和动作等，不得对出演者和视听者有不礼貌表现或带来不快感。

85）在对待出演者的私人性问题时，不得侵犯其本人以及有关系者的隐私。

86）对于有奖募集，应明确公布应募的条件，报名的截止日期，选考方法，奖赏的内容，结果的公布方法、公布日期等。但是，对于广播电视以外的媒体可以省略部分公布内容。

87）在赠与奖品的场合，不得有对奖品价值夸大或虚假的表现。

88）对于有奖应募或赠与了奖品的视听者的个人信息，不得利用于该项活动以外的其他目的，应严加管理。

第十三条　广告的责任

89）广告必须传达真实的信息，必须给视听者带来利益。

90）广告不得违反有关法律法令。

91）广告不得有害于健全的社会生活和良好的习惯。

第十四条　广告的播放

92）必须明确广告播放是以商业广告来进行广告播放的。

93）商业广告的内容有广告主的名称、商品、商品名、商标、标语、企业形态、企业内容（服务、销售网、设施等）。

94）广告不应引起儿童的侥幸心理和过度的购买欲望。

95）面向学校的教育节目的广告不得妨碍学校的教育。

96）不得播放广告主不清楚、责任不明确的广告。

97）有关的节目及插播的广告，不允许违反公正自由竞争原则。

98）不得采用权利关系和交易的实际状态不明确的广告。

99）不得采用合同以外的广告主的广告。

100)不得采用夸大事实让视听者过高评价的广告。

101)广告内容虽然是真实的,也不得有诽谤他人,或排斥、中伤他人的东西。

102)关于产品和服务的虚假性证言,以及没有使用者的实际看法的广告,或没有明确的证言者的广告不得播放。

103)关于争议中的问题,不能只播放一方的观点或含有通信、通知内容的广告。

104)不得采用被认为有暗示性的广告。

105)必须获得许可、认可的业务种类在取得许可证之前的广告不得采用。

106)关于食品广告,对有可能损害健康的食品及广告内容有夸大或虚假成分的不得采用。

107)在教育设施或教育事业的广告中,对于入学、就业、资格认证等可能存在虚假和夸大的广告不得采用。

108)对于占卜、灵异术、骨相、手相、面相的鉴定及其他类似的含有肯定迷信否定科学内容的广告不得采用。

109)不得采用以调查私人性的秘密事项为业务的广告。

110)不得采用有害善良风俗的商品和服务以及关于性具的广告。

111)对于作为私下秘密使用的东西和家庭内部话题的商品、服务类广告,应注意慎重对待。

112)对有关死亡、丧葬仪式以及丧葬业务类广告应慎重对待。

113)在利用业余体育运动的团体以及选手的广告里,要与其关系团体取得联系,慎重处理。

114)关于募集捐款类广告的播放,必须是明确募集者主体,其目的是用于公共福利并获得许可的广告。

115)不得播放以个人扬名为目的的广告。

116)不得播放擅自使用皇室的照片、文印以及其他与皇室有关系的物品的广告。

117)有关求助广告的播放,必须明确求助事业者以及应从事业务的内容。

118)电视购物、广播购物在遵守有关法律的同时,须进行真实而且是通俗简明的表达,不得损害视听者的利益。

119)关于沿途搭车旅行等特殊的广告,原则上以广播电视局的要求为准则。

第十五条　广告的表现标准

120)广告播放的时间安排,应注意不能给视听者带来不快感。

121)广告应使用通俗易懂和正确的语言和文字。

122)不得有引起视听者错误的表达。

123)应避免给视听者带来不快感情的表达。

124)原则上不应有最大化的或与其类似的表达。

125)广告不得否定新闻报道的事实。

126)不得有容易和新闻混同的表达。特别是新闻报道节目前后的商业广告不得混同于报道节目的内容。

127)引用统计数据、专业术语、文献等时,不得有超出事实的让人担心其科学性的表达。

第十六条　医疗、医药、化妆品等广告的播放标准

128)播放医疗、医药非处方药品、滋补品、医疗用具、化妆品等所谓的健康食品等广告时,对于有可能触犯医疗法、医药事业法等法律规定的东西不得采用。

129)对于招募接受医疗试验者的广告要慎重。

130)有关医务的广告不得超出医疗法所规定的事项的范围。

131)关于医药品、化妆品等的功效及其安全性的广告,不得有夸大化或类似的表达。

132)对于医药品、化妆品等功效的表现,不得超出由法令所认可的范围。

133)在医疗、医药品的广告中,不能有给视听者带来明显不安、恐怖,或过于乐观感觉的内容。

134)不得采用医师、药剂师、美容师等推荐医药品、非处方药品、医疗用具、化妆品的广告。

135)对于以奖品名义提供的医药品广告,原则上不得采用。

136)健康食品广告不得有关于医药品的效果、功能的表述。

第十七条　金融、不动产类广告的播放标准

137)金融业的广告,在从业者的实际状况、服务内容等方面,不得有违反视听者利益的东西。

138)对于消费者的CM[①],不得有助长人们轻而易举地借贷的表述。特别是要

① 电视广告。英文名Commercial Message,简称CM。

充分考虑到对青少年的影响。

139)对于不确定的而且是多数的人,许诺其食利致富、或以这种暗示寻求融资的广告不得采用。

140)对有投机性的商品或服务性广告要慎重地进行判断。

141)对根据宅地建筑拆迁法、建筑业法进行登记以外的广告不得采用。

142)对不动产的广告,不得有用于煽动投机的表现以及夸大或虚假的表述。

143)对违反法令和不能确定权利关系的不动产等的广告不得采用。

第十八条　广告的时间标准

144)商业广告的种类分为时间 CM 和体育运动 CM。

(收音机)

145)时间 CM 不得超出以下限度。在新闻节目以及未满 5 分钟的节目的情况下,由各广播电视局自行设定。

5 分钟节目	1 分 00 秒
10 分钟节目	2 分 00 秒
15 分钟节目	2 分 30 秒
20 分钟节目	2 分 40 秒
25 分钟节目	2 分 50 秒
30 分钟节目	3 分 00 秒
30 分钟以上节目	10%

①节目内以广告为目的的语言、音乐、效果、广告宣传歌曲(包括只有歌曲的情况)、其他通知等都作为商业广告对待。

②共同提供、协作广告等,作为广告播出时间计算。

146)包含 PT 的 1 类节目的秒数标准如下。

10 分钟节目	2 分 00 秒
15 分钟节目	2 分 40 秒
20 分钟节目	3 分 20 秒
25 分钟节目	3 分 40 秒
30 分钟节目	4 分 00 秒

上述以外的节目由各广播局自行规定。

147)指南类节目的播放时间由各广播局自行规定。

(电视)

148)一周内商业广告的总量必须控制在总播放时间的18%以内。

149)最佳时间段以内的CM(除去SB以外)的时间总量,不得超过以下限度。在其他时间段,以其时间量为标准。但是,对于体育节目以及特别传统风俗活动的节目的广告时间由各广播局自行规定。

5分钟以内的节目	1分00秒
10分钟以内的节目	2分00秒
20分钟以内的节目	2分30秒
30分钟以内的节目	3分00秒
40分钟以内的节目	4分00秒
50分钟以内的节目	5分00秒
60分钟以内的节目	6分00秒

60分钟以上的节目以上述时间量为基准。

(注)所谓最佳时间段,是由广播局确定的从下午6点到晚上11点之间的连续3个小时30分钟。

① 广告时间内含音声(语音、音乐、效果)、图像(技术性特殊效果)等的表现方法。

②除了演出上必要的情况以外,用于具有广告效果的背景、小道具、衣装、音声(语音、音乐)等的情况下均视为商业广告的一部分。

150)字幕在节目中不得作为商业广告来使用。但是,在体育节目和特别的习惯风俗活动节目中可否作为商业广告来使用,由各广播局自行规定。

151)体育节目的广告时间标准设定如下,但播放素材的音声标准可依据民间播放协会的技术标准来执行。

152)指南类节目由各级广播局自行规定。

《日本商业广播电视协会播放标准》的内容广泛详尽,共有18章144条,涵盖了广播电视的各个方面,包括人权、法律和政治、儿童及青少年、家庭和社会、教育教养、报道的责任、宗教、表现方式上应注意的问题、暴力表现、犯罪的表现、性表现、视听者参与和奖品、广告的责任,广告的播放、广告的表现标准、医疗医药化妆品广告、金融及不动产广告、广告的播出时间的约束等。该标准作为全体商业广播电视机构共同制定的自主规章标准,具有很强的约束力。

表 7—1

体育节目的类 \ 素材	音声	
	时间	音节数
5 秒	3.5 秒以内	21 音节
10 秒	8 秒以内	48 音节
15 秒	13 秒以内	78 音节
20 秒	18 秒以内	108 音节
30 秒	28 秒以内	168 音节
60 秒	58 秒以内	348 音节
其他节目由各广播局自行规定		

第四节　我国台湾地区传媒伦理规范的演进历程

一、台湾地区传媒伦理规范的形成历史

1951 年 6 月，台湾当局实行的报禁对新闻业的正常发展带来许多负面影响，新闻业只能在夹缝中求生存。其市场空间小，办报限制多，当追求利润比秉持操守更关乎自身的生存时，其新闻的职业道德水平也随之下滑。此时单凭新闻法规已经难以控制局面的恶性发展，因此有识之士开始发起新闻的自律活动。

台北市报业公会通过了以 1942 年中国新闻学会拟定的行为准则“中国新闻记者信条”作为本团体的职业道德规范之后，台湾各新闻团体先后通过决议，认可并采用“中国新闻记者信条”作为新闻职业道德规范，并根据 50 年代以后台湾新闻事业的新情况进行了一些修改。“中国新闻记者信条”只是提出了报业伦理的基本原则，其表述过于简约，对于新闻传播活动涉及并面临的一些具体问题均无明确规定。60 年代初期，台湾新闻界鉴于报业品位严重下降等现象，提出了效法欧洲各国，创建新闻评议会组织的建议。

1963 年 4 月，国民党当局召开“全国第一次座谈会”。会上，参加会议的各新闻团体联合提议组织全国性新闻事业团体，积极推行新闻自律运动。根据这次会议的精神，台湾的第一个报业自律机构台北市报业新闻评议会于 1963 年 5 月 2 日成立，台湾的新闻职业道德建设迈出了新的步子。

1970 年 8 月，台北市报业公会第二届新闻评议委员会任期届满之际，邀请台

北市记者公会、台北市通讯事业协会、"中国广播事业协会"、"中国电视学会"共同研讨新闻自律组织的扩建问题，并达成共识。1971 年 3 月，上述五个新闻团体举行联席会议，决定将台北市报业新闻评议会扩建为台北市新闻评议会，并通过了该会的组织章程。同年 9 月 1 日，新闻评议会宣告成立，原来的地方性新闻评议组织扩建成为全岛性的新闻自律组织。[①]

台湾新闻评议组织成立后着手制订新闻职业道德规范。1972 年，新闻评议会考虑到"中国新闻记者信条"对于当代新闻传播所涉及的一些重大问题缺乏明确的、具体的规定，委托台湾政治大学新闻研究所草拟报业、无线电广播和电视职业道德规范。1974 年 6 月 29 日，台北市新闻评议会第二届委员会第十届会议通过了台湾的《报业道德规范》、《无线电广播道德规范》、《电视道德规范》，这三部道德规范内容具体而又详尽，同"中国新闻记者信条"一起，为台湾新闻评议与裁决案件提供依据，这标志着台湾新闻职业道德规范日益走向成熟。

二、台湾地区有代表性的传媒伦理规范

台湾新闻界出于克尽社会责任，维护新闻自由，同时防止滥用自由的目的，在继承大陆时期新闻道德观念的基础上，陆续制订了一系列职业道德规范。如"中华民国报业道德规范"，"中华民国无线电广播道德规范"，"中华民国电视道德规范"[②]等，连同在大陆时期制订的"中国新闻记者信条"，从不同的角度对新闻传播业务的各个方面，作了具体而详细的规定，成为台湾新闻界履行社会责任，实行道德自律的基本依据。[③]

中华民国报业道德规范

壹、通则

一、本规范根据中国新闻记者信条之基本原则订定之。

二、报业从业人员应认清新闻专业特性，以公众利益为前提，不为追求某一群体或某一个人自私目的牺牲公众权益。

---

① 丛春华：《台湾地区的新闻法规和职业道德建设》，《东南传播》2008 年第 4 期，第 73—76 页。

② "中华民国"应加引号。考虑到文件内容的完整性，以下引文中的"中华民国"、"我国"等名词未加引号；"报导"、"爱滋"等词也未从全书一致性角度改为"报道"、"艾滋"。——作者。

③ 张昆：《略论报禁开放前台湾的新闻道德观念》，武汉大学媒体发展研究中心网站，http://media.whu.edu.cn/NewsDetail.asp?id=298

三、报纸刊登之内容应不违反善良风俗,危害社会秩序,或损害私人权益。

四、新闻采访应谨守公正立场,不介入新闻事件。新闻报导①应力求确实、客观与平衡。

五、报业应尊重司法,避免影响法官之独立审判。

六、报纸刊登内容如有错误,应即主动更正,并作明确之说明。

七、转载或引用他人资料,应注明出处。

贰、新闻采访

一、新闻采访应以正当手段为之,不得以恐吓、诱骗或收买方式搜集。

二、拒绝接受新闻来源之馈赠、贿赂或不当招待。

三、采访医院或灾祸新闻,应尊重院方规定或获得当事人同意,不得妨碍治疗或救难措施,尤其不得强迫摄影。

四、采访庆典、婚丧、会议、集会等新闻,应守秩序。

叁、新闻报导

一、新闻报导应守庄重原则。不得夸大渲染、轻浮刻薄、歪曲或隐藏重要事实,或加入个人意见。在明了真相前,不作臆测。

二、新闻报导应明示消息来源,其为保护消息来源或有必要守密原因者除外。

三、除与公众利益有关者外,不得报导个人私生活。

四、检举、揭发或谴责私人或团体之新闻,应先查证属实,并与公众利益有关者始得报导;且应遵守平衡、明确之报导原则。

五、对于有争议事件,应同时报导各方不同之说词或观点,力求平衡。

六、新闻报导如有损害名誉事情,则应在原报导版面与位置,提供篇幅,给予可能受到损害者申述或答辩机会。

七、已接受"请勿发表"或"暂缓发表"约定之新闻,应予守约。

八、标题含义须与内容相符,不得夸大耸动或歪曲失真。

九、意见调查之报导,应遵守下列规定:

1.明确说明调查之委托者、执行者、调查目的、样本之代表性及抽样误差。

2.客观呈现调查结果。

3.选情之调查与预测,应本公正之原则和立场,不得为特定对象或特殊目的而报导。

---

① "报道","报导"均可,本书采"报道"一词。为尊重文件原文,以下文件中的"报导"一词给予保留。

十、有关股票、房地产等理财或投资分析报导，不得扭曲，以谋求私利，并应避免作明牌等预测。

十一、报导国际新闻应遵守平衡与善意原则，藉以加强文化交流、促进国际了解。

肆、犯罪新闻

一、采访犯罪案件，不得妨碍刑事侦讯工作。

二、犯罪案件在法院判决前，须假定嫌犯无罪，采访报导时，应尊重其人格。

三、报导犯罪、色情及自杀新闻，不得详述方法及细节。

四、对未成年嫌犯或已定罪之未成年人，不得刊登其姓名、住址或足以辨认其身份之相关资料。

五、一般强暴案件，不得报导；对严重影响社会安全或与重大刑案有关之强暴案，不得泄露被害人姓名、住址、或足以辨认其身份之相关资料。

六、处理绑架劫持新闻应以被害人生命安全为首要考虑，在被害人脱险前，不得报导。

伍、新闻评论

一、新闻评论应与新闻报导严格划分，以免意见与事实混淆。

二、新闻评论不得根据未证实之传闻发表意见，臧否人物。

三、新闻评论应力求公正，避免偏见与武断。

四、与公众利益无关之个人私生活不得评论。

五、侦查或审判中之诉讼事件，不得评论。

陆、读者投书

一、报纸应尽量刊登来源明确之读者投书，使各不同群体与个人有发抒意见之管道，使报纸成为公众论坛。

二、报纸不得假借读者投书之名，强调其所支持之主张。

三、对刊出之读者投书应公平处理，不得以特别编排设计，突出某一特定意见。

柒、图片

一、不得以剪裁或其他方式伪造或窜改新闻照片。

二、新闻照片之说明不得作无事实根据之暗示或影射。

三、不得刊登恐怖、色情或猥亵之图片。

四、与公共利益无关之个人私生活照片，未经本人同意，不得刊登。

五、未成年嫌犯、已定罪之未成年人、强暴等案件之受害人及秘密证人照片，不得刊登。

捌、广告

一、广告内容所宣称者，应真实可靠。

二、广告须与新闻明显划分，不得以伪装新闻、介绍产品、座谈会纪录、鸣谢启事或读者投书方式刊出。

三、报纸应拒绝刊登伪药、密医、夸称医治绝症及其他危害公众健康之广告。

四、广告之表现方式不得违反善良风俗、妨害家庭、违反科学、提倡迷信与破坏公共秩序。

五、报纸接受委刊分类广告，应负查核、过滤之责，其证件不全或内容不明确者，应拒绝刊登。

玖、附则

本规范如有疑义，由中华民国新闻评议委员会解释。

中华民国无线电广播道德规范

壹、通则

一、本规范根据中国新闻记者信条之基本原则订定之。

二、无线电广播从业人员应认清新闻专业特性，以公众利益为前提，不为追求某一群体或某一个人自私目的牺牲公众权益。

三、节目内容设计，应根据我国社会所接受之伦理道德，作严谨考虑，并力求格调高雅。

四、节目内容应避免对种族、宗教、地区、性别、职业等歧视；并不得有猥亵、侥幸投机或其他危害社会善良风俗之言谈。

五、节目内容涉及法律、医药及科技等专门知识时，应谨慎处理，以求正确。

六、节目应与广告明显划分，节目主持人不得在其主持之节目中兼播广告，以免节目与广告界线模糊。

七、节目主持人之谈吐应力求庄重文雅。

贰、新闻节目

一、新闻采访应谨守公正立场，不介入新闻事件。新闻报导应力求确实、客观与平衡。未经证实之消息不得报导。

二、新闻采访报导应避免损害与公众利益无关者之个人权益。

三、新闻评论应与新闻报导严格划分，并力求公正、避免偏见、武断。

四、侦查或审判中之诉讼事件，不得评论。

五、广播电台对于转报听众提供之新闻与其他信息，应负查证之责。

六、意见调查之报导，应遵守下列规定：

1. 明确说明调查之委托者、执行者、调查目的、样本之代表性及抽样误差。

2. 客观呈现调查结果。

3. 选情之调查与预测，应本公正之原则和立场，不得为特定对象或特殊目的而报导。

七、有关股票、房地产等理财或投资分析报导，不得扭曲，以谋求私利，并应避免作明牌等预测。

八、报导国际新闻应遵守平衡与善意原则，藉以加强文化交流、促进国际了解。

叁、教育文化节目

一、教育文化节目应重视新知之引介及品德之策励。

二、教育文化节目应请专家或学识经验丰富者设计指导或主持。

三、儿童教育节目应注重启发儿童心智，培养良好生活习惯，以促进儿童身心健全发展。

肆、娱乐节目

一、娱乐节目应寓教于乐，不流于低俗。

二、播放歌曲应不违反社会普遍接受之道德标准。

三、广播剧应着重阐扬善良人性；不以淫秽、残暴、颓废等不健全行为或心理为描述重点。

四、对民俗说唱艺术、国剧及其他地方戏曲，应适量提供播放时段。

伍、公共服务

一、遇有紧急事故、重大消息、救援、寻人等事件发生，广播电台即应迅速提供播出机会以善尽服务大众之责。

二、对于解答听众疑难、协助公众了解法令规章等服务事项，应积极为之。

三、节目内容涉及法律、医疗或卫生保健事项时，应由有关专家主持，设计或指导。

四、公共服务节目不得涉及商业广告宣传。

陆、广告

一、广告须求真实，如有怀疑，应即查证。对于夸大不实之广告，应拒绝播出。

二、广告文词应力求高雅、声音应力避尖锐刺耳。

三、医药广告不得有类似“包治断根”等夸大词句，并不得以听众来电或来信方式播出。

四、涉及色情、迷信及赌博性广告，不得播出。

柒、附则

本规范如有疑义，由中华民国新闻评议委员会解释。

中华民国电视道德规范

壹、通则

一、本规范根据“中国新闻记者信条”之基本原则订定之。

二、电视从业人员应认清新闻专业特性，以公众利益为前提，不为追求某一个群体或某一个人自私目的而牺牲公众权益。

三、节目内容设计，应根据社会所接受之伦理道德，作严谨考虑，并力求格调高雅。

四、节目内容应避免对种族、宗教、地区、性别、职业等歧视；并应避免暴力、血腥、恐怖、色情及猥亵等画面。

五、节目内容涉及法律、医药及科技等专门知识时，应谨慎处理，以求正确。

六、节目应与广告明显划分，不得为任何个人或群体作宣传。

贰、新闻节目

一、新闻采访应谨守公正立场，不介入新闻事件。新闻报导应力求确实、客观与平衡。未经证实之消息不得报导。

二、拍摄、剪辑新闻应避免歪曲真相、误导观众。

三、出自档案之新闻数据于播用时，应注明“档案”字样，或录制日期。背景资料例外。

四、拍摄新闻应避免损害与公众利益无关者之个人权益。

五、采访医院或灾祸新闻，应尊重院方规定或获得当事人同意，不得妨碍治疗或救难措施，尤不得强迫摄影。

六、报导犯罪、色情及自杀新闻，在处理技术上应特别审慎，不得以语言、静态图片或动态画面描绘方法及细节。

七、报导死亡新闻，应避免播出尸体画面。

八、侦查或审判中之诉讼事件，不得评论。

九、犯罪案件在法院判决前，须假定嫌犯无罪，采访报导时，应尊重其人格。

十、对未成年嫌犯或已定罪之未成年人，不得播出其姓名、面貌、住址或足以辨认其身份之相关资料。

十一、新闻报导及评论错误，应尽速主动更正，如损害名誉，应在大致相同之时段，给予可能受损害者申述及答辩机会。

十二、新闻评论应与新闻报导严格划分，以免意见与事实混淆。

十三、意见调查之报导，应遵守下列规定：

1. 明确说明调查之委托者、执行者、调查目的、样本之代表性及抽样误差。

2. 客观呈现调查结果。

3. 选情之调查预测，应本公正之原则和立场，不得为特定对象或特殊目的而报导。

十四、有关股票、房地产等理财或投资分析报导，不得扭曲，以谋求私利，并应避免作明牌等预测。

十五、报导国际新闻应遵守平衡与善意原则，藉以加强文化交流、促进国际了解。

叁、教育文化节目

一、教育文化节目应请专家或学识经验丰富者设计指导。

二、儿童教育节目应注重启发儿童心智，培养良好生活习惯，以促进儿童身心健全发展。

三、青少年教育节目应注重生活方面之启导，并协助建立健全人生观。

四、妇女与家庭节目应兼顾实用性与知识性，并避免成为广告宣传。

肆、娱乐节目

一、娱乐节目应寓教于乐，并不得提倡迷信。

二、综艺节目不得流于低级趣味，并不得有暗喻色情、猥亵之对话及动作。

三、益智游戏、竞赛等节目提供之奖品价值，应适度节制，以免激起观众之侥幸心理。

四、电视剧应避免详细展示残暴、吸毒、淫乱及性犯罪行为。若为剧情所必需，应以轻淡手法处理之。

伍、公共服务节目

一、国家庆典或重要节日之庆祝活动，电视台应尽量作实况转播。

二、提供卫生保健知识之节目，应请专家设计指导。非专业人员不得冒用专业人员身份出现。

三、公共服务节目不得涉及商业广告宣传。

陆、广告

一、广告须求真实，如有怀疑，应即查证。对于夸大不实之广告，应拒绝播出。

二、广告声音、旁白与画面应力求高雅，避免低俗。

三、广告不得有色情、猥亵或其他有害善良风俗镜头。

四、医药广告不得有类似“包治断根”等夸大词句。

五、有损儿童心理健康之广告，不得播出。

六、殡丧及墓园广告，不得播出。

七、涉及迷信及赌博性广告，不得播出。

柒、附则

本规范如有疑义，由中华民国新闻评议委员会解释。

“中华民国报业道德规范”，“中华民国无线电广播道德规范”，“中华民国电视道德规范”等，与“中国记者信条”一起成为台湾新闻自律的思想。这些规范共同对于新闻采访、报道、评论，以及广告刊布、娱乐内容的刊播都做出了明确规定。“不侵犯他人隐私”、“不含有暴力、色情内容”、“播出的新闻须经过证实”这三条几乎是所有自律规范中所共有的条文。除此之外，新闻来源保密原则、及时更正已经发生的错误、内容平衡等原则也是台湾新闻界三个比较重要的道德原则。

然而，新闻组织颁布的自律规范，对新闻从业人员的约束力极为有限，而标志着台湾电视真正走向集体自律大门的是《新闻自律执行纲要》。2006 年 9 月 21 日，由 9 家卫星电视台组成的新闻自律委员会，在民间团体和传播学者共同组成的新闻咨询委员会成员的见证下，正式通过了台湾电视台首度共同制定的《新闻自律执行纲要》。这是自从台湾第一家电视台成立，正式开放有线电视经营以来，第一次以媒体集体协议的方式所通过的自律规范。

新闻自律执行纲要

壹、前言

本《新闻自律执行纲要》（以下称纲要）内容系依据：卫星广电事业基本法令、性侵害案件之法令规定、儿童福利及少年事件之法令规定、侵害名誉之法令规定、身心障碍者保护法，另外撷取学者专家、公民团体的意见及各国传播媒体自律规范，并参酌卫星广播电视新闻自律公约之精神，汇集耙梳而成。本纲要适用范围排除谈话性节目、访谈及评论性节目。

贰、总则

一、新闻报导不得有下列情形之一：

1. 违反法律强制或禁止规定。

2. 妨害儿童或少年身心健康。

3. 妨害公共秩序或善良风俗。

4. 违反真实与平衡原则。

二、新闻报导应善尽保护性侵害、性骚扰被害人，及家暴受害人之责任。

一般性侵害及性骚扰案件，原则上不予报导；家暴受害人在报导中应受保护。如严重影响社会治安或重大刑案之性侵害案件，不得报导被害人照片或影像、声音、住址、亲属姓名及其关系、就读学校、服务机关等详细个人资料，或其他让人足以辨识被害人身份之信息。若加害人与被害人有亲属关系，应隐去加害人之相关信息。

三、新闻报导应善尽保护儿童及少年之责任。对于儿童与少年事件之报导，不得有行为儿童及少年之姓名或其他足以识别身份之信息；采访儿童、少年当事人，应先表明记者身份及取得儿童、少年监护人之同意，并应在非强迫或违反儿童、少年当事人受访意愿下，方得进行采访报导。

四、新闻报导应尊重个人隐私。除考虑公共利益时，否则不得侵犯任何人私生活。当私人隐私损及公共利益时，媒体得以采访与报导，但需尽全力防止不当伤害个人名誉及侵犯个人隐私，或造成媒体公审的情况。

五、新闻报导应避免歧视。

包括对种族、族群、国籍、肤色、阶级、出生地、宗教、性别、性倾向、婚姻状况、身心障碍者及所有弱势者，在文字、声音、影像、及动画影片上均不得有歧视表现。

六、错误报导更正处理。报导若有错误发生，必须依卫星广播电视法第三十条之规定，于接到要求二十日内，在同一时间之节目或广告中加以更正。

叁、分则

一、犯罪事件处理：

1. 基于“无罪推定原则”，犯罪嫌疑人未经法院判决确定，采访、报导时应保护其人权。

2. 基于“侦查不公开原则”。不主动采访、报导侦查细节；犯罪嫌疑人“模拟犯罪现场”之采访、报导，应于警戒线外为之。

3. 避免以夸张、煽情、或刺激方式报导杀人、拷打等暴力事件。

4. 避免详细报导犯罪手法。

5. 避免报导将犯罪者“英雄化”。

二、自杀事件处理：

1. 自杀事件属个人行为、个人情绪，且未造成公众危害，或未涉及公共利益者，不予报导。

2. 自杀事件属大庭广众下的自杀、政治人物或具公众形象之知名人士自杀、或与公共议题有关的自杀行为，得以谨慎的态度和较少之篇幅（时数）予以报导；惟仍应避免现场立即转播。

3. 报导自杀事件时，得透过警察机关取得相关信息；至于医院、住家、校园等重要场所，非经当事人家属（或监护人）之同意，不得进行采访及播出。

4. 考虑自杀事件恐引发之模仿效应，报导自杀事件时，应着重于事件本身的社会意义，不应揭露当事人之相关信息，报导时更应避免出现烧炭、上吊、割腕、跳楼等刺激性字眼。

5. 报导自杀事件应遵守“世界卫生组织”所订定之规范：

统计资料应谨慎及正确解读。

采真实与正确的信息来源。

实时评论应小心处理。

避免“自杀潮”或“世界上最高自杀率地区”等字眼之推论。

拒绝将自杀行为描写成对社会文化之改变或堕落剥削之必然反应。

避免耸动或夸大的报导方式。

避免详述自杀方法、过程及如何取得自杀物品工具之方法。

不可将自杀动机说成“无法解释”或简化为单一原因。

不应将自杀写成是解决个人问题的方法。

报导应考虑会不会对家人和幸存者造成伤害。

不可对自杀行为与自杀者予以同情、肯定与颂扬。

三、绑架事件处理：

1. 人质尚未安全脱离绑匪控制前，不得采访、报导。

2. 人质安全脱离后之采访、报导，为避免侵害当事人隐私及造成二次伤害，应取得当事人同意始得为之。但办案单位主动发布消息者不在此限。

四、灾难或意外事件处理：

1.应在封锁警戒线外采访、报导，避免妨害救难(援)工作之进行。急诊室亦属警戒范围，未取得当事者或院方同意前，记者不得进入拍摄采访。即使进入拍摄，亦应注意尽量不做“侵入式”采访、拍摄。

2.在灵堂、救灾指挥中心等，均应避免“侵入式”采访、拍摄。

3.采访罹难者家属或伤者时，尽量在不伤害当事人的情况下抱持同理心，以审慎的态度与专业的技巧，进行采访、拍摄，并且尊重受害者及其家属之感受，避免造成二次伤害。

4.考虑灾难事件受害者/家属的身心冲击，避免加重心理创伤，报导制播时注意下列数点：

(1)避免过度呈现令人惊惧的画面，对于意外灾难现场所拍摄到的影像，必须加以严格审慎筛选后，才得以播出。

(2)对于意外灾难事件之惨状，或暴力攻击之血腥效果，不做特写拍摄，若无法避免拍摄，须在后期剪辑予以处理。

(3)勿过度使用悲伤者痛苦、哀嚎的影像，若有必须使用的理由，务必经过审慎过滤并且绝不滥用，或过度重复播放。

(4)悲剧或灾难发生一段时间之后，在画面与报导篇幅比重上，应谨慎考虑灾民心理伤害，避免引发负面效应。

5.注意使用影片画面之时效，加注字幕说明，以免引起误解。

6.遇有重大灾害或大量伤员，应向事故权责单位取得伤员名单、伤亡状况及救治情形。

7.鉴于媒体的报导易引发受害者“创伤后压力症候群(Post - Trauma Stress Disorder，PTSD)”，媒体应加强在职教育，进行灾难新闻采访、拍摄、制播之专业教育训练，协助媒体工作者了解受害人心理，减少伤害、误解和冲突。

8.鉴于灾难伤亡现场对采访记者亦可能造成心理创伤，媒体应提供采访记者事前以及事后之心理咨商或协助。

五、群众抗议事件处理：

应遵守中立、客观的报导立场，不得参与、唆使、导演群众的抗议行为。

六、揭发未经证实讯息之处理：

对于检举、揭发或公开谴责私人或机关团体之新闻，应与公共利益有关始得报导；且应查证，并在遵守平衡原则下进行采访、报导。

七、医疗新闻处理：

1. 采访病患本人、家属或保护人，须先表明记者身份，并获得院方或当事人同意，方得进行采访、报导。

2. 记者进入医院，应以不影响医疗作业、医疗安全或安宁秩序为原则；并遵守采访区、摄影点及采访动线之规定。手术室、加护病房、产房、急诊室、烧烫伤中心、隔离病房、门诊诊察室与病房，于施行医疗作业时，未经院方或病患同意，不宜采访，对涉及暴露病人生理隐私之画面，不得播出。

八、重大流行疾病新闻处理：

1. 对于重大流行疾病疫情之报导，应以政府主管机关发布之信息为准。

2. 传播媒体报导流行疫情与事实不相符合经各级主管机关通知其更正者，应立即更正。

3. 传染病病人或疑似感染传染病之病人之姓名、病历及病史等有关资料，除主管机关发布之资料外，不得报导。

4. 对于感染传染病病人、施予照顾之医事人员、接受隔离治疗者、居家检疫者、集中检疫者及其家属非经同意，不得对其录音、录像。

九、爱滋感染者或病患相关新闻处理：

1. 以爱滋"感染者"取代"带原者"的称呼，以符合中央卫生主管机关常用语态，以去除社会污名，并应尊重感染者的基本尊严与权益。

2. 未经当事人同意，不得进行录音、录像或摄影等采访工作。家属、保护人等之同意不代表当事人之意见。

3. 社会事件当事人为爱滋感染者（或疑为爱滋感染者），但其爱滋感染身份与该社会事件无关者，应减少报导内容或标题涉及爱滋字眼。例：爱滋鸳鸯大盗抢超商。新闻报导应避免透过剪辑或其他报导方式影射爱滋感染者的危险性，或负面刻板印象。

4. 新闻媒体应谨慎处理会鼓励歧视、嘲笑、偏见、恶意中伤、侮辱爱滋感染者的素材。当新闻事物出现错误爱滋知识或有歧视爱滋感染者行为，报导应负有传递正确知识及平衡歧视言行之责。例：警察戴口罩侦讯爱滋感染者。

十、性与裸露事件处理：

1. 不能播出正面全裸、生殖器或体毛之裸露镜头，且在文字、声音及动画表现上，避免官能刺激及猥亵。

2. 性行为之描述原则不得播出，但如报导与性教育有关者，仍应以谨慎、含蓄、小篇幅为原则。

3. 因报导必要时，得保留下列不涉及猥亵或性行为之镜头：

六岁以下儿童全裸。

以裸露上半身为常习者。

背面上半身裸露镜头。

十一、性别与弱势族群相关新闻处理：

1. 新闻应以客观、非歧视字眼报导同志新闻，报导时不应将同性恋、跨性别等性少数，犯罪化、病态化，避免社会污名烙印。

2. 新闻报导应避免散播或强化性别上的不平等、偏见、歧视和刻板印象，以免造成"性别决定论"或谴责弱势者的不当效果。

3. 新闻报导应避免物化女性(男性亦同)，并不得使用侵略式的拍摄手法拍摄性特征。

4. 新闻报导应避免歧视资源弱势的新移民、原住民等族群。包括在称呼上，不使用外籍新娘、大陆妹、大陆新娘、越南新娘、泰国新娘、山胞、山地人、番仔等，应采用新移民、外籍配偶、大陆配偶、原住民等中性平等用词，且不得宣传或主张特定国籍或原始国籍、种族、族裔身分、肤色或出生地之优越或低劣。

5. 新闻报导应避免污名化同居、离婚、单亲、隔代教养、同志等各类家庭模式，或将各种社会问题归因于当事人家庭模式，而使各种多元家庭受到社会歧视或误解伤害。

十二、身心障碍者负面新闻处理：

1. 未经当事人、家属或其保护人同意，不得对精神病人及其他身心障碍者进行录音、录像或摄影等采访工作，并不得报导其姓名或住(居)所。

2. 对于行为异常者，不得妄加揣测其为身心障碍者。

3. 新闻报导不得使用与精神疾病有关之歧视性称呼或描述，并不得有与事实不符或误导阅听者对病人产生歧视之报导。

4. 相关新闻报导从事不法或反社会行为等负面事件时应避免使用歧视性文字或身体及心理特征以卷标化身心障碍者。

5. 未经法院判决前，不得妄下结论或推测将社会事件发生原因归咎于当事人之疾病或其身心障碍。

6. 新闻报导应尽量让阅听大众正确认识并接纳身心障碍者，并应避免将身心障碍者新闻透过剪辑或其他报导方式影射精神疾病的危险性或身心障碍者的负面刻板印象。

7. 新闻媒体应避免处理会鼓励歧视、嘲笑、偏见、侮辱、仇恨、恶意中伤身心障碍者的素材。

十三、灵异等超自然现象事件处理：

1. 灵异、通灵、观落阴、或其他玄奇诡异等涉及超自然现象，其情节让人惊恐不安者，不得播出。

2. 算命、风水、解运、或其他类似超自然事物，其描述令人惊恐不安，并易致观众迷信者，不得播出。

3. 上述灵异等超自然现象或事物，如涉及宗教信仰或公共议题时，得审慎、少篇幅（时数）的采访、报导。但如因此而有导致儿童惊慌或焦虑不安之虞者，仍不得播出。

十四、电视媒体转载网络新闻之相关制播处理：

1. 制播网络来源新闻，应考虑符合普级、合家观赏之原则。

2. 考虑网络平台属低度管制，引用网络信息时，宜强化查证程序，依据卫星公会新闻自律执行纲要分则，善尽查证责任。

3. 秉持一贯自律精神，针对遭受性侵害、性骚扰、家暴之受害者以及未成年儿少，编采制播时，提升自律标准，善尽保护责任。

4. 考虑网络平台信息流通与留存特性，制播网络来源新闻时，宜审慎处理，避免不当侵犯当事人隐私与名誉。

5. 制播网络来源新闻宜注明出处，尊重原创作者之著作权。

6. 制播网络来源新闻时，可参酌下列原则，审慎筛选网络信息来源之网站：

(1)查证该网站是否注明数据来源之时间与地点。

(2)查证该网站数据最后更新时间。

(3)查证该网站是否定期更新。

(4)查证该网站之所有人是否为具有公信力之专业人士。

(5)透过专业验证网站，查证该网址之基本注册数据及 URL 网域相关数据。

(6)对有疑虑之内容，编采制播时秉持审慎态度，落实查证程序。

肆、新闻自律协商机制

一、为强化新闻自律成效，自律委员会将视实际需要，依下列方式启动协调机制：

1. 自律委员认为需自律作为之新闻事件，得主动提议协商，经两位以上委员

(需为不同公司代表)联署,启动协商机制。

2. 共同性的新闻事件处理方式引发重大社会争议时,得由主委主动启动协商机制。

二、协调机制由自律委员会执行秘书负责联系,以"卫星新闻频道新闻自律协商机制启动意见表"作为正式协商纪录,并送咨询委员会暨主管机关 NCC 备查,协商内容得视需要发布新闻。

三、各台签署"卫星新闻频道新闻自律协商机制启动意见表"时,需明示"同意"或"不同意"之意见。"同意"者应依"协商内容"处理新闻,违反时将提委员会讨论,并列入纪录;"不同意"者视为放弃自律作为。

伍、违反新闻自律纲要之处理程序

一、为落实执行新闻自律执行纲要,如有卫星电视频道严重违反本纲要之相关规定时,主任委员及自律委员得依自律协商机制之方式启动处理程序。

二、处理程序经启动后,应将违反本纲要之相关事证提报新闻自律委员会讨论,并作成决议。

三、前项决议及处理方式应公布于卫星电视公会网站,并副知本会新闻咨询委员会,必要时得转知国家通讯传播委员会。

这部新闻自律执行纲要的通过,并不是行业本身的自发性行动,却也足以反映社会对媒体的批评以及提出改善的建议,其内容及主要精神是避免歧视弱势和少数族群以及特定疾病、保护儿童青少年、尊重个人隐私等三大原则。细则包括如何报导犯罪、自杀、灾难意外、民众抗议、医疗事件、流行疾病、爱滋感染及病患、性别及弱势群体、身心障碍、灵异现象等方面的规范。

台湾新闻道德的发展越来越受到重视,也在不断改进之中,但所制定的条文依然无法达到真正约束的目的,台湾仍然存在着层出不穷且屡禁不止的新闻报道政治化、娱乐化、低俗化、反人道等问题。例如,2012 年 2 月,台湾各大电视台连日播报单一议题的新闻,从艺人 Makiyo 涉入社会案件、"帽子歌后"凤飞飞病逝到 NBA 球星"哈佛小子"林书豪暴红传奇,台湾岛内各大新闻台连日一窝蜂地报道,引发民众反感。台湾通讯传播部门表示,无法禁止媒体报道,但是呼吁媒体自律,避免排挤其他重要新闻。中央通讯社董事长陈国祥认为,应对这一问题,政府必须强化规范,民间必须加强监督,但最重要的还是媒体自主管理、内容产制者自我节制,所以媒体工作者应时刻把握机会进行反省与调整①。

本章小结

英国和美国是新闻传媒业兴起比较早、发展程度比较高、新闻职业道德建设比较完善的国家。美国的规范概括而富有纲领性;英国的传媒伦理规范内容详细,可操作性强;日本与我国在地域、文化上具有相似之处;而台湾的传媒伦理规范的发展比大陆更完善。各地域的传媒伦理规范的形成过程均有其独特性,规范的侧重点也各不相同,这些成熟的经验都值得我们学习和借鉴。

思考题

1. 美、英、日传媒伦理规范各有哪些特点,对我国相关规范的制定有何借鉴意义?
2. 我国台湾地区的传媒伦理规范对大陆相关规范的制定有何借鉴意义?

① 王鹏捷整理:《台湾新闻一窝蜂,专家学者提自律》,中央日报网络报 2012 年 3 月 5 日,http://www.cdnews.biz/cdnews_site/docDetail.jsp?coluid=121&docid=101836517

参考文献

一、图书

罗国杰:《伦理学》,人民出版社 1989 年版。

魏英敏:《新伦理学教程》,北京大学出版社 2012 年版。

甘绍平、余涌:《应用伦理学教程》,中国社会科学出版社 2008 年版。

曹刚:《道德难题与程序正义》,北京大学出版社 2011 年版。

黄富峰:《大众传媒伦理研究》,中国社会科学出版社 2009 年版。

郑根成:《媒介载道——传媒伦理研究》,中央编译出版社 2009 年版。

郎劲松编著:《传媒伦理学导论》,浙江大学出版社 2007 年版。

郎劲松、初广志:《传媒伦理学导论》,浙江大学出版社 2007 年版。

罗哲宇:《伦理重建与当代中国新闻报道》,中国传媒大学出版社 2012 年版。

郭庆光:《传播学教程》,中国人民大学出版社 2011 年版。

胡正荣:《传播学总论》,清华大学出版社 2008 年版。

崔莹:《做最职业的记者》,南方日报出版社 2009 年版。

辜晓进:《美国传媒体制》,南方日报出版社 2006 年版。

郭镇之:《全球传媒评论》,清华大学出版社 2012 年版。

胡飞莱、秦红岭:《建筑的伦理意蕴》,中国建筑工业出版社 2006 年版。

蒋亚萍、官健文、林荣强:《新闻失实论》(上、下册),中国新闻出版社 1986 年版。

李泽厚:《中国古代思想史论》,安徽文艺出版社 1994 年版。

梁漱溟:《中国文化要义》,上海世纪出版集团 2005 年版。

唐亚明、王凌洁:《英国传媒体制》,南方日报出版社 2007 年版。

魏永征、张咏华、林琳:《西方传媒的法制、管理和自律》,中国传媒大学出版社 2003 年版。

张贤明:《论政治责任——民主理论的一个视角》,吉林大学出版社 2000 年版。

周康果:《最最牛的主持人》,南方日报出版社 2009 年版。

谭云明:《二十世纪影响中国的媒体》,当代中国出版社 2001 年版。

何怀宏著:《底线伦理》,辽宁人民出版社 1998 年版。

张国良编:《新闻媒介与社会》,上海人民出版社 2001 年版。

陈卫星著:《传播的观念》,人民出版社 2004 年版。

王岳川主编:《媒介哲学》,河南大学出版社 2004 年版。

蓝鸿文主编:《新闻伦理学简明教程》,中国人民大学出版社 2001 年版。

〔美〕拉斯韦尔:《传播在社会中的结构与功能》,何道宽译,中国传媒大学出版社 2013 年版。

〔英〕罗恩・史密斯:《新闻道德评价》,李青藜译,新华出版社 2001 年版。

〔美〕威尔伯・施拉姆、威廉・波特:《传播学概论》,陈亮等译,新华出版社 1984 年版。

〔英〕约翰・米尔顿:《论出版自由》,吴之椿译,商务印书馆 1959 年版。

〔美〕斯坦利・J. 巴伦:《大众传播概论:媒介认知与文化》第 3 版,中国人民大学出版社 2005 年版。

二、论文

徐健:《英国报业自律机制研究》,中央民族大学硕士论文,2007 年 3 月。

农倩华:《中外新闻行业组织自律规范比较研究》,中国政法大学硕士论文,2010 年 5 月。

陈力丹:《在建构和谐社会中传媒的责任与作用》,《争鸣与探索》2003 年第 3 期。

陈寿灿、秦越存:《传媒自由的伦理向度》,《人文杂志》2006 年第 4 期。

丛春华:《台湾地区的新闻法规和职业道德建设》,《东南传播》2008 年第 4 期。

单波、王金礼:《西方新闻伦理观念论纲(上)(下)》,《中国传媒报告》2009 年第 2 期。

丁柏铨:《陈月飞对新闻伦理问题的几点探究》,《新闻传播》2008 年第 10 期。

丁柏栓:《新闻传媒:社会公平正义的推动力量》,《前哨观潮》2008 年第 8 期。

高昊:《日本广播电视行业自律机制概览》,《视听界》2009 年第 6 期。

巩仲平、朱晓军:《大众传媒在推动社会公平正义中的功能与作用》,《当代传播》2008 年第 6 期。

关岩德:《美国新闻道德建设简况》,《国际新闻界》1998 年第 1 期。

郭京霞:《新闻侵权:为何媒体所败诉——十五起新闻侵权案件分析》,《中国记者》2005 年第 6 期。

贺承瑶:《现代传媒,社会发展的支撑力量》,《传媒观察》2007 年 7 月。

黄富峰、赵丽臻:《论大众传媒在现代社会道德变化中的作用》,《聊城大学学报》2008 年第 4 期。

黄富峰:《论大众传媒伦理的范畴》,《当代传播》2006 年第 3 期。

黄瑚:《美国新闻道德建设及其理论基础》,《新闻大学》1995 年第 4 期。

黎诚:《在传统文化中涅槃——底层新闻的传媒理论探析》,《新学术》2007 年 1 月。

李杜:《论大众传媒对人文重建和道德构建的作用》,《湖南社会科学》2003 年第 6 期。

李健:《传媒伦理论纲》,《伦理学研究》2007 年第 2 期。

李俊峰:《法律视野下的新闻侵权》,中国新闻传播学评论(CJR)http://www.cjr.com.cn。

李鹏涛:《改革开放以来我国媒介伦理的研究及其反思》,《伦理学研究》2007年第5期。

梁关:《日本新闻媒介的自律与他律》,《国际新闻界》1998年第1期。

刘艳:《国族认同的力量:论大众传媒对集体记忆的重构》,《华东师范大学学报》2009年第6期。

刘作翔:《信息公开、知情权与公民隐私的保护——以新闻采访中的"暗拍"为案例而展开分析》,《学习与探索》2004年第4期。

陆定一:《新闻必须完全真实》,《新闻战线》1982年第12期。

逯改:《传媒社会责任的伦理审视》,《兰州学刊》2007年第9期。

荣建华:《"艳照门"事件中的美图角色反思》,《东南传播》2008年第9期。

覃孟念、陈华明:《传媒伦理道德的失范与规范》,《新闻界》2007年第3期。

唐迎春:《台湾新闻自律的缘起与现状——兼谈解禁前台湾新闻自律的内容及效果》,《新闻与传播研究》1988年第3期。

唐玉环:《论大众传媒在构建和谐社会中的作用——基于几例个案的分析》,《湖南文理学院学报》2005年11月。

王硕:《文化视域下的传媒及其伦理基础》,《辽宁大学学报》2009年第2期。

肖伟:《英国报业透视委员会的运作机制》,《新闻记者》2006年第2期。

徐文策,郭义富:《"纸馅包子"缘何出笼?——兼对媒介失范的反思》,《声屏世界》2007年9月。

燕道成:《传媒权利的异化及其伦理治理》,《浙江传媒学院学报》2007年第6期。

杨保军:《试论新闻道德理论的基本结构》,《当代传播》2009年第1期。

杨楠:《当代传媒环境下新闻伦理道德失范问题辨析》,《新闻爱好者》2008年第12期。

杨雨丹:《2007年新闻伦理与职业道德研究综述》,《新闻传播》2008年第10期。

曾佳蓉:《新闻侵权的主要类型及防范与应对措施》,《十堰职业技术学院学报》2006年第4期。

张军华:《大众传播的公共性与公正性》,《当代传播》2009年第3期。

张玉:《日本新闻传播调控机制管窥》,《青年记者》2007年第2期。

郑根成:《传媒娱乐化的伦理反思》,《湖南师范大学社会科学学报》2006年第2期。

郑根成:《对大众传媒道德审判的伦理反思》,《浙江大学学报》2009年第2期。

郑根成:《论传媒社会责任理论的伦理意蕴及困境》,《伦理学研究》2009年5月。

郑根成、潘慧贤:《论传媒伦理的必要性》,《湖南大众传媒职业技术学院学报》2008年第6期。

钟媛媛:《小议传媒责任之伦理诉求》,《兰州学刊》2009年第12期。

周建明:《一个纲领 一个宣言——跨入新世纪的日本新闻界自律规范》,《国际新闻界》2001年第2期。

梁香禄、刘根勤:《传媒人的自律与他律——以南方都市报的经验为例》,《南方传媒研究》2009年3月6日。

刘琼:《媒体又现媚俗“三招数”》,《人民日报》2004 年 12 月 10 日。

襄尔:《从电视台播色情片看媒体的社会责任》,《中国新闻出版报》2007 年 1 月 23 日。

《全国都市报总编年会召开 新闻出版总署副署长讲话》,《新消息报》2005 年 7 月 21 日。

《色情暴力进主流电影 美英美图表示担忧》,新华网 2004 年 12 月 14 日。

方静:《央视·焦点访谈:抵制媒体低俗之风》,CCTV. com,2009 年 1 月 12 日。

黄恒:《怀特医生何许人也? 关于“美国医生换人头”调查》,人民网 2001 年 7 月 30 日。

晋雅芬:《新闻出版总署副署长:有偿新闻要发现一起查处一起》,中央政府门户网站。新闻出版总署网站(中国新闻出版报),www. gov. cn. 2006 年 10 月 18 日。

《长江韬奋获奖者事迹》,中国记协网,hhttp://www. xinhuanet. com/zgjx/jiang/cjtfj. htm。

秦畅:《责任 坚持 热爱“关注民生”应流淌在新闻人的血液中》,中国文明网,www. wenming. cn,2010 年 7 月 2 日。

图书在版编目(CIP)数据

传媒伦理学教程/张傅主编. —北京：中国传媒大学出版社，2013.12
ISBN 978-7-5657-0662-2

Ⅰ.①传… Ⅱ.①张… Ⅲ.①—传播媒介—伦理学—高等学校—教材
Ⅳ.G206.2—05

中国版本图书馆 CIP 数据核字（2013）第 030740 号

传媒伦理学教程

主　　编　张　傅
责任印制　曹　辉
出 版 人　蔡　翔

出版发行　中国传媒大学出版社
社　　址　北京市朝阳区定福庄东街 1 号　邮编：100024
电　　话　86—10—65450528　65450532　传真：65779405
网　　址　http://www.cucp.com.cn
经　　销　全国新华书店

印　　刷　北京泽宇印刷有限公司
开　　本　787×1092mm　1/16
印　　张　14
字　　数　274 千字
版　　次　2014 年 2 月第 1 版　　2014 年 2 月第 1 次印刷

书　　号　ISBN 978-7-5657-0662-2/G・0662　　**定　　价**　36.00 元